國家社會科學基金重大招標項目
國家社會科學基金冷門絕學研究專項

湖北省公益学术著作
Hubei Special Funds 出版专项资金
for Academic and Public-interest
Publications

清代書院
課藝選刊

晉小俊 主編

雲間書院古學課藝

[清] 吳錫麒 鑒定 曾軍 整理

雲間小課

[清] 練廷璜 選編 曾軍 整理

長江出版傳媒 崇文書局

圖書在版編目（CIP）數據

清代書院課藝選刊 / 魯小俊主編 . -- 武漢：崇文
書局，2024. 12. -- ISBN 978-7-5403-7622-2

Ⅰ . G649.299

中國國家版本館 CIP 數據核字第 2024LA4327 號

項目統籌：何　丹
責任編輯：何　丹　黄振華　薛緒勒
特約編輯：鄭小華　陳真真
封面設計：楊　艷
責任校對：董　穎
責任印製：冯立慧

清代書院課藝選刊
QINGDAI SHUYUAN KEYI XUANKAN

出版發行：長江出版傳媒｜崇文書局
地　　址：武漢市雄楚大街 268 號 C 座 11 層
電　　話：(027)87677133　　郵　編：430070
印　　刷：湖北畫中畫印刷有限公司
開　　本：880mm × 1230mm　　1/32
印　　張：111.75
字　　數：2650 千
版　　次：2024 年 12 月第 1 版
印　　次：2024 年 12 月第 1 次印刷
定　　價：660.00 元（全十二冊）

總　序

　　清代是中國書院史上最爲繁榮的時期。據鄧洪波教授統計，清代書院共計 5836 所，是唐至明代書院總和的 1.96 倍。[①] 清初書院承明代之餘緒，以講學爲主。至雍正、乾隆年間，考課逐漸盛行；嘉庆、道光以後，考課成爲書院最主要的事業，而講學幾近廢弛。生徒考課的試卷通稱課藝，也稱課卷、課作。

一、書院考課的情形

　　書院考課的情形，各家不盡相同，但又有一致之處。兹引鍾毓龍《説杭州》中的記載，以見晚清杭州書院考課之一斑：

　　　　院中多設齋舍，以供肄業者之寄宿。本城人寄宿者雖少，而外府外縣之人寄宿者則多。蓋此等書院，雖設于杭城，并非杭人所專有。凡本省之人，皆可來投考肄業而寄宿也。山長例須住院，然住院者甚少。且有在外省遥領者，惟校閲文字而已。院中皆置有學田，或存儲巨款，收其租息，以供優秀者之獎賞，名曰膏火。每年自二月至十一月爲考試之期。月考二次，初二日朔課，由撫、藩、臬、運四署輪流命題。仍爲二文一詩，限一日一夜繳卷。十六日日望課，由山長命題，兩日繳卷。

---

① 鄧洪波《中國書院史》，武漢大學出版社 2012 年版，第 450 頁。

二月二日之朔課，名曰甄別。蓋各書院皆有一定之名額，而應考者多，必須有所淘汰。此次獲取者，此一年中，每月皆有卷分到，可以期期應考。若不取，則須待來年矣。故此一日中，三書院（指敷文、崇文、紫陽書院——引者注）中應考者爲甚多，東城講舍次之。若詁經精舍，則所考者非八股試帖，而爲經義史學詞賦，應者寥寥矣。

其次甄別考試，亦仿院試之法，聚考生於學院之中而考之。午膳時，各給以點心票一紙。限以雞鳴到場，日暮繳卷。然考者固覺其苦，主辦者亦嫌其麻煩而多費，遂改爲散卷。自散卷之法行，各人就其家中構思。文筆敏捷者，再倩人代抄。則一人盡一日一夜之長，可以作成十數卷。幸而多取，則可出賣與不取而無卷之人，亦生財之道也。繳卷在門斗處。分題目、分卷者亦門斗也。考試等第高者曰超等，次曰特等，再次曰一等。超等所得之膏火多，前十名尤多，特等次之，一等則無膏火矣。朔課由官廳主考者，於超等前十名別有給贈，名曰加獎，其數遠較膏火爲多。官廳有時爲省事起見，并兩月之朔課於一次，名曰夾課，則其加獎之數尤爲可觀。寒士生涯，於此誠不無小補也。故秀才入學後，所以競爭於文字而使之日進者，惟在於此。①

以上記載，還可參以當事人之敘述。來裕恂（1873—1962），浙江蕭山人，著有《漢文典》《中國文學史稿》《匏園詩集》等，中華人民共和國成立後曾任浙江省文史館館員。他早年肄業於崇文書院、紫陽書院和詁經精舍。《匏園詩集》卷四《喪中遇月課，徒步至杭，領卷回家，竭一日之力，成三藝。翌晨渡江繳卷，復歸家，因咏之》，

---

① 鍾毓龍《説杭州》，《西湖文獻集成》第 11 册，杭州出版社 2004 年版，第 385 頁。

作於光緒十八年（1892）。其時乃父新亡，詩即詠喪中趨考之情形：

> 居喪底事涉江邊，寒士生涯誠可憐。只爲省垣逢月課，藉資膏火擘雲箋。傷心醫少回春藥，太息家無續命田。如此奔波衣食計，那禁血泪泣漣漣。
>
> 月落星沈霜滿篷，布帆穿破大江風。幾行草木含愁態，萬斛波濤訴苦衷。旅客頻驚衣楚楚，棘人怕看霧濛濛。煙消日出吳巒見，上岸匆匆到院中。
>
> 課卷攜來不自安，思量題目易和難。途中即事文思搆，渡口粗將篇局完。待到歸家揺筆底，便行伏案寫毫端。邇來祇讀士喪禮，勉強分心弄弱翰。
>
> 三更燈火豆光沈，制藝完成八韻吟。收拾簡觚須費手，勘磨文字豈安心。曉風殘月晨熹恨，白露蒼葭舊路尋。爲問渡頭人涉否，隔江紅日現遥岑。①

再如汪詒年（1866—1941），是汪康年（1860—1911）的胞弟。長期協助汪康年主持和經營《時務報》《中外日報》，後在商務印書館任職。所編《汪穰卿先生年譜》曾憶及當年參加杭城書院考課之事：

> 杭城敷文、崇文、紫陽三書院，例於朔望課試士子，朔課一日，望課二日。先生（指汪康年——引者注）與詒年，或作二卷，或作三四卷不等，隨作隨寫，徹夜不輟。遇詁經精舍考課日，則二人合作一卷，先生任經解，詒年任詞賦。時或遇題目不多，期限稍寬，則二人各作一卷，均由洛年（汪洛年，康年、詒

---

① 來裕恂《匏園詩集》卷4，天津古籍出版社1996年版，第65—66頁。

年胞弟——引者注）爲之謄寫，亦徹夜不輟。比事畢，即各挾卷趨赴收卷處交納，雖遇雨亦如是。泊交卷歸，天甫黎明，曉風吹人，腹中覺飢，則就道旁豆腐攤啜腐漿一盂，以解飢寒，蓋數年如一日云。①

又如林駿（1862—1909），浙江溫州人，以坐館爲業，兼應溫州中東書院、肄經堂和瑞安玉尺書院的考課。《林駿日記》中有不少關於考課的記載，其中尤其引人注意的，是"挑燈""爇燭""三鼓""四鼓""雞鳴""天曙"等詞，出現的頻率很高。如"至二更始脫稿"，"至三更始完篇"，"挑燈欲足成之而未就"，"迨就枕時，已雞聲唱曙矣"，"至三鼓始脫稿。嫌未愜意，復加點竄，迨就枕已雞鳴矣"，"燈下倦眠"，"挑燈達旦，不遑伏枕矣"，"宵，挑燈足成之。殘月斜櫺，村雞唱曉始就枕"，"構思至三漏下，始成半篇。精神疲倦，伏枕高眠"，"因限期迫促，批衣遽起。即時伸紙磨墨，危坐構思，至天曙始成半篇"，"亥刻，續作賦四段，至五鼓脫稿"，"宵，爇燭抄玉尺文共二篇，作試帖詩二首"，"至四鼓始寢"，"至四鼓始脫稿"，"困倦殆甚，夜漏頻催，只成半篇就寢，村雞唱曉矣"，"至天曙，成二藝"，等等。② 不僅熬夜寫作，白日裏也常常分秒必爭。光緒二十五年（1899）八月廿四日，林駿家在城隍廟設建普利道場，林駿隨家人乘舟至廟拈香。"以府課肄經堂限期太促，袖攜筆硯，坐齋宮改竄昨夕所作賦，并作試帖詩。"③人生苦短，課卷苦多。勤于應課，是很多士子的共同經歷。

---

① 汪詒年《汪穰卿先生年譜》，《北京圖書館藏珍本年譜叢刊》第177冊，北京圖書館出版社1999年版，第613頁。

② 林駿《林駿日記》，沈洪保整理，中華書局2018年版，第2—6、9、11、70、74、212、213、377、384、546頁。

③ 林駿《林駿日記》，沈洪保整理，中華書局2018年版，第186頁。

嘔心瀝血日夜應課,除了意在訓練舉業或學術,最直接的動機就是獲取膏火獎賞。王錫彤(1865—1938),河南衛輝人,是著名的實業家。少時曾在修武鹽肆帳房習業,每月工資銅錢千枚。後應衛輝淇泉書院月課,"每月輒獲獎錢數千。持歸供母,大自誇詫,以爲較修武鹽肆小夥之月錢爲多"。後又考取開封大梁書院,"月支膏火銀一兩五錢,足爲飲食之需。每月再得獎金,仍可寄家爲養"。再後來以坐館爲業,仍應淇泉書院月課。坐館"每年脩脯可得銅錢三十餘千",月課"又月得錢數千",加上作爲廩生,爲"應考童生簽字作保,亦薄有收入",總算下來,"窮秀才每年所獲,計及百千而歉,亦未嘗不可苟活"。①

柳詒徵(1880—1956),江蘇鎮江人,是著名的歷史學家、圖書館學家。他在《記早年事》一文中講到:"士之雄于文者,可不授館,專以應書院月試爲生,月可得數十千。"他自己每月參加揚州、鎮江的官師課凡七次,"師課膏火少,官課較優,常鎮道、兩淮運司主之者尤優,額定膏火外,前十名皆有花紅銀一、二、三兩不等。試或不利,卷僅文數百文","均計之,年亦得百數十千,視館穀爲優,第升黜不恒,不能視爲固定收入也"。② 藉膏火爲生,以膏火養家,這是寒士治生的一個重要途徑。

二、課藝寫作的時空優勢

咸豐二年(1852)進士范鳴龢,曾經比較過書院課藝與房稿、墨卷的區別:

---

① 王錫彤《抑齋自述七種・浮生夢影》,《北京圖書館藏珍本年譜叢刊》第189冊,北京圖書館出版社1999年版,第83、93—94、97頁。

② 柳詒徵《記早年事》,文明國編《柳詒徵自述》,安徽文藝出版社2013年版,第39—40頁。

　　竊嘗以爲，房稿之文，雖多名作，而或不能盡中有司之繩
度；鄉會諸墨，固亦不無佳構，而苦於鎖院之拘制、時日之迫
促，故作者閱者皆不得以盡其長。若夫書院課試，其時甚寬，
其境甚暇，作者閱者并得以窮極其心思才力之所至而無遺憾。
且主講者既當代老宿，其應試者又皆通都大邑魁奇宏達之彥，
而所刊者則又益擷菁英、取其最上者而登之於篇。故吳蘭陔
氏所謂"聲情極合時趣，思力迥超流俗"，未有如書院課藝者
也。顧鄉會墨之出，不脛而走海内；課藝則限於方隅，天下之
士，往往不能遍睹，余嘗惜焉。①

據此説來，書院課藝較之於房稿、墨卷，因爲寫作時間寬裕、環境寬
鬆，又有名師指點，更能體現作者的創作才力，也更容易符合有司
的揀擇標準。

　　所謂"其時甚寬"，指的是比起科舉正場，書院考課的時限要寬
裕一些。有的在院扃試，如杭州敷文書院，"每課一四書文、一試
帖，或一論，或一疏。辰刻散卷，申刻交卷，不准給燭"②。申甫
（1706—1778）詩句："登堂坐階静塵慮，清風習習生輕縑。"③余元遴
（1724—1778）詩句："紛攜筆硯到巖隈，雜沓筵多傍座開。"④彭藴章

---

　　① 擷雲腴山館主人編《各省課藝匯海》，清光緒八年擷雲腴山館刻本，范鳴龢序。

　　② 王同《杭州三書院紀略》，《西湖文獻集成》第 20 册，杭州出版社 2004 年版，第
430 頁。

　　③ 申甫《笏山詩集》卷 7《夏日課書院諸生口占示之》，《清代詩文集彙編》第 307
册，上海古籍出版社 2010 年版，第 45 頁。

　　④ 余元遴《染學齋詩集》卷 9《偕諸生赴紫陽書院會課偶賦》，《清代詩文集彙編》第
353 册，上海古籍出版社 2010 年版，第 687 頁。

(1792—1862)詩句:"揮毫四座静不喧,庭院日長畫閉門。"①這些詩寫的都是在書院内的考課。

　　也有的可以在院外完成,是爲散卷。前述來裕恂、汪詒年、林駿等例,即是這種情況。散卷有當日交卷的,如商衍鎏(1875—1963)回憶説:"我每月必向各書院應考,到課期晨興往書院看題目,回家寫作,傍晚到書院交卷。"②也有的用時很長,如江蘇東臺的吉城(1867—1928),參加光緒十五年(1889)上海求志書院的秋季課。十一月初三日,從友人處獲知題目,隨即開始查書,準備答題;初九日,見到初三日《申報》上登載的求志書院秋季課全題,凡經學、史學、掌故、算學、詞章、輿地六類,共有二十餘題;至二十八日,吉城全力以赴,完成其中大部分題目(算學題未答),"通共二十五頁,交聚盛局寄去"。③吉城十一月份的大部分時間,都用在了答題上。一般來説,這種學術性的考課,需要大量查閱資料,較之於八股文和試帖詩的考課,耗時要長很多。

　　所謂"其境甚暇",院外散卷的自不必説,其空間範圍遠超出書院;在院完成的,往往還得力于書院景觀的"江山之助"。杭州考課八股文的書院有三所,敷文處南山之巔,崇文居西湖之湄,紫陽則在城中。浙江巡撫梅啟照(1825—1893),曾闡述過三書院因風光不同而導致的文風差異:

　　　　敷文居於山,崇文俯於湖,紫陽雖處闤闠,而特近山,有城

　　①　彭藴章《松風閣詩鈔》卷8《金臺書院課士作》,《清代詩文集彙編》第577册,上海古籍出版社2010年版,第424頁。

　　②　商衍鎏《清代科舉考試述録及有關著作》,百花文藝出版社2003年版,第423頁。

　　③　吉城《吉城日記》,吉家林整理、柳向春審訂,鳳凰出版社2018年版,第89—93頁。

市山林之致。故肄業于敷文者,其文多深秀峻拔,堅實渾成,刊浮華而標真諦,如山石之嶙峋,一空依傍;山容之厚重,不作膚詞;山氣之靜穆,不爲輕剽者。崇文臨煙波之浩渺,覽花柳之絢鬧,故其文華美典則,如錦之成,如采之繪。紫陽得一邱一壑之勝,山泉雲脚,時注於庭,故文輒悠然意遠,得抑揚宛轉之神。①

若論外部的自然風光,紫陽當比不上敷文和崇文,畢竟身處闃闠。不過,紫陽院内的景觀倒也別有韻致。書院建於康熙年間,在吴山之麓,舊名紫陽別墅。時人述其院景云:"枕山面江,中有層樓。樓旁有池,池有泉水,清漣可愛。後有花廳,紅綠參差,掩映階砌。再折而北,又有石門天成。石徑迂折,古木森陰,花香鳥語。饒山林之趣,而無城市之嚣。"②院中有螺泉、筆架峰、看潮臺等十景(或曰十二景、十六景),詩人詞客到此多有題咏。王同(1839—1903)輯《杭州三書院紀略》,收錄過若干首。他又曾將院中景觀與八股文寫作相聯繫:

城市而山林,肄業者誦讀之暇,可以游息眺覽,以發揮其性靈。而其景之最勝者,曰螺泉,涓潔漣漪,可以狀文思之泉湧也;曰春草池,微波瀁洄,可以暢文機之生趣也;曰垂釣磯、筆架峰,奇石林立,可以狀文氣之突兀也。拾級而上,登其巔,觀瀾之樓渺矣,而其址自在。每當潮來,東望匹練浩瀚,如聞其聲,可以狀文勢之濤翻而波譎也。平視萬松嶺,隔城闉如束

---

① 周學濬鑒定《敷文書院課藝二集》,清光緒五年刻本,梅啟照序。
② 張泰交《康熙四十三年紫陽別墅碑記》,《西湖文獻集成》第 20 册,杭州出版社 2004 年版,第 461 頁。

帶,群山蜿蜒,嵐翠撲眉宇;俯視西湖,鏡奩乍啟,六橋煙柳,奔赴爲下,則又合湖山之美而兼有之矣。①

前人論八股文,也有以自然爲喻的,但多從宏觀的山水著眼。如清初俞長城謂:"戚價人藩,峭刻陡立,瞿塘之峽也;李石臺來泰,雄渾浩蕩,積石之門也;至於唐采臣德亮,突兀無端,萬斛並湧,是其錢江之潮乎?"②王同則以微觀的視角,描述了別一種"江山之助":近觀泉水漣漪、池波瀠洄、奇石林立,遠眺潮漲潮落,士子的文思、文機、文氣、文勢,皆可從中獲得啓發。唐白居易《白蘋洲五亭記》云:"大凡地有勝境,得人而後發;人有心匠,得物而後開。境心相遇,固有時耶?"③書院之文可以是"境心相遇"的產物,科舉正場之文則幾無這個可能。

三、課藝總集的編刊

現今存世的課藝文獻,其形式有三種:一是課藝原件。多散見於各地公私藏所,如上海圖書館藏有東城講舍丁夢松課卷、鴛湖書院鍾梁課卷、金臺書院吳大澂課卷,福州臺灣會館藏有興安書院趙錦華課卷。二是課藝別集。如王元穉《致用書院文集》《致用書院文集續存》,爲其肄業於福州致用書院時所作。這兩者存世數量都較少。三是課藝總集。這是存世課藝的主要形式。其名稱多爲"書院名＋課藝"式,如《尊經書院課藝》《紫陽書院課藝》;亦有稱"文集"或"集"者,如《致用書院文集》《學海堂集》;此外又有少數稱

---

① 王同鑒定《紫陽書院課藝九集》,清光緒二十年刻本,王同序。
② 梁章鉅《制義叢話　試律叢話》,上海書店出版社 2001 年版,第 138 頁。
③ 白居易《白居易全集》卷 71,上海古籍出版社 1999 年版,第 984 頁。

"課集""會藝""文稿""試牘""課士録"的,如《研經書院課集》《培原書院會藝》《廣雅書院文稿》《嶽麓試牘》《滇南課士録》;還有個別稱"日記"的,如《蓮池書院肄業日記》。現今存世的課藝總集約 300 種,以刊本爲主,另有少量稿本、抄本。時間最早者,是嘉慶六年(1801)阮元手訂的《詁經精舍文集》。

書院刊行課藝,往往"隨課隨選,隨付手民"①,"隨排隨印"②,故而課藝總集多具有連續出版物的性質。今所見著名書院的總集,亦多爲數編乃至十數編,如廣州《學海堂集》四集、成都《尊經書院課藝》三集、昆明《經正書院課藝》四集、杭州《詁經精舍文集》八集、蘇州《紫陽書院課藝》十七編。

課藝總集的刊期,短則一季一刊。如《上海求志書院課藝》,皆按季刊行。不過常見的則是一年一刊或數年一刊。如蘇州《紫陽書院課藝》十七編,刊于同治十一年(1872)至光緒十八年(1892),以一年一刊爲主,間有三年一刊。江陰《南菁講舍文集》初集至三集,分別刊于光緒十五年(1889)、二十年(1894)、二十七年(1901)。

有些課藝總集,前後各編之間時間跨度很大。廣州《學海堂集》初集至四集,分別刊于道光五年(1825)、十八年(1838)、咸豐九年(1859)、光緒十二年(1886)。嘉定《當湖書院課藝》同治七年(1868)刊,《二編》光緒十三年(1887)刊,《三編》光緒二十二年(1896)刊。

并非所有生徒的課藝都能夠收入總集。考課普及,稿源自然相當充足。各家書院所存課藝,往往"卷帙山積,插架連屋"③,"戢戢如束筍"④。編選者"擇尤甄録",故而由於"集隘,不能多載,遺珠

---

① 朱泰修選編《蔚文書院課藝》,清同治八年刊本,朱泰修序。
② 華世芳、繆荃孫選編《龍城書院課藝》,清光緒二十七年刊本,凡例。
③ 蔣德馨選編《正誼書院課選二集》,清光緒八年刊本,蔣德馨序。
④ 俞樾選編《詁經精舍五集》,清光緒九年刊本,俞樾序。

之惜,誠所難免"①。至於用稿率,有些總集的序言已經明言。杭州《敬修堂詞賦課鈔》胡敬序:"積時既久,散佚頗多,姑即所存,汰其繁蕪,抉其瑕類,十取一二,合前刻成十有六卷。"②廣州《羊城課藝》陳其錕序:"乃裒歷歲所積,課藝盈千,刪繁汰冗,得百十首付梓,以詔來兹。"③江寧《鍾山書院課藝初選》孫鏘鳴序:"盡發府署所存前列卷二千餘篇,博觀約取,又得二百八十餘篇,爲《續選》。"④可知這些總集的用稿率在 10%~20%。

還有些總集,結合序言和選録情況,也可知其用稿率。《黃州課士録》(黃州經古書院)周錫恩序:"自庚寅(1890)夏迄辛卯(1891)春,諸生課作千有餘篇,兹擇其尤雅,刊若干卷。"⑤是集所收203篇,則用稿率約爲 20%。香山《豐山書院課藝》黃紹昌序:"計歲中閱時藝一千九百餘首,經說、史論、駢散文、詩賦八百餘首。明府謂宜擇其尤雅者,刻爲課藝。乃選時藝若干首,呈明府裁定,付之剞劂,而古學别爲一編。"⑥筆者所見是集皆時藝,凡二卷 66 篇。序中所云古學一編,未見。推算起來,時藝的用稿率尚不足 3.5%。

又有少數總集,可知其作者入選的幾率。江寧《尊經書院課藝》薛時雨序:"院中士肄業者二百人有奇。""起乙丑(1865)二月,迄己巳(1869)十二月,積一百餘課,存文若干首。"⑦是集南京圖書館藏本僅一册,國家圖書館藏本六册,系全本。據全本,凡制藝 161篇,作者 38 人。二百多人中,僅收録 38 人的課藝,亦可見入選總集之不易。

① 華世芳、繆荃孫選編《龍城書院課藝》,清光緒二十七年刊本,凡例。
② 胡敬選編《敬修堂詞賦課鈔》,清道光二十二年刊本,胡敬序。
③ 陳其錕選編《羊城課藝》,清咸豐元年刊本,陳其錕序。
④ 李聯琇選編《鍾山書院課藝初選》,清光緒四年刊本,孫鏘鳴序。
⑤ 周錫恩編定《黃州課士録》,清光緒十七年刊本,周錫恩序。
⑥ 黃紹昌選編《豐山書院課藝》,清光緒十四年刊本,黃紹昌序。
⑦ 薛時雨選編《尊經書院課藝》,清同治九年刊本,薛時雨序。

　　生徒所作課藝，入選總集時，一般是全文刊登。也有特殊情況。有的總集在刊登全文之後，附錄其他作者所作相關段落。如香山《豐山書院課藝》陳金垣文後，附錄楊彤英所作提比；梁煦南文後，附錄唐景端所作起講。① 抄本蘇州《紫陽書院課藝》（凡十四冊十五編，三、四編合爲一冊）也是如此。如第一編收錄巢序鏞等人制藝全文37篇，有評點；又收錄汪宗泰等17人所作“起比”“後比”“後四比”等段落，無評點。② 這有些類似於今日學術刊物的“論點摘編”。

　　總集所收課藝，往往附錄評點。入選者皆是優秀作品，故而評點幾乎都是表揚性的。課藝原件中能夠見到的批評性意見，如“情文相生，稍欠錘煉。排律誤作五言”③，“寓意規諷，未始不佳。惟極力作態，而筆力不足以副之耳”，“後幅尚不直致，結未有餘韻，前路未清”④，“詩有佳句，惜失拈”⑤，“起比有費解語，中段尤無文理”⑥，等等，在總集中則極少見到。

　　有些課藝總集的牌記部分標有定價。如常熟《游文書院課藝》：“板存蘇州長春巷西口傳文齋刻字店，每部紙張印工大錢壹佰貳拾文。”⑦揚州《廣陵書院課藝》：“每部實洋杭連貳角二分，竹紙壹角八分。”⑧江寧《奎光書院賦鈔》：“此賦原選十七年（1891），止價貳佰文；又增選至十九年（1893）春，止定價每部叁百文。”⑨

①　黃紹昌選編《豐山書院課藝》，清光緒十四年刊本。
②　《紫陽書院課藝》，抄本，南京圖書館藏。
③　東城講舍丁夢松課藝，上海圖書館藏。
④　金臺書院吳大澂課藝，上海圖書館藏。
⑤　剡溪書院宋烜課藝，首都圖書館藏。
⑥　興安書院趙錦華課藝，福州臺灣會館藏。
⑦　李芝綏選編《游文書院課藝》，清同治十三年刊本，扉頁。
⑧　范淩霄選編《廣陵書院課藝》，清光緒六年刊本，卷首。
⑨　秦際唐選編《奎光書院賦鈔》，清光緒十九年刊本，扉頁。

又有的課藝總集刊登廣告。江寧《惜陰書院東齋課藝》和《鍾山書院課藝初選》的廣告相同：

> 金陵書院課藝九種，其板永存江寧省城三山大街大功坊秦狀元巷中李光明家，印訂發售，價目列左：
>
> 鍾山初選　　四本製錢貳百文
> 　　續　　　八本製錢柒百文
> 惜陰東齋　　八本製錢柒百文
> 　　西　　　八本製錢柒百文
> 尊經四刻　　八本製錢柒百文
> 　　二　　　兩本製錢壹百四十文
> 　　初　　　六本製錢三百六十文
> 　　三　　　四本製錢貳百四十文
> 　　　　　　兩本製錢□□□□□①

江寧《尊經書院課藝七刻》和《奎光書院賦鈔》的廣告也相同：

> 江南城聚寶門三山街大功坊郭家巷內秦狀元巷中李光明莊，自梓童蒙各種讀本，揀選重料紙張裝訂，又分鋪狀元境、狀元境口狀元閣發售，實價有單。②

與今日的"大學學報"和"學術集刊"相比，清代書院課藝總集的刊期、發表周期都偏長，課藝題目不是作者自擬，用稿標準多與

---

① 孫鏘鳴選編《惜陰書院東齋課藝》，清光緒四年刊本，廣告頁；李聯琇選編《鍾山書院課藝初選》，清光緒四年刊本，廣告頁。
② 盧崟選編《尊經書院課藝七刻》，清光緒十五年序刊本，廣告頁；秦際唐選編《奎光書院賦鈔》，清光緒十九年刊本，廣告頁。

科舉考試相關;但從連續出版物這一本質屬性來看,書院課藝總集實開今日學報和集刊的先河。可以説,課藝總集是清代的書院"學報"和"集刊"。

四、課藝總集的傳播和接受

根據編選層次,可將課藝總集分爲初選本和二次選本。所謂初選本,指集内詩文系初次彙編成册者。這是今存課藝總集的主要形態。二次選本,則是從初選本中再選佳作、彙爲一編者。這類選本數量不多,今存十餘種,如《各省課藝匯海》(擷雲腴山館主人編,光緒八年刊)、《五大書院課藝》(光緒二十二年明達學社刊)、《最新兩浙課士録》(浙報館選,光緒二十六年刊)、《雲間四書院新藝彙編》(姚肇瀛編,光緒二十八年刊)、《蘇省三書院課藝菁華》(竹虚室主編,光緒二十八年刊)、《各省校士史論精華》(姚潤編,光緒二十八年刊)、《選録金陵惜陰書院、浙江敬修堂論議序解考辨等藝》(抄本,上海圖書館藏)。如果説初選本類似於今之"學報"和"集刊",二次選本則接近於今之"學報文摘""復印資料"。

閱讀某家書院的課藝,可能有緊迫的目的。清末狀元張謇(1853—1926),江蘇海門人。同治十三年(1874)二月二十八日,他準備投考江寧鍾山書院,"起寫投考印結","購《鍾山課藝》"。數日後的三月初二日,"五更起,偕陳丈課鍾山書院"。[1] 張謇購買鍾山書院的課藝,目標很明確,就是觀摩該書院課藝,以利考取這家書院。

但更多的課藝閲讀,與投考哪家書院并無直接關係。吉城、林

---

① 張謇《張謇日記》,李明勛、尤世瑋主編,上海辭書出版社 2017 年版,第 17—18 頁。

駿等人的日記表明,課藝也進入了士子的日常閱讀。師友間互相借閱書籍,其中就有課藝。例如《吉城日記》光緒十三年(1887)七月初十日:"從虎兄處借來《尊經書院五刻》六本。"次年六月三十日:"過虎臣,假來《金臺書院課藝》二本。"①《林駿日記》光緒二十七年(1901)六月廿五日:"向軒兄借來《尊經課藝》四冊。"②綜觀日記,吉城記錄他閱讀過的總集有《尊經書院五刻》《尊經書院課藝六刻》《金臺書院課藝》《紫陽書院課藝》《格致書院課藝》《南菁書院文集》,其中吉城只參加過上海格致書院的考課,他沒有投考過江寧尊經、蘇州紫陽、順天金臺、江陰南菁書院。林駿閱讀過的有《尊經課藝三刻》《尊經課藝四刻》《金臺書院課藝》《惜陰書院西齋課藝》《惜陰書院東齋課藝》《雲間小課》《格致書院課藝》,他也沒有參加過江寧尊經和惜陰、順天金臺、松江雲間、上海格致、杭州詁經等書院的考課。大體而言,他們閱讀的課藝多出自著名書院。既有八股文、試帖詩的總集,如尊經書院諸刻、《紫陽書院課藝》;也有經史詞章、新學西學的總集,如《南菁書院文集》《格致書院課藝》。著名書院課藝的示範價值,於這些書目可見一斑。

　　閱讀課藝與所考書院,雖未必有直接的對應關係,但在課藝類型上往往有相通之處。例如吉城,讀尊經、紫陽、金臺書院的課藝,當是爲參加西溪書院考課做的功課,因爲西溪書院和尊經、紫陽、金臺一樣,主要考的是八股文和試帖詩。尊經等書院久負盛名,取法乎上而得其中,讀其課藝,當有益於考西溪書院。而吉城的日記中,未見記載閱讀過求志書院課藝③。不過這不重要,因爲求志書院舉行的是學術型考課,查閱原典比參考範文更有價值。

---

① 吉城《吉城日記》,吉家林整理、柳向春審訂,鳳凰出版社 2018 年版,第 5、39 頁。
② 林駿《林駿日記》,沈洪保整理,中華書局 2018 年版,第 233 頁。
③ 上海求志書院早在光緒二年(1876)即有課藝刊行。

日記中有關閱讀情況的記録，有時比較籠統，如吉城"閱紫陽文"①，林駿"往館閱《尊經課藝三刻》"②；有時會具體到所閱文體，如林駿"挑燈閱金臺書院四書文"，"挑燈讀惜陰書院西齋課賦"，"閱尊經書院四書文"，"閱惜陰書院東齋雜作"③；或者記下閱讀數量，如吉城"覽《尊經書院五刻》三本"，"閱紫陽書院文十餘首"，"閱《格致書院課藝》三卷"④；偶爾還會記下某一篇文章，如林駿"閱《雲間小課》中《擬修廣寒宮上梁文》"⑤。

至於閱讀感受，《吉城日記》中略有涉及。光緒十八年（1892）三月三十日："紫陽書院文以二秦爲最。"⑥按紫陽書院各集課藝中，秦毓麒（1847—？）、綏章（1849—1925）、夔揚（1856—？）三兄弟之文多有入選，"二秦"當指其中兩人。十九年（1893）六月十二日："《尊經書院課藝》中有謝緒曾文，筆氣頗大，在姚燧、盧摯之上。"⑦按謝緒曾，字功甫，江蘇江寧人。同治四年（1865）恩貢。《尊經書院課藝》以及《三刻》《四刻》皆收其文。二十年（1894）十一月二十三日："閱《南菁文集》，孫同康固是作者。"⑧孫同康（1866—1935），即孫雄，是《道咸同光四朝詩史》的編者。《南菁講舍文集》收其文五篇。二十八年（1902）六月二十一日："見《南菁二集》，其文多不如初刻。"⑨初刻即《南菁講舍文集》，1889 年刊；《南菁二集》刊於 1894年。較之《二集》黃以周序所云"續之初集，文辭並美，誠復如班固

---

① 吉城《吉城日記》，吉家林整理、柳向春審訂，鳳凰出版社 2018 年版，第 37 頁。

② 林駿《林駿日記》，沈洪保整理，中華書局 2018 年版，第 260 頁。

③ 林駿《林駿日記》，沈洪保整理，中華書局 2018 年版，第 13、51、96、116 頁。

④ 吉城《吉城日記》，吉家林整理、柳向春審訂，鳳凰出版社 2018 年版，第 5、35、109 頁。

⑤ 林駿《林駿日記》，沈洪保整理，中華書局 2018 年版，第 265 頁。

⑥ 吉城《吉城日記》，吉家林整理、柳向春審訂，鳳凰出版社 2018 年版，第 204 頁。

⑦ 吉城《吉城日記》，吉家林整理、柳向春審訂，鳳凰出版社 2018 年版，第 312 頁。

⑧ 吉城《吉城日記》，吉家林整理、柳向春審訂，鳳凰出版社 2018 年版，第 327 頁。

⑨ 吉城《吉城日記》，吉家林整理、柳向春審訂，鳳凰出版社 2018 年版，第 582 頁。

所稱,老眼猶明,吾已從君魚受道矣"①,吉城提供了另一種觀感。

所閱課藝作者當中,吉城最爲服膺的是陳光宇。光緒十八、十九兩年(1892、1893)多次提及:"閱《尊經六刻》文,陳光宇真是健者。""燃燭抄陳光宇時文八首。""抄讀陳光宇時文二首。""讀陳光宇時文。""録陳光宇'老者安之'合下節題文。""録陳光宇'原思爲之宰'二節文。""讀陳光宇時文。""抄讀陳光宇文一首。"②按陳光宇(1859—?),字御三,號玉珊,江蘇江寧人。光緒十六年(1890)進士。與夏曾佑(1863—1924)同負盛名,又同有槍替之謗。未及中壽而卒。據梁溪坐觀老人《清代野記》,同治、光緒間,劉汝霖、陳光宇、周鉞"皆江寧槍手之卓卓者,所代中不知凡幾。陳入翰林後,竟因此永不准考差"③。《尊經六刻》即《尊經書院六集課藝》,收其文十四篇。此外《尊經書院課藝四刻》收其文四篇,《五刻》十五篇,《七刻》七篇,《續選尊經課藝》十篇。單以入選數量而言,陳光宇也是最突出的作者之一。吉城對陳光宇的閱讀感受,與尊經諸集選編者的眼光,大體上是一致的。

吉城讀過《南菁講舍文集》,光緒二十六年(1900)起又受南菁院長丁立鈞之聘,遙領閱卷之任。他因此曾發現江南鄉試有人抄襲南菁之文。二十八年(1902)十月初四日:"看江浙兩闈藝。江南副榜唐乃釗,其《元初用兵平西域》一篇徑録南菁書院張葆元《漢通西域得失論》。據闈批:'本擬魁選,以首二藝多習見語,抑副。'不知其第四藝剿襲更甚也。"④發現書院課藝被鄉試闈藝抄襲,可算是課藝閱讀的特別發現。

---

① 黃以周鑒定《南菁文鈔二集》,清光緒二十年刻本,黃以周序。
② 吉城《吉城日記》,吉家林整理、柳向春審訂,鳳凰出版社 2018 年版,第 203、209、210、213、215、220、259 頁。
③ 梁溪坐觀老人《清代野記》,山西古籍出版社 1996 年,第 115 頁。
④ 吉城《吉城日記》,吉家林整理、柳向春審訂,鳳凰出版社 2018 年版,第 594 頁。

五、課藝總集中的知識世界

課藝總集的内容，大致包括八股試帖、經史詞章、時務西學三類，其中後兩類總集約百種，對於瞭解清代後期書院的知識世界，具有較爲直接的意義。這些總集，既有主要考課八股文的書院（簡稱時文書院）的小課集，如上虞《經正書院小課》、松江《雲間小課》、蘇州《正誼書院小課》、揚州《梅花書院小課》；也有博習經史詞章的書院（簡稱古學書院）的專集和研習近代科學文化知識的書院（簡稱新學書院）的專集，如寧波《辨志文會課藝》、江寧《惜陰書院課藝》、武昌《經心書院集》、黄州《黄州課士録》、福州《致用書院文集》、昆明《經正書院課藝》等；還有少數總集，將時文、古學、新學彙爲一編，如富陽《春江書院課藝》。

綜觀經史詞章、時務西學類的課藝題目，可以發現不同書院的知識重點多有區别。有的偏重經學，如杭州《詁經精舍八集》十二卷，前九卷皆是經解訓詁之作。題如"聖人有以見天下之賾解""'爕曰'以下十二字兩篇重見説""西旅獻獒解""《六月》《出車》爲襄王時詩説""士之弓合三而成規解""舜歌南風解""古者上卿下卿上士下士解""延州來季子解""吾未嘗無誨焉'魯讀'誨'爲'悔'説""接淅解"。後三卷爲賦、雜文和詩，題如"伊尹鳴殷周公鳴周賦""大登高小登高賦""中西學術源流考""登葛嶺放歌""蜂蝶問答"。這與詁經精舍"專試經解與碑版、考證諸作，即詩賦録取亦不多"[1]，"課士首重經解，兼及策論、詩賦、雜文"[2]的傳統是一脉相承的。

---

① 羅文俊手訂《詁經精舍續集》，清道光二十二年刊，同治十二年重刊本，胡敬序。

② 俞樾編次《詁經精舍三集》，清同治六年刻本，馬新貽序。

有的偏重詞賦,如江寧《惜陰書舍課藝》三卷,以詞章之學爲主:卷一賦,題如"擬楊炯《渾天賦》""爲政猶沐賦(以'雖有棄髮,必爲之愛'爲韻)""百官餞賀知章歸鏡湖賦(以'天子賜詩,百官餞送'爲韻)";卷二詩,包括樂府、五言古、七言古、五言律、七言律、七言絕、試律,題如"擬謝元暉《鼓吹曲》""擬曹子建《贈丁儀》""擬東坡《自金山放船至焦山》""顏魯公放生池懷古""西瓜燈(七排十二韻限青韻)";卷三騷、七、詔、策、啟、書、序、頌、論、銘,題如"擬淮南王《招隱士》""七勖(論學)""擬梁簡文帝《與蕭臨川書》""楊嗣昌論"。這與惜陰書院掌教的個人趣味關係很大,歷來"主斯席者,率偏重詞賦"①。

也有的具有綜合性,如富陽《春江書院課藝》,題有四類:四書文、五經文、雜文、算學。其中雜文居大半,既有"《大學》有'曾子曰',《中庸》有'仲尼曰',《論語》有'孔子曰',與全書體例迥別,其義安在""漢魏六朝三唐之詩皆本於《三百篇》,其間有詞意相合者,試詳證之""歷代帝王建都之地形勢得失論""歷代和戎得失歲幣多寡論""諸葛亮治蜀、王猛治秦論""自鐵木真爲蒙古大汗,至忽必烈滅宋,七十年間,拓地之廣,爲歷代所未有。試詳考之,並繫以論"等傳統經史詞章題,也有"論專制共和政治之得失""近人譯西書,有平等、平權、自由之說,試申其義""西人稱地球吸月,月吸潮汐,其說然否""拿坡侖似廿四史中何人""滑鐵盧之役爲歐洲戰禍之結局論""英入印度,主客之勢,眾寡之數,萬不相敵,竟轄其全境,果遵何術以致此""英日聯盟於東亞損益何如"等時務西學題。作爲今存刊刻時間最晚(1904 年)的書院課藝總集,《春江書院課藝》可謂是世紀之交書院知識世界的典型反映。

很多書院都有閱讀指南。以史部爲例,主流傾向是優先讀紀

---

① 褚成博鑒定《惜陰書院課藝》,清光緒二十七年刻本,褚成博序。

傳體,尤重前四史。如福州鰲峰崇正講堂規約:"史則《史記》、兩《漢書》、《三國志》必當熟看,庶得唐人三史立科之意。其餘歷代各史,視材質功力有餘及之可也。"①廣州萬木草堂規定,讀史"先以四史,如有餘日,則以《晉書》《南北史》《隋書》繼之"②。與之相應,在課藝總集的史學題中,前四史考得最多。以《漢書》題爲例:廣州《學海堂三集》有"讀《漢書》擬《西涯樂府》二十首",寧波《浙東課士錄》有"《漢書·古今人表》不著今人説""《漢書·外戚傳》書後",上海《求志書院課藝(丁丑夏季)》有"《漢書·藝文志》分兵家爲四種,推其例於輿地家當有幾種",蘇州《正誼書院課選二集》有"問《漢書》顏注得失",南昌《經訓書院文集》有"書《漢書·儒林傳》後",江陰《南菁文鈔三集》有"班固《西域傳贊》詆漢通西域之失,其言得失若何",等等。

與此同時,前四史之外的史學題也不少。如杭州《詁經精舍文集》有"南宋中興四將論",寧波《辨志文會課藝初集》有"問漢唐宋各有分科取士之法,孰爲最善",太倉《婁東書院小課》有"南宋張魏公論",上海《求志書院課藝(丙子秋季)》有"《五代史》不立韓通傳是第二等文字説",常州《龍城書院課藝》有"明初設立糧長論",江陰《南菁文鈔二集》有"讀《金史·交聘表》",江陰《南菁文鈔三集》有"宋太祖納女真貢馬論",揚州《安定書院小課二集》有"近人作書多宗北魏,考之《魏書》,當日以書名者凡幾家,今有石刻流傳否",武昌《經心書院續集》有"《元史·儒學傳》論""明季東林復社論",成都《尊經書院課藝三集》有"宋童貫約金攻遼、史嵩之約元攻金論",常州《龍城書院課藝》有"日本稱中國曰支那,其義若何,始見

---

① 陳壽祺《左海文集》卷10,《續修四庫全書》第1496册,上海古籍出版社2002年版,第422頁。

② 康有爲撰、陳漢才校注《長興學記》,廣東高等教育出版社1991年版,第61頁。

何書,試道其詳",《最新兩浙課士錄》有"姚宋優劣論""羅馬亂時甚於五代論",《五大書院課藝》有"《唐書》《宋史》大食傳補注""歷代商政與歐洲各國同異考",《蘇省三書院課藝菁華》有"苻堅拿破崙第一優劣論""國朝黃梨洲、顧亭林、王船山三先生論",等等。可知書院士子的實際閱讀,往往超出了最低限度的推薦書目,而接近於理想的閱讀要求。

考課題目的知識呈現,還有一個突出的現象,即特別注重鄉邦文獻。本來,吟咏地方風物,就是部分書院日常生活的一部分。如蘇州的書院,寫"新修滄浪亭落成詩"(《正誼書院小課》);廣州的書院,寫"咏嶺南茶"(《學海堂二集》);蕪湖的書院,寫"于湖棹歌"(《中江書院課藝》);武昌的書院,寫"夏日遊琴臺記"(《經心書院續集》);南昌的書院,寫"鄱陽湖十六韻"(《經訓書院課藝三集》)。但吟咏風物遠遠不夠,書院還鼓勵士子留意鄉邦文獻,因此課藝總集中有很多這樣的題目:"顏魯公治湖州政績考"(湖州《安定書院課藝》),"和方孚若《南海百咏》"(廣州《學海堂集》),"關中形勢考""擬唐人《登慈恩寺塔》"(西安《關中書院課藝》),"沅郡各礦表"(沅州《沅水校經堂課集》),"問福建茶市利弊"(福州《致用書院文集〔光緒戊子〕》),"黃州險要論""湖北水利策"(黃州《黃州課士錄》),"擬四川藝文志"(成都《尊經書院初集》),"姑蘇論詩絕句"(蘇州《正誼書院課選》),"讀吳梅村詩"(江寧《金陵奎光書院課藝》),等等。對於士子而言,鄉邦文獻具有特殊的親近感,最能引起共鳴;賡續一地文化命脉的使命感,亦由此得以培植和提升。

六、關於《清代書院課藝選刊》

近年來,書院課藝的著錄和影印取得了一些進展。著錄成果主要是徐雁平的《清代東南書院課藝提要》(2006)和魯小俊的《清代書院課藝總集敘録》(2015)。影印成果主要是鄧洪波主編的《中國書院文獻叢刊》第 1 輯(2018)、第 2 輯(2019)和第 3 輯(2022),三輯共影印了一百多種課藝。另有上海圖書館編的《格致書院課藝》(2016)、陳東輝主編的《杭州詁經精舍課藝合集》(2018)和《杭州學海堂課藝合集》(2019)、廈門大學出版社出版的《玉屏書院課藝》(2019)、廣東省立中山圖書館編的《近代嶺南書院文獻彙編》(2023)等影印本,以及《揚州文庫》(2015)、《哈佛燕京圖書館藏二齊舊藏珍稀文獻叢刊》(2019)中收録的部分課藝影印本。

有關書院課藝的點校成果,目前僅見賈三强主編的《陝西古代文獻集成》第十三輯(2018)、陳君静和唐燮軍編著的《寧波辨志文會文獻整理與研究》(2019)、程繼紅和趙統點校的《南菁書院課藝合集》(2022)三種。可以説,書院課藝的整理工作,尚處於起步階段。《清代書院課藝選刊》(以下稱《選刊》)的出版,即旨在推進書院課藝的整理和研究。

現今存世清代書院課藝總集約 300 種,我們選擇其中的 17 種予以點校,編爲 12 册。具體書目如下:

第一册:《雲間書院古學課藝》不分卷,吳錫麒鑒定,嘉慶九年(1804)刻本;《雲間小課》二卷,練廷璜選編,道光二十九年(1849)刻本。

第二册:《關中書院試帖》一卷,陳僅選編,道光三十年(1850)刻本;《會文書院課藝初刻》不分卷,如山鑒定,光緒七年(1881)刻本。

第三册:《羊城課藝》四卷,陳其錕選編,咸豐元年(1851)刻本。

第四册:《上海求志書院課藝》不分卷,俞樾等評閲,光緒二年(1876)刻本。

第五册:《校經堂初集》四卷,曹鴻勛手訂,光緒十一年(1885)刻本;《校經堂二集》九卷,陸寶忠手訂,光緒十四年(1888)刻本。

第六册:《致用書院文集》不分卷,謝章鋌選編,光緒十三年(1887)至十七年(1891)刻本。

第七册:《經心書院集》四卷,左紹佐選編,光緒十四年(1888)刻本。

第八册:《南菁講舍文集》六卷,黄以周、繆荃孫選編,光緒十五年(1889)刻本;《浙東課士録》四卷,薛福成選編,光緒二十年(1894)刻本。

第九册:《黄州課士録》八卷,周錫恩編定,光緒十七年(1891)刻本。

第十册:《滇秀集初編》五卷,許印芳編次,光緒二十三年(1897)刻本;《經正書院課藝二集》六卷,陳榮昌選定,光緒二十九年(1903)刻本。

第十一册:《經正書院課藝三集》六卷,陳榮昌選定,光緒二十九年(1903)刻本。

第十二册:《經正書院課藝四集》六卷,陳榮昌選定,光緒二十九年(1903)刻本。

在選目方面,《選刊》注重綜合性、整體性、代表性。課藝總集在內容上,主要有八股試帖、經史詞章、時務西學三類,後兩類學術性更强,《選刊》即以後兩類爲主,同時收録《會文書院課藝初刻》《羊城課藝》和《關中書院試帖》,作爲八股試帖類的代表;在刊刻時段上,光緒年間所刊最多,《選刊》亦以光緒間總集爲主,同時收録四種嘉慶、道光、咸豐間刻本;在地域方面,江浙書院最爲發達,刊行的課藝占存世課藝總數的一半以上,《選刊》收録《雲間書院古學課藝》《雲間小課》《上海求志書院課藝》《南菁講舍文集》《浙東課士録》五種江浙課藝,其餘課藝出自西北(《關中書院試帖》)、華北(《會文書院課藝初刻》)、華南(《羊城課藝》)、華中(《校經堂初集》《校經堂二集》《經心書院集》《黄州課士録》)、東南(《致用書院文集》）、西南（《滇秀集初編》《經正書院課藝二集》《經正書院課藝三集》《經正書院課藝四集》）地區，以呈現課藝地域分布的廣泛性。同時，注重文獻的稀見性。《格致書院課藝》《詁經精舍文集》《學海堂集》等著名課藝，獲取比較容易，《選刊》也不再整理。

總的説來，書院課藝是較少受到關注的近世文獻，《選刊》期望通過整理工作，爲讀者提供一些具有代表性的課藝文獻，增進今人對於清代普通士子知識世界的瞭解，拓展教育史、學術史、文學史研究的領域。由於水平有限，整理中一定存在錯誤和疏漏，還請讀者諸君批評指正。

前　言

　　清代書院重視考課,書院生徒考課的試卷通稱課藝,也叫課作、課卷。優秀課藝選編成集,即爲課藝總集。有的爲應科舉考試而專收制藝、試帖詩,有的爲研求古學而專收考證、詩賦、古文。

　　《雲間書院古學課藝》,不分卷。爲松江府雲間書院選編的課藝總集,由雲間書院掌院吳錫麒、松江知府趙宜喜評閲,松江府學教授陸梓、顧文鰲參訂。嘉慶九年甲子(1804)初刻,題"嘉慶甲子春鋟,掌院錢塘吳穀人鑒定"。目録首署"錢塘吳錫麒穀人、南豐趙宜喜鑑堂評閲,古巢陸梓僑南、長洲顧文鰲仙洲參訂",末署"秀塘錢寳仁校刻"。嘉慶十五年庚午(1810)重刻,卷首增陸梓識語、吳錫麒序及其《論律賦》一文。卷首有僑南題識:"是刻爲昔年坊人經手,未及對樣,妄即刷印遠行,久欲參訂謬訛,奈板貯坊間,羈遲不繳。庚午春力索歸署,始得偕在院同人命工刊正。"

　　吳錫麒(1746—1818),字聖徵,號穀人,浙江錢塘人。乾隆三十九年(1774)舉人,四十年(1775)進士,選庶吉士,散館授編修。兩充會試同考官,官至國子監祭酒。歷主真州、揚州、松江等地書院講席。著有《正味齋詩集》和《漁家傲》傳奇。《明清浙籍曲家考》載有汪超宏《吳錫麒年譜》。趙宜喜(1755—?),字晉熙,號鑑堂,江西南豐人。民國《南豐縣志》卷20《宦業》有載。陸梓,字遇周,安徽巢縣人。乾隆四十八年(1783)舉人,六十年(1795)進士。官松江府教授。刊有《雲間課藝》,校訂《會心堂綱鑒鈔略》16卷。道光《巢縣志》卷13《人物·文苑》有載。顧文鰲,生平不詳。

1

該集凡二册,分賦、詩、駢體、經解辨考、策問五部分,第一册賦,第二册詩、駢體、經解辨考、策問。賦 17 題 54 篇,詩 28 題 86 篇,駢體 9 題 20 篇,經解辨考 14 題 19 篇,策問 11 題 13 篇,共計 192 篇。文中有批注,文末有評點。每篇題下載作者姓名、籍貫、府學或縣學生員等身份信息。

《雲間小課》,爲雲間、求忠、景賢三書院的優秀課藝合編,松江知府練廷璜編選,題"道光己酉仲春",集前有練廷璜道光二十九年(1849)正月序。

練廷璜(1798—1851),字宜獻、立人,廣東連平人。道光五年(1825)拔貢。歷官江蘇宜興、陽湖、丹陽、嘉定、吳縣知縣,松江知府。著有《希鄭齋稿》《補五代史宰相方鎮兩表》。陳壽熊《静遠堂集》卷 1 有《練太守家傳》,光緒《惠州府志》卷 33《人物五·政績下》有録。光緒《嘉定縣志》載:"先是邑有倉款存典,官董朋比侵蝕。廷璜擇人委任,宿弊頓除,邑中公款清澈自此始。"《清實録·道光朝實録》卷 473 載其革職留任松江知府事。

松江府雲間、求忠、景賢三書院,文風興盛。道光二十四年(1844),始以詩、賦、雜文課試諸生。道光二十八年(1848),松江知府練廷璜從四年的課藝之作中選取優秀者,彙爲兩卷,付梓刊行。因松江府別稱"雲間",故名爲《雲間小課》。文末有評點。目録題下載作者姓名、籍貫、府學或縣學生員等身份訊息。

集分上、下卷,卷上收賦,卷下收雜文和詩。賦 20 題 42 篇,雜文 13 題 16 篇,詩 18 題 29 篇,共計 87 篇。雜文和詩多擬作,如《擬沈初明通天臺表》《擬謝元暉辭隋王箋》《擬柳子厚〈乞巧文〉》《擬韓昌黎〈獨樂園〉詩》《擬韓昌黎〈山石〉詩》等。

《雲間書院古學課藝》有目録與正文不符者。如:"賦"類第一篇,目録作"社雨翁賦",正文爲"社翁雨賦"。"詩"類:張克儉作《閏花朝》目録爲"前題二首",正文爲"七律二首";《題宋梁楷説劍圖》

題下，目録第一篇作者誤作毛毓麒，正文第一篇作者爲姜曰贊，毛毓麒作《紙鳶》題下第三首；《夏日田園雜興》諸作，目録除張公璠注明"七律四首"外，張崇型、錢瑢、朱蕭僅注明篇數，馮以臨、徐福僅一首，只録"前題"；顧鴻聲作《何處堪消暑》題下，目録爲"白香山體四首"，正文爲"效白香山體四首"；《顧亭湖懷古》尚有鈕沅之作，目録遺漏；《牽牛花》，目録爲"牽牛花增"，正文爲"增牽牛花七律二首"；鈕沅《擬陸務觀〈題十八學士圖〉》，目録爲"七古原韻"，正文爲"七古用原韻"；顧鴻聲《嶺梅》，目録爲"七律二首"，正文爲"得先字七律二首"；王紹成《小春》，目録爲"七言八韻"，正文爲"得春字七言八韻"；湯輅作紀，目録爲"嘉慶九年甲子春聖駕幸翰林恭紀"，正文爲"嘉慶九年甲子春聖駕幸翰林院恭紀"。"經解辨考"類目録爲"《夏小正》萎楊解"，正文爲"《夏小正》萎楊羜羊解"。凡此各處皆據正文以正目録。姚寅《唐宮射角黍詞》目録爲"二首"，正文不見"二首"字樣，然確爲七絶二首；類別目録作"經解辨考"，正文作"經解"。凡此二處皆據目録改正文。王建《簇蠶詞》本作《簇蠶辭》，一遵原本，不改。

　　課藝總集因作者衆多，用字習慣有異，故書中用字不一。如于、於，谷、穀，間、閒，乃、迺，迺、秘、祕，烟、煙，兹、茲，粧、妝，簡、簡，硎、硎，游、遊，挂、掛，葢、蓋，蓬、篷，竝、并、並，欢、懽、歡，洒、灑，鑑、鑒，却、卻，泄、瀉、洩，籢、奩，胭脂、臙脂，强、强，注、註，晦、畝，墻、塔，畊、耕，歷、歷，虵、蛇，干、幹、乾，饥、饞、飢，等等，皆保持原文原貌，一遵原本。《雲間小課》中吳啟鶚《六家注選賦》凡曹字皆少寫一豎，當爲避諱，徑改。影印本刊刻字有誤者亦徑改。如"畫檻"改爲"畫檻"，"魚睛"改爲"魚睛"，"妝嚴"改爲"莊嚴"，"穎陽"改爲"潁陽"等。

　　清人著述，版本無多，課藝不被重視，更少有多個版本。《雲間書院古學課藝》以《中國書院文獻叢刊》第2輯第5册上海圖書館藏清嘉慶九年（1804）刻本影印本爲底本，原書版框高 207 毫米、寬 140 毫米。《雲間小課》以《中國書院文獻叢刊》第 2 輯第 6 册上海 圖書館藏道光二十九年（1849）刻本影印本爲底本，原書版框高 180 毫米、寬 128 毫米。編者、參訂者信息，參考徐雁平《清代東南書院 課藝提要》、魯小俊《清代書院課藝總集叙録》及相關研究論文，特 此致謝。

總目録

雲間書院古學課藝

嘉慶甲子春鋟

掌院錢塘吳穀人鑒定

目　録

賦

詩

駢 體

經解辨考

策 問

賦

社翁雨賦 以社日雨多晴較少爲韻

張公璠　婁縣

風滿靈旗，雨飄廟瓦。如夢霏霏，和烟惹惹。幾番作陣，迷將紅杏之天；是處凝陰，潤遍綠楊之野。數一年令節，才近花朝；計五代佳辰，正逢春社。

惟土有神，以翁爲秩。德協陽和，禮徵椒飶。湘絃撥緩，佇清陌上之塵；巫曲傳頻，悅肅靈來之蹕。社者報也，紛般裔於升裡；雨以潤之，亶吉蠋於練日。

夫其虔鑒歡嬉，澤宜洋溥。令原肅夫春皇，尊實躋乎田祖。指一村之桑柘，尚戀菟裘；懷故里之枌榆，方催腰鼓。練句有古色。實寫社翁，宛然如接。花明送暖，任吹少女之風；泉汲思新，教釀千家之雨。

綠霑徑草，香膩庭柯。細能滑路，微亦添波。頹半隱之春山，疑窺翁醉；泾新來之燕子，解獻翁歌。如此點綴，翁字便自嫻雅。須知曩歲祠前沾衣不見，未識頻年會裏著屐誰多。

翁歸雨送，翁降雨迎。接處音節極妙，此是唐人法度。灑甘兮翁惠，表潔兮翁誠。濛濛村店，漠漠江城。一犁乍足，三日俄成。雷袂雲中，不是仙人作態；披衣石上，詎關玉女多情。倦揩眼以看花，秪應隔霧；情韻不匱。警催詩於擊鉢，故各回晴。

彼夫避灌壇而不前，夢陟山而方覺。亦復著刺史之嘉名，驗相公之神效。未若乘時布濩，資調燮於神靈；應候昭融，達精禋於杯珓。試看雞豚賽處，堪取驗於崇朝。若憑父老推來，可歷言其大較。

於焉泥飲酕醄，忘情昏曉。釀錢喧聚，舞獨速以襄披；宰肉分攜，戴伊糾而笠小。<small>歸途景況如畫。</small>造治聾之佳醞，天賜彌甘；開受福之春筵，年豐早兆。翁其契水德於土功，自雨多而晴少。

　　應絃遺聲，按節投袂，深得唐人矩矱者。至其情景歷歷，可當一幅雨中春社圖也。

前　題

顧鴻聲　婁縣

靄靄遥村，蓬蓬芳野。堤邊縷縷絲含，陌上濛濛烟惹。望谷口而雲停，問水濱而流瀉。喜風姨之勿虐，先庚試祝花朝；詫雨伯之何靈，吉戊恰逢春社。

爾其職在土功，位膺神秩。稱公則有土之尊，稱翁則從民之質。<small>點次清晰。</small>肖以象而半出陶人，配以媼而居然靈匹。舉典斯祈先乎報，簫聲出巷之辰；占時而雨多於晴，屨響穿林之日。

潤只如酥，密纔似縷。迷霧影於芳朝，暗烟光於亭午。一鳩喚翠羽之村，雙燕尋烏衣之主。染紅杏兮鮮妍，滋綠楊兮媚嫵。簾寒悄悄，昨霄吹神馬之風；鼓慢聲聲，竟日撒靈旗之雨。

時則三村祠宇，比戶巫歌。偕黃童與白叟，集草笠與烟簑。雞豚供兮麥飯薦，肴蔬雜兮椒漿羅。願翁兮腹果，願翁兮顏酡。願長我油油之黍，願碩我彧彧之禾。<small>一氣展舒，有雲行水流之妙。</small>一番葦籥吹來，但祝液滋漉滲；幾隊柘枝打處，惟祈祉茂稼多。

靈來兮髣髴，靈去兮跂行。於焉釃酒，於焉分羹。扶杖人來泥飲，話鶯花之勝；提壺聲喚酣嬉，樂桑柘之清。莫不大餅試倒，老瓦同傾。計自今風息，孟婆剛吹輕暖；卜此後星明，農丈好迓新晴。

蓋社以時行，雨非霖潦。霏大野而烟含，淫芳林而意鬧。二分春逗，掩二分月而仍妍；五色泥封，映五色花而誰捫。肅方壇以將明水，香火因緣；悟靈主之喜新泉，慧心計較。

夫仙人之露溥溥，青女之霜皎皎。水周堂下，感靈妃帝子之嬋媛；雲起封中，訝金母木公之縹緲。孰若此日之樂康，正值春光之榮繞。翁兮無恙，年年享此苾芬；雨也重來，歲歲沾茲禾秒。奏迎神送神之曲，可知佩茝繽紛；紀下尺上尺之占，一任落花多少。

> 情韻環生，音節瀏亮。放翁詩"雞豚雜遝祈蠶社"風景似之。

燕睨賦 以燕飛來降睨宇營巢爲韻

王紹成　青浦學

夢繞池塘，暄回庭院。維小鳥之知時，有于飛之新燕。乘海風而欲下，態自翩翩；遇社雨而思歸，情餘戀戀。三春碧樹，喜淑景之融和；十里朱樓，識華林之蔥蒨。

爾乃重城花暝，一徑風微。啄芹泥之清潤，搴蕙圃之芳菲。莫悵疏簾遙隔，仍投曲樹低飛。思舊壘之猶存，門窺青瑣；記故人之無恙，巷認烏衣。音節最妙，得唐人三昧來。

顧影裴回，將來未來。移春有檻，避風無臺。情非觸於鳩呼，幾經商略；時已移乎雀乳，尚自疑猜。麂眼頻穿，似丁橋之乍識；蝦鬚細捲，知甲帳之新裁。

於焉縈縷而歸，掠煙而降。拖林杪之餘霞，映井眉之斷虹。遙眄三重之閣，鑿翠流丹；恐迷五色之花，深紅淺絳。仰觀俯察，欣結伴於中林；右顧左回，早呼儔於曲巷。

則見翠袖蹁躚，紅襟容裔。棲玳瑁之梁，集珊瑚之砌。星隨眸轉，期未雨而綢繆；月傍鉤纖，尚臨風而凝睇。江南舊約，小住經年；

13

塞北離愁，無忘隔歲。

惟應候而知幾，斯託身之得主。丁寧宛致，下上爾音；辰會相符，西南其戶。載飛載止，慣織暝而捎晴；相近相親，宛望衡而對宇。

當夫通目成而補茸，費面勢以經營。幾同柳眼初窺、蠶學三眠之態，豈是花梭未擲、鶯分五柞之鳴。延佇松窗，遲迎紫乙；低徊蘭廡，喚起倉庚。和清音而似贈，接綿羽而如迎。

蓋其斜窺檻曲，小立堂坳。斂金衣於香徑，拋玉翦於晴郊。湛湛雙波，猶記呢喃之處；絲絲一桁，剛逢盼睞之交。此時祥媲高禖，固長依夫舊主；他日身棲上苑，宜共戀乎新巢也。

　　格律純似唐賢，而盼睞生姿，神流韻外，宛得之東風簾戶間也。

前　題

顧鴻聲　婁縣廩

社後光陰，花時庭院。蝶作團以試飛，鳥翩翩而未倦。蘭苔之翡翠低翻，柳浪之栗留百囀。乳鳩則呼別陰晴，幺鳳則挂當蔥蒨。啼能言之百舌，正喚棲烏；翔側目之雙禽，又來舞燕。

去年小別，今日纔歸。塞北之客程緩緩，江南之風景依依。情味無限。門原白屋，巷自烏衣。沾樓頭之細雨，披屋角之斜暉。舊侶久違，悵風花之一瞥；新巢欲定，破烟絮以雙飛。

掠何輕疾，睇乃徘徊。晴明點點，睫展恢恢。千重院落，十里亭臺。欲因依之得所，轉去住之多猜。柳外凝眸，恍似舊遊夢到；花間轉瞬，恰隨前度人來。

方盼切於層簷，又目勞乎深巷。認舊徑而草色抽青，撲新堤而

桃花染絳。小集則偶憩雕楹，載飛則還辭繡幢。丁簾風颭，畫樓覘
縹緲之居；甲第雲開，虛室視吉祥之降。

緊不定以眙盱，乃甫周乎審諦。依雲廈而非華，託蓬廬而非
敝。銜花片而香融，啄芹芽而烟霽。停玉蒯兮風斜，伴銀釭兮蕊
細。計一年之小住，倏若回眸；望三徙之可安，幾經凝睇。

使其智昧於先，拙忘所補。知止輸人，居停失主。或集幕而
危，或震雷而憷。或華堂嗟門外之羅，或金屋妬掌中之舞。只恐花
迷銀海，有誤心期；何時春滿玉堂，得軒眉宇。

於是穿當廣陌，翔徧高城。每將飛而未下，若棄暗以就明。商
略乎花天月地，往來於莫雨朝晴。挈佳偶而居宜共適，計將雛而夢
欲無驚。兩兩窺尋，信神縈於遴選；喃喃慰語，毋目笑乎經營。

況乎人來蓬蓽，士起衡茅。將依鴛披，佇上螭坳。鑒燕飛之侜
戶，賀燕喜於樂郊。展胸臆於天空，光明有藏；極翱翔於人海，鑑別無
淆。庶幾鵠立雞棲，恆庇上林之蔭；即使鸞飄鳳泊，長依阿閣之巢。

　　細切睇字，次第相承，致度纏綿，咀味無盡。

前　題

張克儉　華亭學

時也社雨飄絲，榆煙散練。梅額輕盈，蘭心蔥蒨。開杏靨兮枝
枝，逗桃腮兮片片。柳舒新月之眉，鳥識春風之面。鴨頭水綠，芳
塘只見魚魚；鴈齒橋紅，故壘頻來燕燕。

則見差池其羽，下上于飛。斑襟微露，玉彩齊揮。重尋三徑，
猶記雙扉。情含脈脈，目注依依。偶顧左而盼右，寧昨是而今非。
落花無恙，風景依稀。

始焉端相屋角，睇眄牆隈。十分商略，半晌遲徊。到處喎情，

海棠庭院;幾經過眼,楊柳樓臺。止幕而纖身始穩,巡簷而笑口如開。斜陽未去,前度曾來。迴眸一顧,細剪雙裁。

既而載好其音,從空而降。本非看竹,寧同凡鳥到門;又豈賣花,定約明朝深巷。穿鹿眼而匊窺,掠鰕鬚而直曹。覓芹泥之舊跡,幾如斷粉零香;矚檻檻之新陰,仍見深紅淺絳。

想夫漢苑爭妍,吳宮鬪麗。長信園林,昭陽門第。低棲玟瑁之梁,細審珊瑚之砌。嬌波轉處,眜素袂之輕颺;秋水迴時,看仙裙之斜曳。舞態橫陳,目光遠睞。囷來爪影,三匝低徊;化得釵痕,一番睥睨。

又如謝氏花裀,石家蕙圃。雙雙弄影,豔襯鶯眸;對對交飛,輕隨蜂股。賞芳草之池塘,探珠簾之院宇。話二月之芳時,夢六朝之舊雨。豈特華胥國裏,青眼憐才;猶然朱雀橋邊,烏衣覓主。

更若深閨岑寂,別院孤清。降翩躚之影,揚呢喃之聲。箇箇青衣,沈思約略;絲絲紅縷,細認分明。乍高兮又下,似送兮將迎。多情相度,雅意經營。他年子倘名樓,端宜盼盼;此日友纔遷木,還聽嚶嚶。

至于相在爾室,適彼樂郊。疏牕竹屋,白板衡茅。慣冐低頭,曷礙寄從廡下;似曾識面,何妨立近堂坳。瞞瞞善盼,眷眷難拋。轉瞬秋期,處處送君于野;囷心社日,年年望爾來巢。

詩人之賦麗以則,固宜旖旎可人。

孟浩然夜歸鹿門賦 以題爲韻

顧鴻聲　婁學虞

孟山人志託幽棲,名高獨行。息鴻羽兮雲深,愛鹿門兮塵淨。偶暇日兮出遊,乘夜分兮歸詠。嗣昔年之耆舊,公豈殊麗;眈此日之林泉，人誰鄰孟。

夫其北闕邅回，南山幽討。棄軒冕於中年，臥松雲於垂老。卿不求仕，合分一曲之湖；君何所之，早返三湘之道。指我家於襄水，雲影重重；夢所思於大江，天懷浩浩。

時而登峴首，俯樊川。魚梁淺水，夢澤寒天。暢涼襟於松月，滿清聽於風泉。每和飯僧之作，頻吟待友之篇。歷山暝江急之秋，游行自在；值竹露荷風之夕，興會悠然。

出本無方，歸斯多暇。得得徐來，行行欲罷。舟以漾而初移，帆以閑而可卸。秋光清淺，櫓搖則背指花開；雲景迷離，石出則倒聽葉下。一重一掩，遙山乍送乎夕陽；如霧如烟，遠水倏迷乎昏夜。

則見濛濛水色，靄靄嵐霏。四圍荻港，幾處苔磯。經葭外蟬聯之渡，穿蘆邊雁齒之碕。塔臥鷗波，點點佛燈吐影；莊開蟹舍，星星漁火流輝。訝犬吠兮村來，推篷漸近；遲烏啼兮月落，踏影且歸。

於是昐荊扉，尋竹屋。艇泊溪邊，筇扶山麓。樵人則岸火初投，漁子則潭烟已宿。回看山寺，隔松徑兮蒼茫；不辨江村，憩蓬廬兮幽獨。想此際藤牀小坐，只是聞蛩；知終宵紙帳清眠，定非夢鹿。

一時勝概，千古重論。如輞川之墅，如渼陂之園。如王官之谷，如甫里之村。比挂席於名山，畫因詩著；勝尋梅於積雪，亭以人存。無恙青山，雲護高人之屋；依然明月，風清隱士之門。得法。

客有訪孟公之遺蹤，溯襄陽之故步。章華臺畔拏舟，冠蓋里邊問渡。認往日撐船之路，蘿徑人稀；識當年返棹之鄉，松門日暮。高歌未寂，譬八公山招隱之詩；清境堪懷，擬七里灘聞漁之賦。

逸致遠情，擺脫凡近。

前　題

湯輅　婺縣貢

　　兔月宵澄，鹿門路復。乘好景以旋歸，樂清輝之掩映。類泛櫂乎潯陽，異尋梅於春孟。聆數聲之款乃，舟小於蓮；顧兩岸以皎然，波明似鏡。

　　昔孟浩然隱居終老，長辭京洛之日，夜返襄陽之道。遂素志兮翩翩，發長歌兮浩浩。世外之緇流羽客，再結清遊；舟中之水色山光，恰盟宿好。

　　初其山寺流連，襟期灑然。停琴彳亍，倚杖遷延。松陰落日，竹影凝煙。塔院鐘聲，尚結巖腰之響；漁梁人語，已爭渡口之船。

　　沙岸纔過，扁舟乍駕。艫唱聲遲，漁燈影射。栁暗長隄，星明初夜。冰輪與橋影俱圓，畫槳隨輕鳧竝暇。

　　夜景霏微，行踪漸稀。過龐公之隱處，悟達士之知幾。撥櫂而波光在目，推篷而露氣沾衣。籬舍週遮，聽村厖之遙警；松巢隱約，知馴鶴之先歸。

　　棹轉前溪，山開層麓。幾處巖扉，一雙石鹿。雲出岫以無心，鳥倦飛而知宿。微聞天籟，散入烟嵐；何處人聲，忽逢茆屋。

　　月色無垠，寒輝映門。煙開蠻樹，景異江村。宛輞川之別墅，非彭澤之荒園。數百里襄水峴山，歸程早卜；四十年竹牀茶竈，風景猶存。

　　于是自號山人，頓忘仕路。雖負詩名，惟安布素。遠京邑之風塵，向畫圖而去住。長此攜屐之遊，勿擬歸田之賦。

　　圭臬唐人，頗饒勝韻。

前　題

毛毓麒　婁縣

夜景澄虛，歸途幽複。伊蟾影之高懸，與鹿門而掩映。塵慮一清，名心不競。當年采藥，曾傳不返之龐；此日乘舟，復有來歸之孟。

昔有詩人，厥名曰浩。暢布衣之胸襟，展山人之懷抱。青陽已逼於歲除，白髮頻催乎年老。誰憐多病，致舊雨之交疏；自分不才，信幽棲之宜早。

命駕言旋，沙隈景妍。望蓬門兮伊邇，乘蘭棹兮欲前。謝曲江之幕府，別摩詰于輞川。竹露荷風，志趣已堪抱彼；岩扉松徑，足音偏覺跫然。

日落平林，月高清夜。疎鐘而山寺催起，孤艇而漁梁直下。推篷遠望，閃蟹火而微涼；搖櫓中流，唱菱歌而未罷。瞻衡宇以載奔，與風塵而長謝。

詎云忘世，亦是知幾。菰烟一路，葭水四圍。漢皋之環珮零亂，峴首之風景依稀。道阻且長，但趁螢光而遠赴；境繚而曲，將偕鷗夢以同歸。

沙岸既遙，江村在目。點點疎星，依依修竹。前蹤難認於雪鴻，幻夢已醒乎蕉鹿。山重水複，得佳趣而依棲；心遠地偏，暢幽情而窟宿。

烟雲小憩，車馬無喧。境躭寥寂，心絕囂煩。書讀巢由之傳，酒傾嵇阮之罇。人其舍諸，勿戀雲中之闕；來何暮也，還敲月下之門。照應本事，亦有情致。

懿高蹈以為安，洵風期之可慕。永懷松月之窗，回首漁樵之渡。天台則別有幽居，鑪峰則尚餘舊路。不徒南山闢徑，歸老成吟；何須北闕上書，子虛漫賦。

有次第，有點綴，便易入彀。

米囊花賦 以苗堪春菜實比秋穀爲韻

姜曰贊　府學

豐儲秋實，豔擢春韶。孕珠囊而破蕚，結瓊米而垂翹。香國則占將半畝，詩家而儲以一瓢。細蔚青羅，等祈年於嘉卉；香分紅粟，如責報于良苗。

當夫金商氣爽，玉魄光涵。鋤攜兩兩，徑闢三三。子將芥竝，顆與黍參。糝來亭北，播向牆南。擬栽秫宅之花，耕煙略似；非種陶公之秫，鋤月差堪。*次第井井，句調亦得之唐人。*

迨夫萬朵爭新，五色兼勻。奇光爛午，雜綵迎晨。闢新圖於畫史，開名繡於鍼神。正當麥浪翻時，繽紛送夏；不是稻花香候，爛漫舁春。

爾乃子結垂垂，實懸磊磊。龥翠爲包，聯蟬作袋。囊盛米以偏盈，米處囊而可刈。幻能承露，轉如沃野之禾；巧作攘雲，不等饉年之菜。

所以錫嘉名，標麗質。憑欄而恍想綵毬，巡徑而如懷籫筆。賽蓻圃而多藏，富花天而有術。奚啻裹糧于橐，磊磊偏多；翻如納稼于箱，離離其實。

是則采想茱萸，疑非薏苡。紅豆難方，黃粱奚似。借榴火以同炊，數榆錢而請市。燕銜香而補壘，鸚啄還猜；蟹執穗以朝魁，蜂偷竊比。*夾喻確切。*

彼夫蓮房露冷，茨粒香流。蘭英或釀，菊實同收。孰若此數升香綻,一斛珠投。收菽粟于花田,聊以卒歲;茁根苗于仙圃,乃亦有秋。

是蒞別有菡藏,轉滋聚蓄。同誇長吉之新詩,不問淵明之微禄。掬擬菰沈,垂思櫻熟。花前取醉,恰聽處處提壺;葉底留香,可記聲聲布穀。

孚甲新意,比附有情。

前　題

王舒華　華亭貢

楝風未歇,梅雨將飄。花垂囊兮始綻,囊聚米兮偏饒。秀擢枝枝,表名園之嘉種;實含顆顆,占香國之良苗。

栽當月下,種徧畦南。惟灌溉之是務,欲芟柞而何堪。園客移來,穀豈煩于播百;畦丁分處,食真望乎餘三。

時迎首夏,景媚餘春。烟融而絳理微膩,露染而鉛膏乍匀。一腔實粒,幾日懷新。玉蕊方垂,早許睨之褐父;盎漿母露,定知期有蘧人。

種非分自嘉蔬,類更繁于蓄菜。既五色而迷離,亦千枝而向背。生傍一區宅畔,擔石常儲;榮占半畝宮中,滿車擬載。

其含也,似聚而未充;其吐也,似滿而欲溢。仰者同操量以呈,俯者將傾囷以出。啞滯穗之難成,陋童苗之不實。或抽孤萼一囊,充方朔之飢;或擢駢枝五斗,較淵明之秩。

雲錦曾方,香萁可比。摘疑握粟而來,供竝峙糧而俟。蜂銜釀蜜,恰同稼穡之甘;鳥啄將雛,差等稻粱之美。

不耡不耰,誰刈誰收。攢如稻把,熟及麥秋。瘦身飯顆以曾見,香意米堆而共流。若教天女散來,紛疑雨粟;果令奚奴負去,量合唱籌。

嘉名雖譜羣芳，美種當侔五穀。榆錢糴而可免調飢，橘火炊而還堪鼓腹。不數田舍之千箱，直抵神倉之萬斛。百花開遍，偏借春風十日之糧；數本栽成，便儲藝圃九年之蓄。

體物肖形，不豐不匱。

前　題

周行　府學

厥草惟夭，其花則嬌。斁解囊而贈，乃聚米而饒。不學老農，亦脫山家之粟；何來嘉種，合分靈草之苗。

或栽秋仲，或播秋三。園圃作町畦之闢，芬芳視稼穡之甘。踏一宵之月冷，樹百畮之香含。正當穤稏吹紅，翻畬獨後；恰趁茱萸佩紫，承露俱堪。

重台舒豔，千葉開勻。逗梅風而穎吐，過穀雨而萌新。秋分異樣，秀到無垠。乍釀瓊脂，四野流膏之候；誰裁錦段，一庭蒨綵之春。

璀璨雲披，玲瓏星碎。結撲滿之苞，煥陸離之佩。花以繁而方見緘舒，實以固而略殊橐載。刈來花國，珍逾炊玉之糧；紉出天工，映到散金之菜。

于是園客顏開，花農喜溢。非升斗之可量，實包羅之孔密。療飢資方朔之廉，學繡擬靈芸之術。清貧試饋，笑飯顆兮拘虛；容臭頻探，指香纓而充實。

別有舞草芊緜，麗春柔靡。葉葉蒸霞，重重結綺。雖豔質之無殊，豈實苞之可擬。不登穀譜，滋野老之多猜；若綴蕙纕，待騷人之竊比。

且也嘉名既錫，雅話宜侔。移春者指困可贈，摘豔者解佩堪求。繭帖乞時，睨先褐父；楸枰展處，賭自名流。但教十日春風，利先大野；更訝四垂雲錦，巧奪高秋。

惟此名花，信餘旨蓄。既紅粟之常盈，豈翠罌之徒目。千房則葉底勻圓，百結則枝頭往復。儘堪淅米，常餐仙客之糜；不慮空囊，絕勝田翁之穀。

　　跗萼相銜，脣吻不滯，一時正難得此清才。

前　題

趙金階　南匯

若夫山牖綠暎，花逕紅飄。和風幾陣，細雨連宵。看佳木之蔥蘢，遙聞簧語；望水田之瀰漫，新插禾苗。爰有米囊，近疏籬而破萼；原名鶯粟，依小圃而呈嬌。

爾其風光乍轉，淑氣方酣。整整斜斜，花亞蒼苔之露；疏疏密密，影欹綠藻之潭。覆米於沙，笑將軍之未巧；炊珠以食，洵楚客之難堪。播佳種於中秋，千株密綴；坼疏苞於首夏，三尺低含。

維時蠶將獻繭，麥近嘗新。不待耕耡，三徑儲九年之穀；無勞耘耔，一叢疑三百之囷。似綠葵低亞，似素柰輕勻。鐘可計而斗可量，投榆錢以請糴；苗無莠而粟無秕，指瑤圃以餞春。笑欲迎人，未信室如懸磬；風其吹汝，居然襲以重茵。

葉葉相當，枝枝相對。醞釀架外，妍好千般；芍藥欄邊，妖嬈萬態。豈曰未曾學稼，藉弱植而比分倉；寧云素乏餘糧，賴繁花而免稱貸。看來顆顆，誤將鸚鵡之猜；望去離離，亂逐園蜂之隊。倘烹為佛粥，即同玉糝之羹；若配以山肴，應數元脩之菜。

是以植取膏腴，花含麗質。綏黃綏綠，包來蒼玉千囊；衣紫衣緋，吹遍春風十日。千斯倉而萬斯箱，取其材而落其實。斯真聚米，斜鋪陶徑之三；孰與付囊，竊陋東方之一。

是惟滴靈液以染根，向春光而結蕊。秀色争妍，繁英彌綺。山非飯顆，何來白也之吟；形似珠囊，羞作虞兮之比。對得情切。脱穎而出，還同錐處囊中；垂纍而來，試問物其有否。

彼夫合歡觸忿，萱草忘憂。玉蕊璁瓏，僅解迎春於二月；金錢飄薄，祇能買景於三秋。總紅紫呈妍，無與饔殄之計；即芬芳可悦，難爲朝夕之謀。孰若米囊之花仍可玩，實亦可收。與以釜，益以庾，莫吝芳株之持贈；小如罌，細如粟，恍同羣鳥之養羞。

則見簾外鶯窺，筍邊鶴啄。印藦蕉之雨，纍纍高擎；浮蛺蝶之烟，紛紛竝簇。香連廚下雕胡，花映盤中苜蓿。縱有括囊之戒，未許斂藏；本無負米之勞，偏多儲蓄。備東君之供給春畦，借三日之糧；充高士之時炊芳圃，貯萬鍾之穀。

巧思雋句，絡繹而來。想馬扶風，夢中何止餐花一樹。

王猛捫蝨賦 以談天下務旁若無人爲韻

宋常惺　華亭

昔桓温兮威武遐覃，有王猛兮謀略深諳。乍班荆而相見，迺捫蝨而高談。彼方極乎縱横之論，何不忘夫瑣屑之探。豈運掌之猷，於目前而斯寓；將反手之效，即指下而可參。

想夫懷奇未展，含蘊欲宣。披胸襟之落落，啟腹笥之便便。決策而取凶殘，詞非尚口；運籌而平禍亂，力可回天。斯其功加一世而猶後，而其事在當體者宜先。

爾乃奮袂座間，解衣堂下。引起老。瞻顧非常，摩挲聊且。意態極其安閑，容儀忘其疎野。君子敬而聽之，小人安其素也。竊比秸康之性，多亦何嫌；應嗤江別之慈，裹而不舍。

蠢爾幺麼，漫相依附。生育轉繁，紛走無數。朝蟲上寫，俱有關照，而一路承遞轉接，純乎唐人。匿敗絮爲安居，逃深縫爲負固。或生介胄而士卒煩冤，或緣髭鬚而君王笑顧。迺驅而除，迺搜而捕。任見笑於大方，聊相從於細務。

彼葢以中原沸鼎，小醜跳梁。從一粒粟中寫出偌大世界，固是能手。其作不靖也，猶茲之蠕動；其鋌走險也，若茲之伏藏。苟得假手於我，而無掣肘於匃。始則斃其渠魁，廓清之烈已著；繼乃殲其醜類，耆定之績彌彰。固不勞夫擘畫，亦何事於張皇。

用是手與口而交須，言與動而閒作。如畫。似莊似諧，可喜可愕。陳劫運於古今，動殺機於酬酢。句經石鍊。非具湯沐而相弔依然，不矜觀量而俯拾自若。一以見處褌之智，終致困窮；一以見剝膚之災，早應圖度。看情而論明，通達。

徒觀其激昂思奮，儀節不拘。似睥睨夫一切，因簡傲於當途。殊不知理可借喻，事有同符。其情或有，其意豈無。固何異學射三年，懸蝨閒而車輪炫視；參禪中夜，投牀下而佛子驚呼。

桓大司馬於是目擊其狀，心異其人。知不可苟以禮貌，輒不覺樂其敷陳。而惜乎其不能用，卒棄而資彼苻秦。

　　純以議論行之，縱橫揮霍，不拘束於繩墨之內，而自神明於規矩之中。在儀鸞供帳閒者，當爲之舌撟然而不能下。

前　題

張公瑤　婁縣

王景略螭蟠海北，豹隱山南。瓌姿儵偉，博學研覃。薄功曹而不應，被短褐而奚憨。曠世同心，何減臥龍之譽；中原抵掌，聊供捫蝨之談。清析。

方桓元子之入闕也，偶殷造謁，快挹謙光。詠緇衣而傾倒，揮談塵而評量。乍眉飛而色舞，旋袂曳而裾揚。何來蠕動，宛肆披猖。相對開襟，不放蟫魚之走；聚殲應手，誰爲螳臂之當。

夫其在體滋生，吸膏飽噬。附羶成蟻子之貪，巢睫等鷦螟之細。三以聚而能謀，七以積而起例。藏於褐表，不知都邑多人；處之褌中，莫識塵寰何世。先從蝨字渲染，籠起全題。

初謂辨論方豪，爬搔宜忌。遊深縫以苟安，集汗膚而弗避。始則養以爲奸，繼乃乘其不備。縱橫揮霍，筆快如風。豈曰撲投牀下，憐佛子之奚辜；將無懸射牖南，執朔蓬以從事。

登君子之堂，解余之裳。制幺麽如反掌，除蠢類猶探囊。議論之中，具見音節。一衣之敝，宿垢斯藏；一爪之利，小丑胥戕。舌辨生風，略形骸於座上；指揮如意，容盤礡於君旁。

良由遯自華山，游從京洛。奇逢償畚直之贏，神契荷嵩高之託。方斂翼以待時，詎在陰而糜爵。笑鞭笞夫六合，食僅蠶如；籌樸削於三官，人原蝨若。

嚌膚是鑒，滋蔓難圖。計安肘腋，嚴絕根株。貴周巡夫襟帶，防殘賊夫膏腴。在口焉逃，喻以邯鄲而確；捫身可悟，患因湯沐而無。

厥後風雲動應，魚水恩新。飛蠅肆赦，止馬來賓。既遇龍顏之主，甘爲磯蝨之臣。宜其卻督護之車旗，溫徒英物；而乃躋布衣於袞繡，秦豈無人。

韻語敘事，風發泉涌，搜爬已無剩義，而音節尤琅琅可聽。以此圭臬唐賢，洵謝公，稱藍田，所謂掇皮皆真。

前 題

馮以臨 華亭

昔王猛壯懷夙負，世事深諳。悵風雲之未會，聊泉石以自甘。歎鬱鬱其誰語，笑擾擾以何堪。未接龍顏，胙遂取懷以予；依然鳳逸，奚從抵掌而談。

自華岳之居已久，值桓溫之勢方張。謀士集人才之盛，秦關踞天府之強。庸庸者一籌莫展，諤諤者大任克當。爭倒屣以迎迓，任披褐之清狂。非號臥龍，大略亦能預定；何妨捫蝨，昌言寧覺倉皇。

心雄萬夫，目空一世。儼痛癢之相關，遂指揮之不滯。虎視奚爲，鯨吞非計。爭蝸角而徒慨糾纏，展驥足而自饒經濟。意不涉於卑阿，論獨分其次第。

既詹詹者不爲，何碌碌之足數。羣直破夫貪狼，窋欲搗乎狡兔。翳引手之可援，詎搔首之不顧。得窺全豹之一班，寧學雕蟲之細務。

維時一士蹇諤，四座驚惶。與心相應，肆口奚傷。抱負優而言殊敏捷，把持定而氣亦昂藏。已決施爲於一局，直將睥睨于四傍。

蓋其懷濟世之才，具匡時之略。志本囂囂，情殊躍躍。哂凡輩之縱橫，就中原以忖度。蜂屯蟻聚，縱有毒其何難；蟻附紛紜，待封丸而頓廓。直將一掃而空之，詎問衆謀之奚若。

由是易可同于運掌，害將去夫噬膚。糾脣齒之邦，爬除必力；聯股肱之郡，搜剔非紆。儼探懷而即得，詎屯縫之堪虞。情殊鼠嚇，勢立羊驅。效可覘其次序，言寧類于虛無。

彼夫託雞窗以自快，揮麈塵而空陳。縱風流之相賞，究論說之無因。惟關心于時務，乃屬意于人民。破的競推其妙論，處褌轉笑夫夐人。敗藍田而似憂擾亂，渡灞水而自具經綸。此日不合于東晉，他年終用于三秦。誰及其談言之剴切，想見其磊落之風神。

　　揮灑自如，卻仍按部就班，不失唐人規矩。

正午牡丹賦 以彩鳳雙飛霞冠對舞爲韻

張公璠　婁縣

　　圖酣態於瑤臺，納午曦於墨海。一幅裁雲，千枝破蕾。肖披哆而影重，異翩翩而顏改。鬘華高擁，剛承亭午之陰；寶珞低垂，遂散芳辰之彩。寫得出富貴氣象。

　　夫其寄興韶華，寓情吟弄。十分穀雨之春，一段朝雲之夢。快際暄妍，全消寒霧。點睛準晷，傳消息於文貍；翽羽迎陽，顯文明於威鳳。

　　良以天香獨染，國色誰降。含葇兮任東風之拂檻，吐蕊兮宜微雨之灑窗。素月窺兮啟翠幄，紅燈張兮展霓幢。看到玲瓏，四角之珠光一一；開當爛漫，中央之璧彩雙雙。

　　是何綺麗，覯此晴暉。特盛冠昭陽之寵，方中申封事之祈。富貴長生之籙，神仙一品之衣。團滿院之春光，祇隨日捧；麗中天之瑞景，冐化雲飛。綺麗。

　　不期妙繪，實領清華。爰入文忠之賞，遂來正肅之誇。謂非能手，疇貌名花。夫惟出羣豔足，向午香奢。絪枝高下，綺葉紛挐。倦眼炫而生纈，醉妝倚而籠紗。春晝初長，那管黃蜂紫蝶；祥光四照，休論暮靄朝霞。

　　寫生巧摀，繪影神殫。現犀心於一線，駐駒影之三竿。鍊得新警。象榑桑之吐景，擬葵藿之傾丹。分明百寶闌邊，暖搖玉佩；彷彿沈香亭北，影整花冠。

況乎映日符名，朝天寫態。午景長新，花光可愛。空北部之臙脂，壓南朝之粉黛。收同鳳紙，從教辟蠹成珍；話到鼠姑，合有銜蟬作對。

時也小立花叢，正交日午。淺淺之紫氣都浮，緯繡之芳心齊吐。紅雲抱珥而上騰，香靄依輪而下俯。彌憶洛陽紙貴，曾真鑒於縹緗；不徒荀令香燒，助豪家之歌舞。

正午意即從牡丹寫出，翔陽逸駛，頳采炊流。

前　題

顧鴻聲　婁縣

春晝烘雲，名花錯綵。分碎錦之離披，有牡丹之蓓蕾。芳辰則豔已千重，卓午則濃尤十倍。雲衣可想，亦煩日御之推量；粉本誰圖，應借風人之藻彩。

方其千葉風翻，一叢影弄。朝烟蒙葉底之苞，曉日解花房之凍。乍當卯冒，露尚凝陰；即過寅生，雲纔補空。園移畫檻，猶紆金影之鴉；人立粧臺，或綴釵頭之鳳。

爾迺雲低繞砌，日正當窗。訝六時之箭急，聽一晌之流淙。吉祥寺中，清齋魚寂；平章宅裏，傳食鐘撞。驚紅慘綠之容，千苞怒坼；淡粉濃脂之影，萬卉低降。深沈百寶欄邊，鳩纔啼一；掩映三重幔底，蝶恰飛雙。

如盤之大，如錦之圍。如青綾之擁被，如步障之垂幛。正寫極具濃至。墻影圓時香風縈繞，樓陰直處花霧霏微。覘閬苑之繁華，烟舒雲捲；羨玉堂之富貴，眉舞色飛。

於是鋪素紙，展青紗。硯初滴露，管自霏花。覺來攤飯之餘，樣翻宮綵；醒自夢槐之後，光蘸日華。從畫裏傳神，如見花光坌湧。未買朧肢,早列胸中之錦;偶施金粉,紛拖筆底之霞。

良工心苦,嘉客傳看。十分春色,半日晴欄。雲以皴而欲活,露以點而偏乾。綴以狸奴,寫生何妙;逗來麂眼,測候非難。不爲斂而爲舒,日方張蓋;乃繪形而繪影,花不簪冠。

但睹濃姿,曾無俗態。璀璨兮歐碧輕紅,招搖兮金裊玉佩。華自披猖,葉無向背。卓經天之烏彩,只自霏香;占明日之馬蹄,不愁踏碎。偶來午院,如看紅藥之翻;若挂午窗,絕勝紫薇之對。

是知花正逢時,畫真入古。醻香豔於千秋,驗光陰於亭午。盧陵欣賞,惜遺畫史之名;正肅品題,堪作花經之補。但教跡垂寶繪,雲樣紛披;何須調譜清平,霓裳試舞。

滴露爲珠,散露成綺,可謂穠麗稱題。

前　題

高崇瑞　府學

畫苑名傳,晴葩圖在。描鹿韭兮如生,入丹青兮可采。乃工著色於花蔭,遂現流光於花海。仙哥伴處,想庭蔭之初中;日晷停時,覺瓜瓞之增彩。

稽夫殘軸初收,賞心未衆。比折枝而鉤染相同,非没骨而流傳如夢。展則國色烟籠,天香風送。飄颺欲活,允稱百葟之王;點綴偏工,不傚桐花之鳳。

徒觀夫舊畫凝粉,仙葩撲缸。傳香而漫誇第一,寫貌而空許無雙。便疑影倚綠屏,暮霞滿院;更似露濃金掌,曉豔橫窗。

澄心畫意,肆目花圍。千羣雪豔,一色紅肥。有烏圓之飽臥,當畫靜以相依。竹簟生紋,喜清陰之乍滿;黑睛如線,眈香瓣之潛飛。

腥羶可慕,渲染何嘉。晴長則日光直,晴圓則日影斜。伊物態無心而示象,知韶光有意而護花。卜晷刻之無差,地疑瓊島;想景光之徧鼂,爛若晴霞。

繡纈紛攢,憑軒靜看。值芳菲之正盛,當光陰之未殘。午陰而紅珠似隱,午晴而碧朵成團。香閣規圓,望去亂翻玉佩;寶欄影直,欹來半側霞冠。

鼠姑姿穠兮風微影背,雪姑興餘兮日高臥對。既駐豔陽,還矜醉態。捧圓象以痕罍,揉紫雲而光碎。等鳴雞之報晝,候恰當陽;傲時藿之傾心,節殊嚮晦。

夫其護少香車,催非羯鼓。何暘谷之徐來,見金裙之爭舞。乃知貍奴之巧於繪形,始足驗重輪之停午。則斯圖也,畫景如真,亦何必廣質牡丹之譜。

團結處極有精神,遂覺寫翠傳紅,自成寶相。

秧馬賦 以雀躍泥中日行千畦爲韻

姜曰贊　府學

地用爲良,人巧斯託。伊當插秧之初,有類走馬之卻。是誰剏造,同驅陌上之牛;別效奔馳,早散田間之雀。

縱無憂于銜橛,不自西來;差最老于識塗,有功東作。夫其榆棗爲資,楸桐就削。清晰。翹尾既判其低昂,藁首還加夫束縛。乘衹等于浮舟,御不嫌乎朽索。似出土牛于春社,父老相將;如拖竹馬于晴村,兒童踴躍。

時葢簇蠶已老,布穀剛啼。桔橰舍北,餹餇村西。指青疇之罣劃,簇碧隴之鍼齊。則有人思驅策,物便提攜。既閑且馳,蹀躞乎一鞭斜照;不脛而走,沾塗于三尺春泥。

製就花驄，凡馬皆空。喻殊園吏，穩及村翁。盤來綠柳之陰，風駿略似；陡遇黃梅之雨，汗血差同。市骨何如牝牡驪黃之外，野心自在深山大澤之中。確是唐人句法。

至其俯仰隨人，超騰有術。聽田邊之流水，已欲緪雲；指屋角之明星，還將逐日。依稀超渡之能，想像絶塵之質。度阡越陌，嗟我勞之如何；分道揚鑣，喜其馳之不失。

是何工巧，有利民生。幻非雅種，異如象耕。驥難展足，龍未點睛。縱拖泥而帶水，將就熟而駕輕。取象于伏轅，非八尺七尺；何慚于縛軶，效橇行輂行。

是蓋勞啛抱甕，坐勝乘船。金範比伏波之製，木雕偷諸葛之傳。驅向烏犍之後，行來白鷺之先。待補農書，別其犉之九十；非關馬政，笑騋牝之三千。

然則令頒緯末，景際扶犂。蘇氏之新詩可誦，曾家之別譜同稽。效馳驅于隴畝，助力作于耕黎。或負其餱，作客裝于驛路；無踰我里，徵農具于町畦。

賦格老蒼，在唐人中頗近王峯之、張繪之諸傳作。

前　題

張公璠　婁縣

象致遠於西倈，愜懷新於東作。儼齊力於超驤，緬程功於斲削。借人巧以驅馳，出天機於束縛。鬥便捷於車牛，迅拚飛於鳥雀。

厥製伊何，惟馬是若。腹棗榆兮貴堅，鞍楸桐乎尚薄。背宛宛其弓彎，腰環環以土著。總六彎於一身，儲四蹄以兩腳。首以昂而欲鳴，尻以高而宛躍。字字堅老。

當夫烏犍散陌，酥土新犁。平原雨足，隔隴烟低。綠瞻秧苗，繡想鍼齊。戴笠分來，漸没深深之踝；褰裳插去，終愁滑滑之泥。

偉兹桐馬，策乃田功。不煩芻秣，任意西東。騎竹等兒童之戲，乘槎兼陸地之工。布穀遥催，漫繫綠楊影底；提壺頻唤，還移紅杏村中。

向晚甫離，侵晨早出。隨控送以往還，趁溝塍而疎密。旋潯無虞，躍溪罔失。惟神肖乎驍騰，乃永辭乎鞭抶。襄拮据於崇朝，遍芊眠於遲日。

行行穗短，翦翦薫平。細禁露浥，頓受風輕。乍脱韁而小憩，旋掉鞅而徂征。挂壁高栖，便等歸山之逸；鞠躬盡瘁，何殊出塞之行。

他若豪家款段，上廄連錢。飼苜蓿以方飽，惜障泥而不前。彼圖形於絳闕，此奏效於春田。真教行地無疆，猷堪履百；儻使懸金求市，價豈論千。

農家器創，禾譜名題。法前聞於乘橇，辇嘉瑞於歸黄。但意存乎髣髴，要義取乎提攜。覽長篇於玉局，亦何病乎夏畦。

> 工緻密栗，雅近唐賢。

前　題

黄仁　婁縣舉人

試望平疇兮，秧鍼參錯。操何器以分插兮，惟其馬之蹻蹻。物自肖乎象形，力不疲於交作。何煩驅策，狎來池畔之鳧鷖；獨便騰驤，驚起樹頭之鴉雀。

憶昔坡翁，武昌攸託。嘉名從田父以稽，製譜歎曾家之略。值翠刻之紛如，有青縂之宛若。既自西而自東，爰載諮而載度。千畦歷歷，曾無長坂之嘶；一水盈盈，便作檀溪之躍。

首尾交齊，便便腹低。以我兩足，爲彼四蹄。欲其輕削楸桐以扶質幹，眠其滑磨榆棗而去角圭。朽索豈六馬之馭，生芻僅一束之齎。錯繡壤以交馳，掠開烟水；俯碧塍以遠騁，衝出塗泥。

土脈兮既同，雨膏兮乍融。翠沈沈兮劃忽破，青杳杳兮穿復通。騫踊固推乎物類，樞機還假夫我躬。顧倘空羣，真賞出驪黃之外；器惟善事，相須仍末秕之中。

共説調良，從無奔軼。攻不待夫車前，馳非勞乎驥率。用之則行，爲之者疾。行遠自邇，寓勞於逸。踏徧千重之繡罽，渾欲追風；粘來一片之青光，任教暴日。

及夫阡陌縱橫，芊綿翠幷。田閒勞止，馬上功成。驅立桃花，還俯夭桃之岸；拂依栁線，如過細栁之營。指一鞭之殘照，趁四野之新晴。謂是仔肩之勝任，乃同按轡以徐行。

既而束藁卸，絇索穿，櫪乍伏，壁仍懸。芻不求而長飽，蹄不試而任眠。記前番竹笠馱來，乘參三百；倘明歲蒲輷襯處，耦復十千。

閒嘗陟九折之坂，歷千丈之隑。見公子之款段，與將軍之駃騠。莫不踏花香送，逐電風嘶。然而銜橛或生於倉猝，驂挂恒至于顛隮。孰若桐馬手攜，聊躑躅于南東之畝；犂牛背穩，同徘徊于下上之畦也哉。

筆陣縱橫，音節瀏亮，賦手獨高。

王右軍書六角扇賦 以題爲韻

張公瑤　婁縣

變合歡之體製，供戲墨之飛翔。布機絲於六角，圍籌陣於中央。瀟灑愜臨池之趣，玲瓏增拂面之凉。率爾揮來，自擅正書之聖；偶然興到，誰如內史之王。

曩游蘵山，道逢老婦。摳衣來前，持扇在手。羌矩設而規循，亦句乘而弦湊。表冰紈之皎潔，不改其常；成風骨之崚嶒，無出其右。

喚賣良殷，傳觀最欣。白羽慚雅，青蒲遜芬。落落觚稜之影，盈盈玉水之紋。開奩而預擬酬縑，名題五字；下筆而疾於食葉，橫掃千軍。

一笑軒渠，奇逢不虛。美矣作者，懷哉穆如。束竹程能於磬折，喚風引類於方諸。刻畫六角亦精。西抹東塗，聊作翦桐之戲；時和氣潤，翻成削簡之書。

霧結行行，烟霏幅幅。勢將整而復斜，狀若起而忽伏。盤中之錦字初成，鏡背之銘辭可讀。墨痕深染，濕羅縠之重重；藻采高騫，拂屏風之六六。

得此佳書，寵茲巧斲。異明月之入懷，荷夜光之在握。煥章草之神明，掩鍾隸之精卓。那容捐棄，珍宜絲繡紗籠；豈等尋常，寫遍牆腰亭角。

姥乃始見而驚，繼聞而羨。謂邀妙翰之貽，可獲青錢之選。檢在篋其無多，快署名之殆遍。高情難料，曾攜道士之鵝；佳話新畱，不數婕好之扇。

洎乎他日重求，相看成忤。縱復削湘浦之筠，翦鵝溪之素。捫圭角而如前，驗心情而非故。略似流觴曲水，因繭紙而摛文；豈如司馬長門，爲黃金而作賦。

　　刻畫細緻，仍復落落大方。

前　題

朱書田　婁縣

維名流之翰墨，留佳話於江鄉。本無心而涉筆，聊作戲於逢場。行行可寶，字字生香。在昔山居，曾博笑談於一市；至今紙貴，猶增聲價于二王。

粵稽右軍之在晉也，祕竊枕中，才高浙右。曠前古而空羣，顧後人而寡偶。鍾胡未許齊名，羊孔尚難抗手。著紙鴻飛，拈毫兔走。然而摹蘭亭之本，原非率意爲之；寫道士之經，亦或利其所有。

而以言乎六角之扇，則市者僅見，書者創聞。事同遊戲，意託殷勤。念遠道之飢驅，姥何亟亟；撫生平而技痒，吾欲云云。邂逅相逢，當謀面曾無一語；淋漓盡致，訝揮毫已掃千軍。

則見夫蘭熏炷，竹簟舒，簾垂寂寂，墨潑徐徐。乍凝神而布局，旋信手而疾書。同看竹之忘情，主人誰是；豈題詩之寫意，老嫗相於。

照耀成文，連翩奪目。窺之莫測其端，玩之不嫌其複。篋中置處，筆花之璀璨猶新；袖底攜來，墨瀋之沾濡尚馥。以少勝多，別筋於肉。記此日行蹤偶合，橋跨雙雙；笑他年家法相承，裙書六六。

由是厚值可求，天才自卓。貴抵百錢，珍惟一握。頓長清風之價，賣勝蒲葵；欲分名士之餘，慕同巾角。姥如見慍，但爲直道其姓名；吾本忘形，何事屢驚夫剝啄。

彼夫蕉葉題殘，墨池學徧。酒家則醉草千行，舟次則日書數卷。曷若此揮灑自如，才名獨擅。化俗情爲韻事，彼此不謀；借書法作生涯，低昂立見。尚賸少年結習，坦腹臥牀；定無俗客往還，羞顏揮扇。

客有緬晉代之賢,訪葳山之路。欲借仁風,還披垂露。貧非報母,翻成市肆之美談;墨可抵金,俯視藝林而獨步。蹤跡雖遙,風流可慕。能不發思古之情,而作懷人之賦也哉。

於自然處,時見機致。

前　題

周行　婁縣

溯風流于晉代,擅翰墨之勝場。既揮毫兮獨絕,乃題扇兮何妨。序紀永和,已壓章安之綽;書推逸少,爭傳大道之王。

時則小憩山陰,偶來林藪。有賣扇之生涯,正扶筇而奔走。清風陣陣,小橋流水之間;翠竹斑斑,方麴圓葵之右。

觀其玲瓏一握,瀟灑十分。非五明之交映,乃六角之成紋。三伏驅炎,恰得陰生之數;幾鱗繪影,方鋪雲樣之文。正宜搖逸客之風吟,壇拄席合;使讚名流之雪,文戰揮軍。

于是花飛寶相,露滴方諸;墨雲乍涌,筆采還舒。鐵畫銀鉤之齊作,奔泉渴驥之相於。五字揮成,早占朵雲之體;萬毫著力,何殊快雪之書。

不盡知音,偏供俗目。書之者滿志躊躇,見之者懷疑瑟縮。先生高興,方欣翥鳳之翩翩;老嫗何知,竟等塗鴉之碌碌。他日蘭亭落墨,猶珍搨本盈千;此時竹素啻題,反遜文詞儷六。

誰知價值堪增,聲名久卓。稱姓氏兮傳觀,抵珍奇兮試握。只少夷人之舶,製有千頭;已教姹女之錢,豪餘滿撲。緣生文字,豈徒借月支風;辨到毫芒,競愛鉤心鬭角。

是其書本稱尊,事堪入傳。比書几之無端,似題裙之孰倩。一時遊戲,幸絹素之何工;千載流傳,惜烟雲之不見。筆蹤可想,敵十三行簪格之花；墨蹟如酉，勝五萬柄蒲葵之扇。

迄今南鎮來遊，西興問渡。橋且因之題名，羽豈由之失素。彼佝驛賣漿之嫗，輸此遭逢；即臨池瘵筆之翁，讓茲先步。妙書獨擅，莫誇栁惲之詩；寶扇誰貽，漫擬傅咸之賦。

舒展自如，別有勝情遠韻。

四顋鱸賦 以金齏玉膾東南美味爲韻

張公璠　婁縣

獲膾材於曉網，傳羈宦之鄉心。產擅松江之美，思聯桑苧之吟。負奇姿於水族，貽佳話於川禽。貫處皆雙，折交枝之栁翠；穿時成兩，衒徑寸之鉤金。

鱸有顋也，茲獨四兮。暈層層而雪透，夾片片而花迷。微細鱗之可數，與巨口之堪稽。釣乘三尺寒潮，看登晚市；賣趁半江紅樹，聽搗香虀。

宜付珍庖，言團近局。堆玉尺以參差，縷銀刀而凌觸。點吳地之晶鹽，潑鄰缸之春醁。發千里秋來之興，平原則味愛搴莼；盼洞庭雲外之帆，海岳則吟眈破玉。

徒觀夫瀊溜芳潯，噞喁淺瀨。時戲乎蒲洲，潛牽乎荇帶。孰知酥膩，誰如霜肥。斯最槎頭雖俊，聊供楚客之烹；比目誠佳，空付吳王之膾。

倦羽飄蓬，音書斷鴻。大難來日，容易秋風。意軫蓬池之上，情淹宦海之中。失前期於漁父，違近訊於溪童。四十年聲名可念，三千里水驛猶通。南冠休戴，扁舟遂東。

別有停橈赤壁，照影寒潭。擊鮮興引，賦狀情諳。杯罌罄十升之釀，盤殽資一味之甘。宛如木落波搖，愁余渚北；絕勝猩脣鯉尾，念子江南。

特是里俗相沿，嘉名失指。昧其色之如銀，轉厥聲而爲紫。既細切而弗勝，何支分之有是。君謨不熟《爾雅》，莫究傳譌；虎賁那似中郎，奚容攘美。

故或入饌臿連，投竿髣髴。譽起于楊隋，術進乎曹魏。莫不薑桂是調，釜鬵可溉。尾盈尺而價高，顋疊雙而品貴。客有訪漁莊而食指動焉，它日請嘗此味。

> 東坡稱山谷詩如江瑤柱，風格高絶，然多食則發風動氣。若此賦只一味俊也，中閒空寫一段，如列子所謂仙聖之種，飛相往來，神妙不可思議。

前　　題

朱萧　華亭舉人

伊東南之澤國，饒水族於江潯。有鱸魚之嘉味，產笠澤之清泠。美比烏狼，直欲部酬一袴；珍逾石首，還知網值千金。

四腮質異，千尾鱗齊。形疑縮項，族別團臍。繫客子之歸思，堪偕菰菜；動詩人之吟興，欲搗橙虀。

想夫蓴菜湖邊，菱花塘曲。循蟹籪以週遭，鳴漁榔而斷續。跳波潑剌，認來腮雪鱗霜；出水璘玢，盡是梭銀尺玉。

嘗鮮未曆漁翁，問價先從牙儈。不須丙穴是求，好記長橋爲最。煞愛秋風斜日趕集爭沽，劇憐鬆雪膩酥充庖細膾。

快并刀之運風，紛肉緊而肌豐。溉釜鬵兮香燒白蕰，配飣餖兮細切青蔥。底誇幻戲於左慈，術傳鄴下；猶憶獻珍於隋帝，味羨江東。

老饕健在，屬厭非貪。看千絲之縷細，想一箸而情酣。到處都無，誰信豸堪訛北；此鄉自有，更應嘉共歌南。

夫是以如冠之乘鶯非倫，縮喙之墨魚難擬。方文鱗之六六還珍，絜比目之雙雙曷似。非其時也，不偕春鮆以同登；無所取諸，差與江瑤而竝美。

客有浮水宅以徜徉，寄古懷於髣髴。鱸鄉亭風景佳乎，思鱸巷羇人歸未。一棹涼波，魚蓮聊移吾情；三秋新酒，菊天請嘗此味。

點染不多，秀在言外，可敵漁洋"半江紅樹賣鱸魚"之句。

前　題

馬德彰　妻縣舉人

願浮家於澤國，託生計於煙潯。沂清波兮丙穴，憶腴味兮川禽。看漁莊之重疊，辨魚蓮之淺深。歌起菱塘，倒影之楓鋪錦；路迴鷗渚，浮光之月耀金。

澱湖浪闊，谷泖雲低。小舠初泊，垂柳猶齊。說四腮兮競羨，信雙尾之堪攜。或佐烹而和加蔥涞，或入饌而勻搗香虀。允爲松江之物産，屢經曩哲之品題。

爾其遠水拖藍，澄瀾泛綠。投竿蘆荻灘斜，撒網芙蕖岸曲。穿花潑剌，映甲如銀；在藻噞喁，楊鱗是玉。擅佳名於古，稟質偏奇；冠水族之腴，賦形殊俗。

緬惟敞三昧之高軒，覓一嚠於淺瀨。偕菰米而登筵，配絲蓴而作膾。感白髮之星星，戀春暉之藹藹。豈嗜好之空思，幸甘旨之仰賴。因佳品之足珍，繫孝思於未艾。

又若高人深致，達者淵衷。頻牽歸思，遽託秋風。避危機於洛下，眈雋味於吳中。掛片帆兮溯洄至，隔千里兮魂夢通。于胥樂兮，依荇菜之左右；維其時矣，戲蓮葉以西東。

彼其化機活,生趣涵,潛曲港,躍深潭。何必暴腮,兩夼可數;未
嘗縮項,一望皆諧。非遇仙家,出銅盤而幻化;倘逢吟客,下玉筯以
分甘。巨口細鱗,疑賦勝遊於赤壁;金齏玉膾,競傳佳話於江南。

是魚也,最擅清腴,略無形似。《金谷》記種而特詳,《埤雅》登
名以著美。類蜻蜓之四翼,疊疊噓波;豈比目之並游,層層蘸水。
叉筒乍得,沿申浦以維舟;笭箵初收,問茸城而適市。

故夫饌譜常珍,食單最貴。筐筥可盛,釜鬵是溉。銛刀擘縷,
燦若銀絲;碧椀芼羹,湛然芳氣。紅樹臨江之路,樂此生涯;青帘沽
酒之村,知其風味。曾雜山肴而設飲,煙霞伴侶歡呼;擬偕野菽以
烹鮮,芳草王孫歸未。

　　氣味清芬,自饒逸致。

亥既珠賦 以懸之殿中眾音互作爲韻

張崇型　婁縣

奇搜祕記,珠獻靈淵。聽丁當兮樂起,識亥既之名傳。捧出而
晨星共朗,綴來而夜月同圓。何陸離之在望,復宮羽之交宜。看四
照以騰輝,疑然宵燭;聆五聲之協律,似譜宮懸。

稽古大禹,曾遇馮夷。珊瑚啟幄,玟瑁行厄。慰奠川之勞苦,
陳禦火之珍奇。懷焉而瑞凝赤蜂,獻之而兆錫元龜。非泣鮫人,將
滿盤以贈爾;豈逢漢女,遂解佩以要之。

川后輸忱,《海經》未見。握異靈蛇,歡供式燕。垂丙夜以清
幽,映丁簾以宛轉。居早燭夫庚泥,香擬焚夫甲煎。盈眸玓瓅,想
交珠樹於曾城;入耳鏗鏘,類囀珠喉於別殿。

暮色空濛,寒光乍融。觥飛交錯,韻度玲瓏。非銅壺之滴水,
非鐵馬之因風。非笙吹於月下,非笛擫於牆東。金石齊鳴,視夜平

分之候；切亥字。笙簧竝奏，審聲徑寸之中。切珠。

音繞龍堂，彩流虹棟。聽出游魚，儀來鳴鳳。霓裳紫府之遊，廣樂鈞天之夢。豈赤野之所生，奚淮夷之能貢。凌虛而乍覺神移，按拍而還勞自送。莫是藜然太乙，光啟重華；不須曲譜由庚，音煩合眾。

當其集同寅之侶，迴亭午之陰。第嘉名於甲乙，述往事於辛壬。一番盈耳，四座傾心。莫不停杯駭矚，離席遙尋。胚胎丙穴之匊，波流不夜；掩映辛盤之側，曲罷遺音。

彼夫效以履水而堪珍，名以照乘而遠布。招涼樂炎暑之消，記事覺心神之悟。孰若耀自宵明，聲從空度。如領《英》《咸》，如聞《韶》《頀》。不待辛勤，探得餤吐晶瑩；任教子細，聽來節無牴互。

蓋其受日月之光華，鼓乾坤之橐籥。一雙徒笑乎魚銜，九曲寧勞乎蟻鑿。用能韻滿珠宮，影搖珠箔。簪盍鏗然，酒闌聞若。產從圓折，幾令若木暉分；懸倘清流，即是洞庭樂作。

渲染細膩，有聲有光。

前　題

姚寅　府學

將欲求元珠於赤水，採明月於重淵。耀璀光於邃室，照星影於遙天。既璘㻞而璀璨，亦的爍而勻圓。共訝一丸，有如列炬；偏諧六律，中蘊繁弦。映冷焰之騰騰，乙樞同朗；察仙音之杳杳，丙穴常懸。

昔神禹之奠水土也，百神效命，萬寶獻奇。不數照乘辟寒之號，奚貴木難火齊之姿。巡行蜃蛤之鄉，事傳詭異；曼衍魚龍之戲，曲更紛披。河伯款啟，開水殿空明之境；幽都宴集，正蟾珠皎潔之時。亥既爲名，由來尚矣；丁寧獻瑞，無以過之。

爾其午夜開筵，辰阿設宴。嫌蓮炬之烟濃，陋華燈之光煽。何來蛟卵丁簾，暈重碧之輝；錯訝魚睛甲帳，炫輕紅之電。照徹觥籌錯處，果然不夜晶宮；光融賓主歡時，較勝廣寒月殿。

更可異者，宴須設樂，懸未備宮。清樽乍舉，幽韻忽通。非竹非絲，發自蚌胎之內；引商引羽，來從璇室之中。將毋張帝樂於洞庭，餘音嫋於徑寸；抑或聆仙音於海上，圓轉寓於化工。儼聽步虛，藏得三生龍女；暫聞法曲，紛馳百道彩虹。

神禹於此，不停四載之馳，弗列九州之貢。未攜玉帛之諸侯，認作華胥之仙夢。光華雖炫，何如窺政璿璣；音韻縱繁，漫比呈祥銀甕。定能生慧，持方寸之虛懷；察不離聞，懸五聲而聽衆。其必不貴神珠，惟自愈嚴淵衷也。

是以共觀皎皎，快聽愔愔。分餘輝於驪頷，接遠韻於鯨吟。鮫客疑年，六身之文可數；龍宮稽冊，三豕之誤莫侵。陰得乎中，五六居亥子之會；莫名其寶，萬千積癸亥之臨。朒朓相推，斗柄之指亥可驗；瑯璈合奏，應鐘之屬亥堪尋。

彼夫九曲巧説珠穿，三花豔稱珠樹。解珮情結於漢臯，按劍夜投於道路。由來異寶，惟傳光怪之姿；此更奇珍，爲有聲音之具。交勸瓊漿麟脯，照筵白日無殊；中藏海市蜃樓，干呂青雲迴互。

我皇上心鏡常持，智珠有託。琛貝之物弗珍，鄭衛之音勿作。河清海宴，尚邁禹功；華謨公筵，惟吹豳籥。九華殿迴，攜學士之金蓮；五色雲開，撤漢廷之珠箔。又何羨亥既之珠，漫説瑯嬛之博也哉。

　　亥字點綴精工，光景亦極璀璨。

前　題

楊蘭荃　華亭

夏后氏既平水土，共樂安全。休氣應矣，榮光出焉。迺臨濬壑，濟巨川。來游河上，載濡隄邊。朝河伯而獻瑞，貢亥既於靈淵。無須象罔徵求，元珠自得；何必蟻穿別異，明月時懸。

於是覽輝照夜，繼日麗離。精熒陰火，朗映斜曦。握靈蛇而非貴，銜燭龍而何奇。爰探驪而取次，遂剖蚌而列之。

其始進也，皎若水鏡舒其光；其漸接也，爛若雷女掣其電。忽兮持觴，恍兮驚眩。王迺繼晨懽，樂宵宴，想妙舞，聆清縣。肴酒紛陳，瑟琴遞薦。五音繁會，泣鮫室而舞龍堂；六變悠揚，出蟾宮而來月殿。

若夫洞庭張樂，元圃歌風。饗鈞天而高會，觴帝臺而來同。珠塵飛兮丹邱崇，珠璣走兮冰雪融。珠樹兮璀璨，珠海兮瓏璁。雖上皇之用豫，非元后所從隆。孰似茲之耀夜光於席上，傳清響於珠中。

爾其帳飲流霞，纖歌繞棟。似媧宮之機張，如湘妃之狡弄。鏡中呈鑑影之雞，月下引吹簫之鳳。珠的皪兮韻循環，珠圓靈兮曲縱送。鮀飛帝女之甘，奏下常儀之眾。

其稱名也，或因三豕之時，來從河畔。或取大淵之獻，捧出水心。宮徵紛呈，諧丁亥之用萬；音聲迭代，協既濟而知臨。非玉帛塗山之會，等蠙珠暨魚之琛。用能續良辰之晷刻，鳴盛世之元音。

燦若列星，瑩如積素。含重敏經迻柳之蘊，幻以靈奇；翕江淮汝漢泗之精，成其布濩。與五宿兮媲明，繼二曜兮呈露。舞馮夷於瀠洄，來蒼梧之怨慕。聆流水之周遭，動悲風之迴互。

翳娜環之記載，亦傳聞於約略。類誌怪於《山經》，乃沿譌於

《邱》《索》。維聖人圖負河，書出洛。捐珠沈淵，以珠彈雀。難繼者弗貴，非常者菲薄。偕庶類於上理，登民生於康樂。克勤克儉，萬象休和；無怠無荒，百昌咸若。徹亥既而不御，惜寸陰而專力作。

　　精曜華燭，俯仰如神。然是古服勁裝，不同塗澤。

前　題

莫亦騫　金山

　　溯神靈于夏后，緬嘉瑞於中天。化周六宇，治炳八埏。似酬治水之功，開筵河上；爰進遠方之物，煥彩樽前。響備羣音，如纍纍之珠貫；光能四照，仰的的之星懸。

　　在昔河伯之宴伯禹也，波流石畔，聲震江湄。十分杳渺，萬頃淪漪。乃設棐几，乃進瓊卮。用申澤國之情，心乎愛矣；將述波臣之職，何以贈之。

　　爰獻亥既之珠，適當河閒之燕。磊落堪珍，光華欲炫。日之夕矣，蓬瀛儼湧冰輪；遠而望焉，瑤島宛飛震電。類馮夷之剖出，採自蛟宮；疑神女之擎來，陳宜蘭殿。

　　俄焉發聲繚繞，徹響玲瓏。如絲如竹，應商應宮。非一器之偶宜，和聲依永；若八音之迭奏，異曲同工。疑來苑北，宛在堂東。及徐察夫懸處，乃互作於珠中。

　　於是四座震驚，一堂喧闐。筵前分外光明，箇中居然雅弄。定多出聽之魚，自有來儀之鳳。寒光百道，依稀明月之照人；和曲三終，髣髴大昕之警衆。

　　既而杯盤狼籍，瑤爵停斝。客將辭歸而散去，珠亦響寂而聲沈。洵爲珍奇之品，絕勝希世之琛。揚明輝符克勤之明德，調元氣諧大夏之元音。

彼夫剖蚌腹而有光，探驪頷而未寤。或成圓折之形，或爲夜光之吐。或照乘之堪矜，或求淵之足慕。未必聽之有聲，豈易與之參互。曷若逸韻悠揚，清暉照灼。聆茲金石之遞宣，正值觥籌之交錯。軒后張樂之野，足竝幽閒；湘靈鼓瑟之時，堪方浩落。自他有耀，翹然靈秀之獨鍾；從律不姦，尚矣聖人之有作。

　　不求瑰異，而按題遣義，氣清以和。

擬庾子山《小園賦》以題爲韻

顧鴻聲　婁縣

　　若夫因樹爲屋，高人寄静之思；結草爲廬，名士待時之指。況乎代閲古今，地兼山水。慨身世之蜉蝣，羨居遊之鹿豕。苟擇木之堪依，即安巢之可擬。

　　余有數畝之宫，環堵之宇。可以引烟霞，可以蔽風雨。拓四隅之清曠，有禽有魚；展三徑之幽深，非農非圃。午齋雖小，猶思飛白之書蕭；甲第無華，敢詡紆青之掌庾。得此烘染，擴他手徒押掌庾者，分外出色。

　　爾乃庭外脩篁，池邊芳芷。春栁風柔，秋桐露泚。接辛楣以高低，繚蘅垣以邐迤。即非古樹數十圍，經涂五七軌，色耀金銀臺，名標冠葢里。聊堪寄邱壑兮吾生，待晤歌兮之子。

　　花木迴環，意趣幽閒。藤榻管寧之舍，巾車陶令之關。琴以入松而韻，書先落葉而删。鍊法。喜塵壒之不侵，此心如水；樂性情之自適，高卧看山。

　　昔之建禮香含，崇賢翼矯。侍武帳於洛濱，聽文絃於江表。橘封丹實之垂，竹户清芬之繞。胡乃迢遞河山，閒關昏曉。作抱苦之卷葹，類含辛之茶蓼。誅茅舊宅，星河則千里槎移；點化入妙。羈館新居，滄海則一身稊小。

於是離鄉等於鴻陸，生世同於龍門。神臯駐策，貴里停軒。入欹斜之小徑，上寂寞之古原。鶴唳高秋之嶺，烏啼獨夜之村。枯樹婆娑，靜對臨風之榭；卬枝偃蹇，孤行依水之園。點化入妙，其訣在雅鍊他手，但將《江南賦》中語，和皮和扇運入耳。

何時夢逐刀環，身歸衣布。甘息影於故山，願披襟於鄉樹。若猶是寥落征塵，淒涼客路。門雖設而常關，居方曠而偶寓。寒生晝壁，誰憐即目之吟；秋滿芳庭，曷罄傷心之賦。

　　擬賦遺貌取神，一歸雅鍊。其遣詞不取給於子山本賦，而以《江南》《枯樹》《卬杖》等篇中情事點化之，故與本賦無一筆蹈襲，亦無一句不切庚也。

前　題

鈕　沅　上海

若夫鄴下芳園，洛陽貴里。石征虜誇金谷之華，王右軍擅蘭亭之美。竝皆崇樓起霧，壁飾金銀；抑且飛館生風，土被朱紫。與甘泉上林而爭奢，非堵室歆宮之可擬。

維彼蘭成，實承掌庚。始矯翼於崇賢，終歷官於開府。而播遷失所，徒身老於北朝；迺慷慨傷懷，每心繫乎南土。爰託跡於小園，聊寓情於衡宇。

地惟數畝之寬，宅僅五柳之比。窮居或等夫陳平，陋巷竊慕乎顔子。散誕江臯之畔，謝靈運之西堂；孰如逍遙巖谷之間，沈休文之東郊。連用人名，有點鬼簿之癖，然正是初唐四傑派也。相似豈必十步閣而五步樓，自饒一頃田而一池水。

爾乃披榛莽，剔茅菅。或開牗於木末，亦結橑於汀灣。繚以修

47

篁,迴廊恰通夫曲徑;植以叢桂,疊石還類乎小山。詎效董仲舒之不窺,牖恒洞闢;聊仿陶淵明之成趣,門可常關。

其中亦有月榭風臺,荷池蘭沼。九衢之草恒芳,四照之花不少。抽素蕊於籬邊,開丹房於木杪。人皆順做小字,幾不近情,此偏于一寶盦中,藏三千大千世界。妙極。涼風乍至,秋。聆嘒嘒之寒蟬;遲日方暄,春,聽嗜嗜之黃鳥。竹深荷淨,夏,當暑夕而清涼;冬,橘綠橙黃,向寒窗而環繞。歷四時而爰得我娛,拓數弓以寧嫌其小。

於焉慕樊遲之學圃,做仲子之灌園。日之升兮,且對花而煮茗;夜未艾也,姑邀月而開尊。有琴書之可樂,無案牘之頻煩。足優游以自適,堪永矢而弗諼。

既託哀於江南,復感懷於枯樹。嗟山岳之崩頹,悵桑榆之遲暮。望釣臺而已遙,眄金陵而非故。迺興泉石之思,欲領烟霞之趣。葺敝廬以退居,闢荒徑而閒步。雖位望通顯,長懷鄉國以悲哀;而晚歲端憂,猶動江關以詩賦。

賦能擬議,以成其變。

前　題

楊基　青浦

伊庾信之平生,冠南朝之名士。作枯樹之賦,才傾冀北之心;咏修竹之園,貴等洛陽之紙。每感時而愴懷,恒握管以逞技。借小園以長言,覺芳情之誰擬。

然而世代雖殊,中藏有主。豈必境地之相同,始暢胸襟之一吐。有如敝廬,僅容小圃。中有琴書,外無倉庾。地則磽兮一畝,室真陋而環堵。傲茂陵於長卿,希輞川於小杜。

可以棲遲,亦集爰止。學企樊須,灌師仲子。近市便朝夕之求，面城味清閒之旨。門對海潮，井鑿泉水。竹籬則條施青蒼，石砌則種分紅紫。比彭澤之蕭疏，殊金谷之綺靡。

爾其樹能垂蔭，草不費刪，韭本可翦，桃實可攀。綿邵平之瓜於牆畔，簇公儀之葵於窗閒。不咏狂夫瞿瞿，時吟桑者閒閒。陋頹唐於南郭，鄙笑傲於北山。

時而韶景鮮妍，花枝夭矯。葉底遊蜂，簷前好鳥。時而雲蠹奇峯，聲傳知了。涼納芙蕖，客囂篁篠。時而蟾影輝明，桂枝香繞，幾簇黃花，一叢紅蓼。時而六出花飛，不周風掉；四野日暄，數弓室小。當此物候之不齊，領略山林之深窈。

由是特開蔣徑，仰企程門。壁懸絲竹，案列羲軒。簾襲花氣，窗度月痕。煮陸羽茗，傾李白罇。楸枰戰勝，鄴架討論。聊吟白日，度曲黃昏。不能無劉慧離垢之意，豈足追溫公獨樂之園。

愧昔槐市濫竽，棘闈迷路。望曲江兮弗及，思守拙兮未悟。占束帛兮無時，餐菖蒲兮焉赴。似覆蕉之迷茫，類守株之錯誤。冀時運之或遷，昧天命之先賦。

　　入手提明不擬而擬之意，尾段結明，主腦乃得。若既不貼定開府，一味空賦一箇小園，便非體矣。

前　題

徐福　妻學

若夫故里相違，歸雲難企。飄蓬既廿載於茲，築室僅數間而已。況乎巢父借枝，晏嬰近市。陶潛則託迹田間，潘岳則閒居洛涘。惟窟室之是容，何雕櫳之競擬。

余則籍隸潁川，姓傳掌庚。用《哀江南賦》押“庚”字最典切。蚤歲羅丁，壯年典午。廬愛吾廬，土非故土。空調焦尾之琴，莫打回帆之鼓。架三椽於半郭半村，置此身於可農可圃。引入圃字。

爾廼簪蔭柳榆，門羅桃李。田無十雙，園開半里。侶抱甕之園丁，顧候門之稚子。雖異誅茅宋宅時，穿徑臨江始。豔輸金谷園，名遜曲陽第。猶足坐花天於紅樹之中，埽苔褐於斜陽之裏。

花竹回環，境地寬閒，日設成趣，門設常關。瓜分兮獨戰，草滿兮不刪。樓淺則身常佇月，牆低而眼易看山。自視羲皇以上，不知晉魏之間。

地僻風清，山高月小。時望鄉兮無臺，悵忘憂兮無沼。波解愁而面皺溪中，鳥求友而名呼林表。蒲柳易實於秋先，松柏後彫於歲杪。不禁緬客路之迢迢，嗟予懷兮渺渺。

憶昔雅住南園，風塵不喧。奏文琴於故國，談武略於雄藩。翼矯崇賢之館，香含建禮之門。胡廼雪泥易釋，星飯難論。臨風亭而喚鶴，對月峽兮吟猿。即用《枯樹賦》合拍。楚老泣兮寒瑟瑟，燕歌起兮雨昏昏。而徒搜雲種無情之石，傍舍移長樂之萱。

斯時水咽還鄉，寒生隔樹。空勞尊罍之思，難返刀環之故。嗟舊雨之不逢，悵浮萍之永駐。漢臣猶隴上歸羊，王子卒咸陽衣布。豈第思小住之佳，而擬郊居之賦。

推襟送抱，字字清新。

玉簪花賦 不拘體不限韻

姜曰贊　府學

若夫玫玼乍暝，璣簾欲寒。瑀垣露泫，瓊砌烟闌。則有婥肌秘倦，煖魂怨單。溫酥徐卷，柔心未安。倚新妝於鈿雀，墮娟影於釵鸞。牆陰一角，聊可與歡。

像設妝嚴，名標戚里。華袖掩月，碧衣曳水。茭葉如挐，蕉天似綺。抽蘭箭以亭亭，矗蓮莖而靡靡。承葩琫以紛羅，駢蕚跗而相次。殆秋雨而秋風，旋試花而挺蘂。

顧影徘徊，素蕚初胎。冷抽鏡屜，香顫妝臺。梟珠龍以燭夜，投玉燕以祈禖。横赤欄而雪鏤，脱鈿砌而霜皚。分螳股而斜睍，飽蟬腹兮凝猜。冶鬟嫋嫋其欲墮，孅縚珊珊而遲來。

開瓊朶之瓏瓏，拆瑶華之楚楚。伊襹褷之芳蕤，似毾㲪之仙羽。玉階堪憐，金屋誰貯。淡栟眉之雲紋，綰苔髮之煙緒。伊霍玉之含愁，羌智瓊其可語。

簪折對斷腸之草，簪餘覓洗手之花。上釵梁而翠膩，伴勝翼而黄斜。訂髩師於香闥，修眉史於仙家。映月魄兮愈媚，闘秋心兮亦華。擲搔頭於庭角，其是耶而非耶？

因爲歌曰：幺嫚濃睡冷雲止，嬝嬝窗陰琢玉玼。爲愛秋來澹冶花，半股瑶簪遺月姊。

耀豔深華，驚采欲絶，如讀幾社中小賦，喜陳夏諸公尚有替人。

前　題

宋念典　華亭舉人

形幻簪兮皎皎，姿爲玉兮盈盈。半面猶遮翠葉，一枝忽挺瓊英。香染花王而秋早，粉調天母而妝成。石髮初聞芳溢，垣衣乍映光清。《瓊樹》歌闌，華勝方增綺閣；《山香》舞罷，雲翹忽散雕楹。

於時鴛甃凉侵，湘簾捲卻。似絮雲微，如珠露落。盼雪魄兮霏霏，映蒼苔兮漠漠。堪耀首而誰雕，欲搔頭而相索。宜盛鬋兮瓊蕊紛抽，稱新妝兮瑶華清削。花是東南第一，墮珥依稀；人逢燕趙無雙，横釵約略。

乃見痕非，鑿色無瑕。含香欲墮，受風而斜。落近前溪，休問玉工於寶肆；遺當此夕，微聞薌澤於盧家。似秦嘉遠寄兮彌重，似同昌下嫁兮還奢。似爭道兮金鞭共落，似墮馬兮鳳髻紛拏。相現青螺，試傚維摩而散；插教繡帽，應攜羯鼓而搖。

敷蕊方結，含華欲折；璧月遙窺，金颭暗竊。黃香賦駭雞而未同，漢宮醊化燕而猶拙。凝芬非藉蘭膏，助態欲團宮纈。珍殊翡翠，矗濃髻以如雲；潔比芙蓉，映素肌而似雪。

則有覽鏡陳娥，凝妝宋子。瞥見霜葩，驚看瑤蘂。無心約翠，偏愛新姿。息意臨窗，還拈纖指。京兆畫眉之暇，相看世外風鬟；陳思結佩之餘，不道人間璣珥。

豈非幻天工於化貌，奪人巧於象篦。助豔寧同宮額，辟塵更擬靈犀。聊縈情於金粉，實自拔於塗泥。不知思發，花前誰是抽簪之侶；從此神清，月下家看種玉之畦。

筆融清麗。

前　題

何明睿　府學

金鳳將殘，珠蘭欲謝。海棠弄態於簾櫳，巖桂吐幽於臺榭。時則晚涼新浴，芳菲菲兮襲予；小雨初晴，香飄飄兮過麝。誰其佩服兮弗諼，巧值晚妝兮未卸。

厥有花焉，其色如玉，其形如簪。潔白可愛，塵俗弗侵。分向瑤池，應憐雪魄；遺來仙子，弗羨黃金。勝茉莉之搔頭，象形惟肖；異梅花之點額，挈伴堪尋。豈宮人之團雪，招騷客兮入林。

爾其苔磴周遭，磁盆繁縟。簇簇莖長，團團葉綠。滋涼露兮低迷，拂金風兮斷續。倘貽老叟，應疑白雪盈顛；欲贈美人，莫唱桃花一曲。況秋羅翦翦,可以加簪;更金雀飛飛,何妨佩玉。

黯淡深秋,渺焉寡儔。青娥將老,蓬鬢含愁。幾膏沐之不事,誰容止之自修。叫斷聲聲蟋蟀,照來夜夜女牛。雖孤芳之足賞,疇小摘以相求。粉膩香凋,零落金釵多少;花殘月冷,淒涼翠鈿沈浮。

然而花以人而增重,人以花而自傷。歎簪纓兮無分,懷珠玉兮傍徨。搔短髮而行吟,一花可插;顧幽姿以小立,半畝徒藏。等已琢而成器,悵無人而自芳。愴焉欲絕,慨然成章。歌曰:溫潤其質,香氣恒多。之子道遠,傷如之何。又歌曰:石上磨成,中央莫折。守此貞姿,誰與爲悅。有客憮然,願終其篇。謂鉛華之刻去,匪豔冶之相憐。既朝華之不事,亮晚節之克堅。莫衒玉以求售,請拂簪以自全。

前　題

周行　府學

山靚如粧,雲明似矸。問秋色於小園,愛花枝於芳樹。紛呈白玉之姿,合重華簪之價。**點題清晰。** 梳風誰氏,試巧樣於晴朝;墮地何時,幻新痕於月夜。

其爲名也,季女方標,鶴仙更託。秀説綠苞,芳誇白蕚。舒華則雪魄堪珍,避俗則冰姿自若。人來玉宇,平分珠髻之翹;豔列玉階,錯報金釵之落。

其爲形也,十分秀削,一片玲瓏。映秋紗于窗北,襯石髮於牆東。惟玉也則纖瑕不染,惟簪也則妙製何工。比釵頭兮乍綴,擬鬢畔兮非空。脱自仙人,移得步摇之影;**摇曳多姿。** 抽從月御,吹來鬟結之風。

爾乃睹茲粉琢,妙試香探。爰折枝兮朵細,乃縮髻兮烟含。盦鑑盤雲，輕拈入妙；粧臺弄影，小插真堪。燕子釵邊，綴秋香之不斷；鴉兒鬢上，帶曉露之初涵。娟秀。

是其縞綠鬖垂，黃檀心綴。本號莊嚴，寧同繁細。覘皓質兮誰爭，分碧莖兮獨麗。遠異屏山之樹，細亦分明；辟餘香國之塵，芳尤搖曳。

彼夫素馨不礙釵橫，末麗僅傳香溢。吐瓊佩於水濱，開翠鈿於竹室。孰若此時嘉種，化作一枝；不是雪花，亦呈六出。非紅芳之可愛，玉本無雙；亦紫萼之無殊，簪來第一。獨見搜剔。

墜看綺閣，幻出仙家。開時點雪，望去飛霞。玉原無覓，簪自堪誇。桃李非妍，惟覺英英之色；芝蘭共秀，應吹白白之花。

典染新豔，真覺齒頰生香。

羊叔子輕裘緩帶賦 以題爲韻

馬祖臨　奉賢

溯名公於晉代，垂碩望於平陽。景標期之儒雅，陋赴武之飛揚。時則一軍多暇，四境皆康。道是夷庚，寫從容於鈐閣；人非匈午，覘脫略於戎裝。謂鉤落不需夫犀革，洵委蛇克媲於羔羊。敘清羊叔子。

昔太傅之出鎮荊襄也，簡重臣，綏江服，業啟龍驤，符分虎竹。餘慶衍自中郎，壯猷追乎方叔。憩息將軍之樹，挾纊恩多；歡呼亞父之營，同袍志蓄。引起輕裘緩帶。優游輿衞，何妨以簡而文；落拓丰裁，不礙惟安且燠。

時也玉帳晨聞，雕弧晝倚。北門之管能勝，南郡之塵不起。點清。裘之見美，堪任牙參；帶則有餘，恰宜佩委。占貞吉於丈人，惟舒遲者君子。輕緩二字入微。易戎容之暨暨，夫我行之；跌宕。異濁世之翩翩，去人遠矣。

雅度含宏，天懷淡成。由來賢達，別具衷情。地異披堅，不必朱綬之耀武；胸存綏遠，寧須白帢之談兵。取諸博而彌紆，非關腰瘦；融洽。假其溫以自適，頗快身輕。

是蓋忠信可爲甲冑，功名原在兜鍪。雅原。望如火而如荼，平生志壯；好以整而以暇，此處顏柔。春風一座，醇飲幾甌。行獵旌回，輕裝結構；勸農節駐，暖景夷猶。聊可與娛，非淄上橫金之帶；無有作好，詎殿前纖雉之裘。

哀不爲災，真寧是嬾。輯邊心於臥起，夷天險若平坦。交綏盡斥乎機謀，吹律無嫌於嘽緩。知己良難，酖人亦罕。紛綸四寸，大夫之素常垂；補綴一狐，賢相之衣是澣。

豈知不如意事恒多，彼譖人者爲最。獻老謀於北闕，張杜衷和；挺亮節於中朝，苟馮害大。徒縻屯積於十年，未拓輿圖之一帶。慨歎庉葺，蒼茫結繪。低徊不盡。幾難臥護，前軍已失孔明；不住涕零，執爵空懷隨會。

迄今訪峴首之殘碑，問江頭之古戍。袍笏千秋，滄桑幾度。金魚之消息非新，鶴氅之神儀如故。郭奕果然心醉，願爲洛下之迎；子敬要自情深，豈比銅臺之慕。而能不想像乎出世之雄姿，以登高而作賦。

　　稔悉羊叔子之爲人，則輕裘緩帶四字，不煩言而自顯。此作造懷指事，篇體光華，真文筆之鳴鳳也。

前　題

朱彙連　華亭

　　試望襄陽，峴山蒼蒼。直起押羊字，老。昔賢安在，蔓草徒荒。誰墮此邦之淚，是爲南城之羊。傳結襘於在軍，風流佚宕；敞虛襟於前席，氣度光昌。

　　觀夫鉅平侯之爲人也，節比延陵，功浮方叔。讓三司之表，以榮爲憂；卻五縣之封，過寵非福。埋下四字之根，若説成將軍不好武者淺矣。惟意趣之謙和，乃儀容之肅穆。羔裘豹飾，工賡司直之章；玉帶金魚，品協名流之目。

　　當其驚好相於老人，記前生於李氏。夏侯待以南雍，郭奕比之顏子。恂恂儒者，身不妨韋帶鶉衣；謇謇匪躬，志豈在紆朱拖紫。

　　既而事連運會，略展重輕。入綜機密，出統甲兵。孟獻營武牢而鄭人懼，晏弱城東陽而萊夷平。夾入議論。布挾纊之深恩，綦枰晝永；類綸巾之逸致，鈐閣風清。

　　將席捲而練收，乃載葛而載裘。贊戎衣於一著，遲麈扇於三秋。雅歌投壺，藉作中軍之好；遺酒饋藥，權爲聘禮之修。

　　爾乃託意畋漁，任情閒散。參消息於盈虛，澟幾微於盛滿。懷茲渺渺，旂常有待時來；對此茫茫，衣帶何當日緩。押緩字，妙。

　　偉哉南夏之勳，茂矣泰始之會。徒容褰未濟之裳，恬退視有餘之帶。押帶字，更妙。成偉績而不居，彈先憂而未艾。角巾東去，何時飛益部之舟；木桮西成，他日入洛陽之蓋。

　　人呼羊公，帝曰太傅。才本性成，量由天賦。戎軒無奮袂之時，軍旅有垂紳之度。宜其變則炳蔚，一時名重選樓；光此彤斑，千載傳同武庫也。

寫羊太傅顯顯在目，絶不粘滯，裘帶而輕緩之故已明，如傳神在阿堵中，則全身之衣紋，不必刻畫矣。

前　題

張崇柄　婁縣

溯成侯於泰始，寄重鎮於襄陽。維春容之氣象，安儒素之冠裳。昔日汶濱，早卜勳名之盛；今兹峴首，誰爭賢達之光。緬束躬之清邵，流令聞之高長。繼之者京兆之杜，美矣哉南城之羊。

想其初擅文名，夙膺官服。入掌樞機，出綜戎轂。幅巾窮巷，願成事而勿居；鈴閣數人，不申威而自肅。此素尚欲追廣受，而賢聲共儕夷叔也。

時則襆袂同歸，江衢如砥。懷綏浹於東人，恩信周於南紀。陸伯言之奕綦種豆，自謂過之；祭征虜之雅歌投壺，無以易此。幼節則稱以孔明，郭奕且比之顔子。

坐嘯風清，指揮百城。身不被甲，士皆力畊。日有旌旗之影，夜無刁斗之聲。匪習勞於超距，將耀德以觀兵。志在平吳，失意常居八九；功當資預，擇人審所重輕。

爾乃鑒物知止，以榮爲憂。放懷宇宙，憩息林邱。以白士而居重位，念無衣而賦同仇。靜則倚將軍之樹，暇則登都護之樓。亮彼深衷，不獨視功名於脱屣；揆其遠志，直將伸介節於披裘。

是以易危爲安，寓勤於懶，減戍墾田，受降納款。送絹以償越境之糧，飲醇以止進言之誕。不關輕脱，在軍之佩前垂；何事矜莊，出獵之衣後短。蓋達人之旨趣恒沖，非賢者之性情獨緩。

他日得益州之阿童，來洛陽之青蓋。搢紳服其遠謨，淵懷瘁於運會。告廟爲太傅酬庸，加封惟夫人是賴。順流可決，幾時造此樓

57

船；成算先操，一水誠如衣帶。

　　觥觥子興，汪汪叔度。業亞蕭曹，名高廚顧。積軍食於十年，贊戎衣於一怒。即結褵之有常，更沖襟之若素。是非武庫誰與名，傷心千尺之碑；邂逅文場試爲作，折臂三公之賦。

　　胸有全史，筆無點塵。

前　題

周行　府學

　　緬風流之儒將，覘整暇之軍行。不尚糾桓之槊，如登彬雅之場。裘以輕而褐襲，帶以緩而飄揚。表雅度於當時，人原思晉；留清名於後世，後自推羊。

　　接笋。昔叔子之都督荆州也，流雅譽於蘭池，著威聲於笠轂。十年支粟，思轉餉之蕭何；千旅哀荆，慕壯猷之方叔。乃戎容暨暨，方看江上之軍容；而均服振振，獨異師中之佩服。

　　觀其粲兮章身，溫其著美。雪疊周遭，雲裁端委。殊狐腋之徒華，異雉頭之太靡。鮫函則甲士猶輸，鶴氅則神仙可擬。駕行夢到，依然素絨之風人；虎帳趨來，不是韎韋之君子。

　　翳惟寸組，稱此三英。非橫金之貴重，非留玉之晶瑩。非用縞之樸陋，非用錦之光明。製定伊絲，莫罄垂紳之妙；約仍用紐，豈同免冑之輕。

　　時而戟門徙倚，鈴閣優游。布置有情。風似披乎魯縞，月自映夫吳鉤。衆士則方明甲仗，中軍則何必鍪兜。夾説有理。蓋當戎帳安閒，非曳兵而曳帶；即使期門搶攘，不披甲而披裘。

　　於焉江漢傾心，襄樊效欵。惟氣度之從容，見中懷之夷坦。投醪共飲，景上將之容儀；束絹分酬，望彼軍之旌罕。如斯禦寇，應居懷甲之先；自可平吳，豈曰運籌之緩。

夫細柳之德量無聞，大樹之淵襟稱最。仰軍師之巾扇，名士誰如；志年少之襁褓，羣英有會。惟茲之度共寬和，心同舒泰。定糾紛於戎馬，象肅冠裳；溥汪濊於湖湘，地連襟帶。不脫不粘，收束完密。

宜其領袖龍驤，迴翔虎步。三公符折臂之占，兩賢無酖人之懼。錫鞶帶而何慚，頌羔裘而可慕。指襄陽之水，當年每連袂以興思；弔峴首之碑，後人合濡毫而作賦。

　　叔子丰神，宛然在目。元評。

宋子京脩《新唐書》賦 以題爲韻

馬德溥　婁縣舉人

舊史繁蕪，文臣博綜。詔令欽承，纂修職重。稽古非徒車服之榮，讀書可備宰相之用。括事蹟於有唐，擅才華於小宋。

原夫《舊唐書》之成於章述也，從舊書敘起，爲新字立案。因吳競而詳略不均，洎劉昫而損益不已。或無實而堪譏，或失次而足訾。仍舊雖有成書，重修庶爲信史。既刪定之有權，遂集長于諸子。領起下段，布筆從容。

維時曾歐推文章之巨手，梅劉膺儒學之重名。或分而校，或總其成。事增於前而綱條具，文省於舊而義例明。惟録名臣之言行，成一百五十列傳者，厥有子京。眉目標舉。

寒虀清儉，紅杏風流。不略子京生平。旋加學士，曾選狀頭。召居史館，出守亳州。自隨以槀，較舊爲優。縱雅操孤風讓諸伯氏，而鴻章鉅製超出同儔。故《新唐書》之作也，實與大樂之圖竝撰，籍田之記俱修。此段亦用三句作頓，配前段押修字更好。

是則修撰勳名素著，尚書風雅可人。既聲華之弈弈，亦文采之彬彬。語寄相公，莫訝上元華宴；詔許侍子，特憐承旨老臣。所以十七載之經營，卓然不朽；情詞斐娓。而三百年之典故，蔚然一新。

夫新書不出一手，而作史必兼三長。宋家友愛之風，交推朝野；仲氏文學之譽，尤重冠裳。摛藻翰林，不慚爾雅溫文之共目；流芳史筆，遂酌古今人物以成章。典實隆於嘉祐，功則及於李唐。

彼其策深禦寇，議切建儲。襯拓處俱切子京。制請馱幕之復，心憂兵食之虛。固經濟之夙裕，作宰輔而有餘。豈徒摘句尋章，等迂儒之呻佔畢；屬辭比事，假粉本而類鈔胥。此日遷官，宜拜左丞之命；即時鏤板，聿成一代之書。

故雖糾繆有人，抵牾是懼。立言自有體裁，求疵寧無脫誤。歸諸典要，萃初盛中晚之人才；核以精詳，得修飾潤色之旨趣。筆情綺麗，寒消半臂之初；文思花濃，豔發明燈之暮。結尾穠麗。即難繼筆削于《春秋》，平允。豈徒侈風華於詞賦。

> 第將新舊《唐書》得失互形，以見"修"字實際，亦非霜儉者可辦，然非賦家法也。唐賦叙事之妙，能于一事中顯出全身。題外題中，情景畢備。有筆法焉。此卷得之矣。

前　題

湯輅　婁縣貢

溯國史於李唐，實修明於有宋。因韋述之遺編，命子京而纂綜。几案兮紛陳，丹鉛兮互用。事增文省，成數十卷之新書；月紀年編，著三百年之正統。

原夫《舊唐書》之傳於世也，繁略不均，是非失旨。菀吳淑而莫慰忠忱，貶韓愈而難昭信史。次節義於酷吏，體未謹嚴；後良史於宦官，例乖條理。所以宜修之故。此所以編年特命夫曾公，實是總裁。

而列傳必歸之宋子。主。

想其瓊林錫宴,晝省寵榮。頒賜而頻傳太后,詳宋子京。聲名而可垺乃兄。鉅製輝煌乎禁苑,鴻裁卓越乎汴京。因而手握如椽,刪削凜《春秋》之筆;胸羅成竹,精詳昭月旦之評。

爰加編次,爰慎纂修。晝燭燃而光分彤管,用本事,渲染如畫。緗簾捲而月映金鉤。牙籤兮遞誌,玉笈兮頻抽。列侍婢以成行,香爐茗椀;訝神仙其在望,綺閣瓊樓。

或以簡編非舊,體例從新。出劉蕡於藝苑,入秦系於隱淪。表世紀而寓抑揚,豈無紕繆;志天文而多災異,何所遵循。唐子西則譏其鮮當,劉元城則陋其未純。二段反覆議論,妙有波瀾,修字詳盡矣。

然而事經采摭,心費評量。鉅筆直侔於司馬,襯子京。深心可匹乎歐陽。《百官表》出自堯臣,詞多考覈;《五行志》成於義叟,例並精詳。雖書號新編,製作非成於一手;而傳皆實錄,搜羅足備乎三唐。

彼夫班范撰成乎漢史,房李纂輯乎晉書。溯紀載於宋齊,語多藻繢;考體裁於梁魏,義並粗疏。孰若子京之眉詮,可曉手錄非虛。拓學士之清裁,洵推良史;炳尚書之卓識,不愧名儒。此段襯開歸束,與前兩段相映,有大波爲渝、小波爲瀾之態。

是惟簡核良嚴,參稽有素。考舊史之流傳,明前朝之掌故。增省因劉昫之本,用廣見聞;抄錄遵吳兢之編,信堪刊布。從此書藏金匱,允符麟筆之贊修;豈徒身到玉堂,曾獻螭坳之詞賦。押賦字亦佳。

行文如置陣,律賦何獨不然。難在範我馳驅,委曲詳盡耳。況此題非究心新舊唐及宋書本傳者,豈敢率爾操觚,知其難乃知此作之不易。

前　題

趙琛　華亭

書號新唐，人推小宋。破題簡老。取裁雅合於謹嚴，立説恥仍其繁重。導流派以歸源，靖紛紜於聚訟。惟博學而能文，詎倚才以自縱。少許勝於多許，意有兼該；籠修字，清練。損之正以益之，筆非濫用。

考昔有唐，寔垂國史。原題。韋述誇草創之功，劉昫詡才華之美。事既綴以蕪詞，體未臻於文軌。經宋代以參觀，惜唐書之多訾。六一翁之紀誌簡明，不愧史官；三百載之標題補輯，必推才子。

卓哉宋氏，號曰子京。並難兄之文望，擢天聖之科名。每矜持以自喜，且游晏以適情。居翰苑而史書備覽，守成都而舊本閒評。多亦奚為，綜三唐之寔錄；達而已矣，隔五代以纂成。

則見寢門已啓，華晏纔收。燭雙輝而燃炬，情景如畫。簾一桁以垂鉤。左右屏息，遠近凝眸。將憑心以結撰，輒盥手以刊修。望若神仙，羨黃堂之縹緲；侍多媵婢，同絳帳之風流。

繁文歸約，舊事翻新。墨如金而必惜，言霏玉而偏珍。《平淮碑》不妨全載，《營像疏》亦可略陳。伊冗長之無取，迺簡練而入神。五夜搜求，志可參於義叟；即為子京作襯。一番刪訂，表或採夫堯臣。

是蓋熟悉乎唐家之得失，洞明乎史體之短長。楊朝晟傳何再見，段秀寔謀亦未詳。修字有一番討論，佳在簡練而不冗。禹錫、宗元，漫並昌黎紀載；敬宗、義府，儼偕無忌稱揚。《文苑》列劉蕡而無當，《外戚》槩吳淑而可商。似此未臻於中肯，且將致慨於濫觴。僅足記言動於左史、右史，奚能定是非於盛唐、晚唐。

就其蕪穢，加以補苴。筆削敢誇夫良史，精嚴已勒爲成書。語無泛設，藻不忘舒。訛必讎夫晉豕，謬且辨夫魯魚。手訂紛紛，隸事轉形其周密；眉銓一一，省文獨妙於刪除。結束。

迄今考論簡編，推尋典故。綜李氏之始終，賴宋臣之乙注。標要旨於篇端，斂奇才於毫素。温公間考其異同，吳縝空糾其繆誤。幾等青藜吐燄，探天祿之文章；豈徒紅杏流芳，仰尚書之詞賦。餘波綺麗。

　　賦題有典故，有原委，有情景，徒工風雲月露者遇之，韜筆而退矣。此能色色寫到，音韻鏗鏘，兼工藻繢，豈非異才。

書畫船賦 以船載書聲遥傳逸韻爲韻

姚寅　府學

江湖蹤跡，翰墨神仙。浮家泛宅，畫癖書顛。領起全神，破題極醒。悟烟雲之變幻，對卷軸之聯翩。聽其所之，去住憑他蘭棹；偶然寄興，紛紜揮徧藤箋。何妨論畫過高，前望無邊之景；祇恐索書全集，頻移不繫之船。對意生動。

伊昔元章，名高宋代。共慕顛仙，遠超俗態。知無爲軍事，原題楚楚。致恭石丈崒嵬；遊海嶽菴中，靜玩峴山砢礫。往來無定，襄陽之故宅堪尋；悵望徒殷，春水之輕舟如在。到處揮毫潑墨，姓氏流傳；惟看錦軸牙籤，琳琅滿載。

情殊岸舫，雅稱舟居。置床及几，惟畫與書。肆意臨摹，喜蓬窗之明淨；此聯總。閒情賞鑒，覺桂舫之寬舒。此聯分。可參讀畫之觀，雲移遠近；夾寫。頓悟肆書之法，舵轉疾徐。並艦窺來，共訝蹟皆是古；隨波泛去，要知舟亦同虛。

爾其捲簾小泊，挂席輕行。頻開芸篋，不計水程。一艫輕搖，

滿眼墨痕舒卷；_{無窮出清新}。半篙低劃，回看筆陣縱橫。_{翻用無聲詩奇}
_妙。桅倚欹斜，更覺毫端有致；歌傳欸乃，誰云詩本無聲。

_{前二段總，此二段分寫}。爰論書法，遠溯江潮。擘窠之體獨雋，簪花
之格偏嬌。靜聽棹歌，寫入硬黃之紙；低懸帆影，斜拖古墨之綃。
淺渚風迴，帖展晉唐幾冊；野塘日映，蹟臨顏柳崇朝。灑墨汁於金
壺，訪漢上仙槎而意遠；流溪痕之碧玉，對山陰快雪而情遙。

更觀名畫，妙得真傳。雲山空闊，潮汐流連。行人佇岸遙看，
舟移畫裏；信手拈題諦視，景在眼前。櫂迴水北花南，盡是荆關之
蹟；吟徧青山紅樹，渾忘筆墨之筌。烟景秋林，問誰持贈；夕陽江
渚，聊爾扣舷。

於是選勝而遊，駕言以出。結山水之清緣，宜春秋之佳日。左
圖右史，頻年漫託生涯；擘紙濡毫，單舸居然靜室。洞天一品之石，
聊壓輕裝；_{餘波俱切米}。平原十日之期，引爲常律。坐來天上，自在
遊行；興到狂時，幾忘勞逸。

所以穩適幽情，遠傳餘韻。筆床茶竈，清供相隨；烏帽紅衫，俗
塵難近。齋名寶晉，畫禪何似書禪；官號南宮，大隱還如小隱。真
可擬謝袁泛渚，清詠常流；又何羨郭李同舟，仙蹤莫問也哉。

_{米顛工書善畫，精於鑒別收藏。晉唐人名蹟最多，故山谷}
_{贈詩云：滄江靜夜虹貫月，定是米家書畫船。書畫猶俗云字}
_{畫，此課誤以書爲書籍者，十人而九。其認題無誤，又能精于}
_{摹寫者，僅寥寥數卷而已。至作賦如行文，有章法句法，不容}
_{滅裂從事。此篇能起能結，有總有分，章法既佳，妙義層出，其}
_{於賦學蓋亦有得矣。}

前　題

趙琛　華亭

人推雙絶，家託一船。夙寄情於藝苑，每肆志於江天。汲古溯文津之遠，濡毫翻墨浪之妍。開篇用雙關法粘合船字，不靠此作生活也。脫俗緣之拘束，當月夜以流連。所謂伊人，指中央而宛在；未忘故我，信高舉之超然。

昔有米芾者，軍撫無爲，服宗唐代。臨池不懈於手摩，拜石更形其心愛。依翰墨爲生涯，望烟波而眈睞。書囊書篋，搜典麗於前人；畫水畫山，攬文章於大塊。豈徒高齋備極珍藏，抑且行舸必教滿載。持論固明。米公有寶晉齋。此船本名寶晉齋艎。

粤傳癖嗜，首在奇書。書字賅舉，亦不滯。逸民詩敢忘攜取，高士傳不厭展舒。筆法集晉唐之舊，騷情擷屈宋之餘。悟文瀾於澈底，導學海以歸墟。月射篷窗，照琅函而燦若；入畫。風開蒲席，送錦帙之紛如。

然而書必兼畫，船乃稱名。既臨風以自展，亦繪水而有聲。筆花與浪花並湧，墨氣兼虹氣交橫。書畫兩段，摹繪精工，都是船中情景。桂楫蘭橈，供彩箋之點染；蘋洲蓼岸，開粉本以品評。爲已領江上峯青之趣，并可寫天邊人坐之情。拍合船字，雅致。

由是乘良夜，趁晚潮。彩霓涵水，皓魄臨霄。忽抑忽揚兮吟聲遠，一波一折兮景色饒。愛中流之容與，忘前路之迢遥。若問誰家，牌已自題姓氏；羌無俗物，税應不列科條。

既而星光欲亂，汐信已旋。夜將闌兮寥寂，棹欲轉兮安便。適從何來，遠聽書聲清朗；興復不淺，重翻畫譜探研。永夕得藝文之樂，半生結雲水之緣。此坡老聯交，赤壁之遊略似；而涪翁贈句，滄江之景能傳。一束。

彼夫海筏抱琴，湘舲調瑟。捕魚而枻鼓仙源，放鴨而櫓搖清漪。亦可助畸士之泳游，襯足船字。未足寫名流之超逸。孰若文攜冰雪，乘風舒肆好之篇；紙滿烟雲，破浪潤陸離之筆。隱於吏而家不在官，呼爲顛而名真稱實。

客有吟舫閒過，仙津徃問。輒回溯於江干，每愴懷於夜分。考寶晉收藏之本，真蹟難尋；以懷古結。求楚山清曉之圖，殘膏莫擷。悵津逮之無由，泝風流而獨奮。但覺雲帆隱現，誰繼高蹤；水月空明，常留餘韻而已矣。

賦題本出山谷贈米元章詩，書字指寶晉齋皇所貯晉唐墨蹟法帖而言，如米公艤船于大江，濟川亭對紫金浮玉諸山，裝潢襖帖是其一證也。第船中豈無書籍，兼及亦可。此作持論圓穩，鋪寫書畫處不脫船中，渲染船字處不脫書畫，可稱合作。

玉燭賦 以四時和則玉燭調爲韻

馬德溥　萋縣舉人

聖天子啓潤澤豐美之休，成變化文明之治。陰陽燮而咸和，位育順而廣被。天地日月，無私之奉惟三；麟鳳龜龍，爲畜之靈有四。乃符《爾雅》之書，呈玉燭之瑞。

夫惟玉之爲質也，縝密溫潤，璀燦陸離。鍾宇宙之英，磅礴鬱積；欽天廟之器，磊落瑰奇。兩段先將玉燭二字拆寫，題面分明，步驟亦好。地不愛寶，天協其時。既堅貞而成粹美，亦渾厚而絕瑕疵。風化所洽，氣象似之。

而燭之爲用也，幽微必照，光采實多。撤金蓮之燦爛，拂火樹之婆娑。輔大明而傳燈不息，奪皓魄而問夜如何。徑寸刻來，映珠瓅之矗發；三條焚處，訝星宿之胸羅。爰取資於朗耀，乃協應於祥和。

蓋舉燭尚明，于玉比德。既成歲定時而置閏，炳若燭光；遂五風十雨之應期，潤同玉色。玉環玉甕，莫不効其禎祥；二段總寫處，正喻交融。燭木燭龍，詎足侈爲奇特。斯溫其如玉之象，運以一周；燦若列燭之華，照來萬國。時際太和，民皆順則。

於是卿雲糺縵以迎祥，化日舒長而不促。淑氣皷盪于洪鈞，順象胥歸于亭毒。驗青陽朱明白藏元英之合節，應以休嘉；統東作南訛西成朔易之無愆，同我風俗。民心慶而厥有幹年，王度安而式如金玉。

此其有聲有光，爲玉爲燭。瞻精彩之飛騰，本英華之克足。動以德輝，應以和氣，眞先天而不違；飲於醴泉，暢于永風，見率土之同欲。純粹本干剛正，嗤燕石之是珍；暗昧耀以光明，陋爝火之相續。

況夫八風宣暢，九土豐饒。四時爲柄，六律常調。康樂和親安平爲一書，民會大於鎬洛；剛健篤實輝光新其德，皇情協于簫韶。允宜時和年豐，告成功于萬寶；日暄雨潤，荷沛澤于崇朝。撫五辰以凝績，齊七政而運杓。璞剖荆山，未足方茲朗潤；膏焚燕桂，詎堪擬其光昭。

　　比喻題一味混寫，便欠分明。此賦馭題有法，天骨開張，可謂老當。

前　題

張崇型　婁縣擧人

皇極誕敷，麻風遠被。復旦呈祥，重華誌瑞。授時而庶績咸熙，順序而羣生畢遂。似玉韞兮光瑩，比燭然兮燄燧。太和引耀，熒煌上徹乎台三；至德流輝，昭朗旁周乎陝四。押四字，好。

　　當夫運隆交泰，位炳重離。阴阳以正，寒燠以時。治擬於龍師火帝，風占夫烏弋黃支。乍温如而潤澤，更赫若兮紛披。賡糺縵於星雲，繼明有象；宏光華於日月，並照無私。

　　是蓋元神布濩，順氣駢羅。歲功迭運，景覎偏多。煥物華於東作，昭火德於南訛。郎洽秋旻，不借銀潢絢爛；暉融冬旭，並回黍谷陽和。疑騰璧彩，疑照銅荷。鎔鑄。誠無遠之弗届，信有耀之自他。

　　爾乃璀璨璘彬，炫煌翕赩。散六合而無齡，炳四時而不熄。覿光者遵道，揚烈者順則。庭燎失其輝，珠斗韜其色。光非入夜，宛積玉於元圃之旁；煽不因風，豈唧燭於鍾山之側。

　　則有來化國而恬熙，遊光天而駭矚。非烟霧所能迷，非江河所可沃。絶勝城開不夜，曙色凝紅；奚須鐙號常明，寒芒逗綠。夋夋赫赫，照懸軒帝之銅；弈弈熊熊，彩徹虞廷之玉。

　　觀於都都相望，邑邑相屬。四表來庭，八荒從欲。上元則燈剪千枝，長贏則薰諧一曲。告成功於納稼，明奪秋陽；迎長日而崇裸，光分田燭。凡此節序之昭融，胥本緝熙之懋勗。

　　方今聖天子仁恩廣被，德音孔昭。景無時而不淑，律應候以皆調。所以雨無破塊，風不鳴條。萬國則祥光普照，九重則春色常饒。猶且陳圖畫於《豳風》，情殷寰宇；非特驗嘉名於《爾雅》，懽溢臣僚。

長無相忘蜀鏡賦 以當眉寫翠對臉傳紅爲韻

湯輅　婁縣貢

　　昔王衍兮遊幸爲常，有嚴氏兮寵榮執方。持一鏡以相贈，照兩心兮無忘。銘非鼎歖，字異瓦當。金鑑何存，那惜風流雲散；玉臺宛在，猶思地久天長。領起全篇，即伏後二段意在。

始其嗣蜀統，據邊陲。擊鞠嬉娛之暇，乘舟酣宴之時。當面厨供自宮中，綵山高架；大裁帽戴於市上，錦障遙隨。梵寺鐘懸，兆方占乎龍首；翠奩鏡貯，情乃注於蛾眉。

輦轂雲馳，麝蘭香惹。縈情乎繡幌綺窗，留意於金扃玉笴。勿告勿諼，心藏心寫。鏡臺耀彩，幾難媲其光榮；鏡匣抽妍，曾莫名其豔冶。薄時世而粧成，背君王而淚灑。

斯鏡也，百鍊乃成，五精所萃。八盛寶相之花，幾箇冰斯之字。窗間而電影斜飛，壁上而菱花倒置。鳳蟠舊製，曾移漢殿以傳紅；蟾吐新華，竟入王家而寫翠。

若乃晶奩半間，塵封勿礙。君有贈兮恩深，妾含嚬兮坐對。眉欲語而多情，身乍迴而有態。徑三寸以無私，鑒千秋而勿悔。龍光永侍，底須江總之銘；娥影長留，莫比樂昌之碎。

夫當其盛也，舞鸞鳳於粧臺，爤芙蓉於瑤簀。反覆於盛衰之際，情詞悽斐，有唐人《古瓦硯賦》風神。光含蠟炬之輝，篆裊沈檀之燄。回回熒熒，熠熠閃閃。步障尋春之日，忍隔芳容；甘州製曲之餘，每呈媚臉。對斯鏡而依依，恃流光之冉冉。

泊乎銅腥蝕蘚，鉛影埋烟。玉顏安在，玳匣空傳。一片蒼涼，輒洒嘉王之淚；幾人流落，猶鐫乾德之年。此亦如未央宮中古篆，祇存乎瓦甋；長生殿裏芳姿，莫憶夫釵鈿。襯束處兜裏完密。

鏡以蜀而長在，蜀與鏡而俱空。珠翠沈兮杳杳，鑾輿去兮匆匆。遂使苑號宣華，祇益後人之鑑；恩留節度，曷禁彼美之衷。悲苔侵兮土剝，恨剩翠與飄紅。

　　婉轉附物，怡悵切情，能令聽者迴腸蕩氣，而遣詞一歸麗正，故佳。

前　題

張崇型　婁縣舉人

土花乍洗，奩彩斯揚。玉臺雅稱，金屋堪當。持贈而永以爲好，承恩而長無相忘。識寓團圞，逸事曾傳於蜀主；意懲私昵，麗情別記於君房。

爾其五精所聚，百鍊呈奇。游鱗背鏤，寶相花披。三寸六分周其徑，三十二字繫以辭。非必屈自霜刀，輝分兔魄；却羨綰來銀帶，態繪蛾眉。

遂乃撤自禁中，捧來花下。清若冰寒，瑩如水瀉。傍脂盝而光揺，伴薰鑪而潔寫。試捲水晶之押，幽意偏親；徐開玳瑁之奩，秘香猶惹。

既照影以生妍，爰含情以拜賜。盈盈涵明月之珠，隱隱約春山之翠。白首相期，玉顏未悴。深衷若揭，漫安對面之花；豔色誰憐，擬結同心之字。

當夫井轉轆轤，庭稀沆瀣。日射疏寮，風翻玉佩。乍拭釵鸞，旋梳髻黛。細認妍華，重勞盼睞。調朱傅粉之妝，墮馬盤鴉之態。頻注目而忘疲，永隨身而作對。

迄乎杜宇聲悲，蟾蜍光掩。脂冷銅溝，塵生瑶簟。一任夫朝霧萋啼，夕陽鴉閃。菱花半露，瘦分楊柳之腰；寶匣微開，愁照芙蓉之臉。

遂令幽人遯跡，深穴沿緣。世經屢易，物尚流傳。比仲宣之偶得，歎樂昌之難圓。此日摩挲廢井頹垣之側，當年拂拭綺窗繡幌之前。兜裏。

徒想夫鎔成神冶，製出良工。粲呈了了，妙貯空空。中酒則頻回眼纈，更衣則微映顏紅。一時之照膽照心，爭妍盍極；千古之傾城傾國，借鑒應同。妙結，可謂曲終雅奏。

澹思穠采，殊有古香。

前 題

王元宇　府學廩

瑒珛生光，珊瑚吐芒。玉臺冰淨，金屋波涼。惟茲寶鏡，用飾華妝。偶開奩以斜睇，游彼美於中央。信彼此之莫逆，常形影以相當。

則有蜀中少婦，嚴氏名姬。恩承別殿，歡結芳幃。朝依依以望幸，夜脈脈以長思。怨年歲之易暮，慮寵眷之漸移。情雖傾於一顧，愁每壓夫雙眉。

君王乃惜娉婷，憐嬌姹，求清鑑於良工，覓紫珍於神冶。于以將之，重其賜也。謂心宜共白，願如皓月常圓；謂鬢看同元，莫使秋霜暗惹。寄殷勤於一握，相顧相憐；訂繾綣於三生，心藏心寫。

當夫玉匣傳來，漆籤盛至。紐捧雙魚，背銘卅字。特教攜贈，應開薄命之顏；示不相忘，如齧鍾情之臂。從此人歌宛在，常留歡笑之容，莫教詩詠如遺，漫照淋漓之淚。倘座來盼盼，應平分秋水之痕；或畫倩卿卿，早漏洩春山之翠。

影日追隨，心常晤對。我不汝離，汝毋我背。指點孈妍，評量粉黛。經拂拭而逾明，荷摩挲而寧昧。妝成便妡嬌姿，繡罷慣描倦態。此時持攬，訴悲喜於環中；他日相思，想音容於匣內。

時則朝旭升，晨風颭。乍捲簾櫳，初辭笆簟。試粉絮以輕磨，啓繡奩之半掩。堆成了髻，雲影濛濛；勻罷臙脂，星光閃閃。亦或蓮漏驚寒，蘭膏吐餤。綺檻霜侵，碧天雲斂。懷人卜兆，誰遺徐淑之書；拜月添妝，微露姮娥之臉。

　　然而國有儀鑒，色是空緣。宜繼明而遠照，宜虛己而高懸。何乃借人獻媚，使我生憐。博玉顏之一笑，留金鑑於千年。漫説長安，蜀道之全圖安在；不蒙明察，禹卿之諫草徒傳。

　　嗟乎髮原易白，顏不常紅。一番玉貌花容，如雲都散；無數綺窗繡幌，回首全空。試爲歷秦關之險，問蜀主之宮。樹杪有啼悲之鳥，雪中無留影之鴻。月冷峯高，何處弔一抔黃土；天長地久，至今留幾寸青銅。結得住。

　　推襟送抱，麗而不妖。

前　題

楊蘭荃　華亭

　　容成著號，明達垂光。媲武擔而粹美，産嚴道而鍾祥。鑄自江心，濯錦波兮燦爛；表之峯頂，寫仁壽兮輝煌。品不殊乎金炯，文偏類於瓦當。

　　翳彼寶鑑，擅茲清規。麗蜀山之遠黛，涵蜀水之幽姿。終銘心而不改，寧化鵲而輕離。影照兩邊，苟富貴而無異；光聯一片，雖暌隔而相知。惜千年之瑶草，瞻一角之峨眉。

　　明鏡照人，精金躍冶。蝌蚪之字宛然，篆籀之文允也。紀年則乾德稱先，却病則軍容錫嘏。澣花溪之佳句，勳業頻看；草元亭之法言，圓靈用寫。

　　相契一心，相思兩地。久要不忘，永矢弗置。識我之情，銘君之器。妝形影於箇中，貌笑鬷於取次。長昭不改之懷，無失不磨之義。挹彼美之清芬，仗此君之空翠。

　　照每當胸，光猶透背。流輝則破仍圓，薄蝕而明用晦。託言元穎，直欲鑑於三生；寄意紫珍，奚啻鏡於千載。宜孫子兮弗諼，宜君王兮作對。

於是頌升恒，儀掩冉。古事傳，銹華點。明星熒熒，夜珠㦗㦗。儷芙蓉而瑞彰，雜菱花而霧斂。天鏡靜涵，地鏡豔瀲。長門殿裏玉爲容，端正樓頭蓮比臉。

別有廣寒花使，閬苑金仙。虛白兔之宮，香飄雲外；留素娥之儷，景落天邊。隔千里而共照，閱萬年而相鮮。佩明鏡之無斁，感思蜀而流連。維皓質之不減，庶清輝之永傳。

蓋維妾歸巫峽，君在巴中。慨流星之易逝，抱明月而長終。辛苦盤中，家居長安身近蜀；回環輪內，腸迴曲似水流東。悲高堂之白髮，覿遠迹於青銅。彌久不渝，目斷太刀之唱；長懷無已，心驚墜粉之紅。莫不愁思欲絕，悵望靡窮者也。

但切定題面，逐字生發，捶聲布色，吐屬亦工。

詩

機山懷古 五古

顧鴻聲

薄靄連夕翠，一徑開遥林。言遵山之巔，清風吹我襟。
草堂可卜居，樂哉阻且深。緬昔山中人，苦存志士心。不著議
論，獨極清老。
不愁來日難，只畏惡木陰。讀書耐十年，時作鸞龍吟。即用平原
語，點綴自妙。
誰歔驅之去，寂寞此山岑。至今雲外鶴，嘹淚有哀音。

　　格調老蒼。

前　題 五古

鈕　沅

九點青芙蓉，茲山次居六。古樹鎖烟嵐，悲風激雲谷。
我來一登臨，蔥翠紛在目。欲呼平原魂，空村叫野鶩。
緬懷入洛時，文采挨芳馥。兄弟何翩翩，誰不願推轂。
而乃昌嚴刑，故山不可復。寡識自貽罹，多才諒非福。
盍隨季鷹歸，早向秋風逐。徒懷故藪思，難尋舊林宿。
千載有餘哀，山靈應夜哭。遥對橫雲峯，相峙但松竹。
鶴唳寂無聲，落日暗平籠。

　　寡識二言，似老吏斷獄手也。

前 題 五古

姚　寅

谷水圓折流，千頃春波瀰。其上環九峯，第六峯最秀。
下有平原村，鍾氣何其厚。比翼騰鸞凰，聯翩舒錦繡。
赴洛世網嬰，長吟徒感舊。山前田可耕，曷不辭組綬。
鶴唳歎難聞，何處瞻雲岫。名蹟至今存，緬彼多文富。
池館芳草埋，江山詞藻茂。沿溪擷碧芹，聊薦荒祠豆。

閏花朝 七律二首

施有容

更番花事續芳辰，選勝壺觴不厭頻。
自是繁華開境界，翻疑造化戀陽春。
庭前又見尋香蝶，陌上重逢拾翠人。
深荷東皇都著力，嫣紅姹紫倍精神。

十分春助百花嬌，除卻黃楊盡發翹。
疊仗好風吹五夜，仍邀圓月作三朝。意亦巧。
園丁斟酌添香椀，亭午安排換綵綃。
屈指清明佳節近，先愁潑火雨瀟瀟。

前 題 七律二首

張克儉

今朝酹酒祝花神，瑤圃爭開錦繡春。
人坐瓊筵先一月，夢回湘管又三旬。

75

誰禁蕊國蜂忙甚，喜見林園燕賀新。
記得團圞同對影，隔宵重與證前身。

又是芳辰二六遭，風光恰好趁餳簫。
花逢初度仍前度，天放晴朝換雨朝。
掛上枝紅依舊豔，添來春色幾分嬌。
綠楊城郭青旂路，處處秋千畫板搖。

初度一聯，不脫不粘，最有神韻。

橫泖觀打魚歌

王紹成

太湖東注爲泖湖，曰圓曰大西南隅。
泖橋東去有長泖，一水橫亙中縈紆。
風來浪高波疊湧，白蘋翠荇兼菰蒲。
晴開百里光四映，淳淳鏡面浮鷗鳧。
鰍鱔百萬此中住，巨網分截漁人漁。
松江形勢本澤國，藪澤之利何處無。
矢魚有諫打魚歟，盡殺亦或當躊躇。
惟時春雨方疎疎，寒雲早靄交模糊。
罩罶笭箵看竝下，金鱗那得容亡逋。
大魚昂藏作人立，小魚戢戢穿泥塗。
黿鼉日暮亦改窟，快意不使匿錙銖。
得雋競誇片帆利，驚躍豈待鳴榔驅。
盈舟滿簍婦子喜，清歌贈答聲喁喁。
我聞志和在西塞，青簑白箬稱釣徒。
又聞松陵陸魯望，笠澤茶竈相嬉娛。

何如嘯傲谷水畔，雲山九點當村墟。
江鄉樂事都在眼，季鷹所以思蓴鱸。
惜無小李將軍筆，生綃潑墨爲橫圖。

取味杜陵，能臻其勝。

前　題

姜日贊

蒼茫橫泖渺無地，白浪峩峩盡天際。
萬頃濃煙濕不收，狂瀾中有蛟龍戲。
漁人古汊鳴榔來，濤頭如山帆正開。
設網提綱思一逞，蜃宮蛟室將爲災。
蕩槳欲飛挺乂怒，腥血攪波紅一路。
星傷鱗鬣失飛騰，草擲泥沙半僵仆。
小金山下更深潭，吳兒弄水水性諳。
雲迷大澤勢尤壯，日落荒江氣倍酣。
橋邊斜擁波濤立，塔頂欲來雷雨急。
胄使巨魚縱壑行，待見枯魚過河泣。
谷水西去此大觀，臨風有客神爲寒。
平生未學屠鯨技，此際雄心立岸看。
古來三江盛水獵，大舸飛艫巨艦接。
陽侯河伯多震驚，任父詹公誇健捷。
窮搜昧險循遊鱗，鷁帆遇繳鯱觸綸。
沈虎潛鹿休跋扈，黎甿一罄川瀆貧。
可知竭澤從來有，嘉魚多魚詩所取。
紛綸珍味佐侯鯖，厨娘縷甲披鱗後。
嗚呼老杜綿州詩，暴殄天物曾興悲。

不知異品門生議，即是加恩水族時。

何況東南擅奇異，金虀玉膾尤矜貴。

江頭試唱打魚歌，紅鱸都説松江味。

氣挾飛騰。

前　題

黃　仁

松江三泖水具區，魚蝦美利羣争趨。

横泖分流乃别泒，低田瀉出成江湖。

青溪之西古婁北，居人不識漁師識。

路向横塘曲折通，結網投竿號澤國。

浮家都是解操舟，順風一葉隨沈浮。

蓼灘荻渚曉來出，螺鬟九點烟初收。

船頭漁父好結束，箬笠青青簑映緑。

理妝漁婦鏡初開，布帕蒙頭赤雙足。

一網打起一網張，腥風横捲天蒼凉。

大魚唯唯長一尺，小魚唼唼論斗量。

大魚出水猶跳立，崛强沙頭衣濺濕。

小魚纖細難截流，一半仍從網出入。

販鮮入市攜筐籃，論價反説漁孃諳。

艙中漁父但高坐，閒著笭箵浸緑潭。

青蚨换得還買酒，舉杯邀月月入口。

醉宿蘆花不覺寒，醒來依舊綸垂手。

情景不匱。

清明栁枝詞 十二首

張庸發

春分已過日遲遲，莫向人催折栁枝。
栁枝本是相思物，折得栁枝有所思。

垂楊垂栁故依依，人冐多情緩緩歸。
聞道今朝剛斷雪，雪花如舊滿天飛。

朝來初試綠羅裙，陌頭已駐萬花輿。
頻呼姊妹殷殷語，學畫新眉如不如。

細栁盤圈爲祓除，祓除畢竟莫如湖。
栁圈拖起渦兒水，箇箇連環印繡襦。

潑火雨晴早起寒，杏仁和粥等郎餐。
問郎何自出門早，還恐朝煙猶未乾。

莫管人家白打錢，且來牆外看秋千。
女腰還比栁腰細，步步扶梯也自憐。

西鶯初消日未高，殷勤團棗印花糕。
問儂此事沿何代，想自幽閨祝染袍。

楊子江頭潮正平，江干樹樹碧無情。
寄語踏青諸女伴，莫抛紅豆打黃鶯。

誰家染飯採冬青，冬青不比栁娉婷。
儂家卻煮楊花粥，拾過長亭又短亭。

二月春光好共探，鹽家只管飼新蠶。

可憐盡日荒園裏，剩來眠起自三三。

日日東風一桁斜，連番催放紫桐花。

桐花不落楊花落，落盡楊花桐正葩。

千條萬條夾路陰，春城何處不傷心。

雷塘荒冢無人上，喦得楊家姓到今。

就佳景之清韶，寫芳姿之秀濯。柔情雅韻，徽徽欲流。

前　　題 二首

王慶麟

花信將闌倍悵然，枝枝嬝娜遠含烟。

簫聲吹得清明到，人醉輕烟細雨天。

蹴鞠鞦韆到處聽，春風幾度短長亭。

家家偏折門前插，笑說今年柳最青。*有情致。*

前　　題

沈夢書

誰家墓木不成林，冷結棠棃草亂侵。

赤足小兒歪角髮，朝來花裏拔茅鍼。

極有情韻，但不切清明柳枝耳。

前　題 二首

闇邱德堅

禁烟漠漠縮絛烟，銷斷春城二月天。
可憶梨花舊寒食，一般慘緑又今年。

夜雨梨花咋夢非，垂絲脈脈影依依。
紙錢不共楊花舞，先撲楊枝學蝶飛。

前　題

王振秀

踏青時節最堪憐，殘月曉風似昔年。
愁絕仙人掌畔路，一枝碧玉弔屯田。

上巳日雨中禊集 五律二首

顧鴻聲

生怕春光老，還將好景延。勝情流水外，小集養花天。
筍屐衝泥到，匏尊列羽傳。不須冠蓋駐，脫略即神仙。

又

水濱同選勝，小雨未知還。淨線含脩竹，空青潑遠山。
風來襟共暢，興到詠誰慳。若仿蘭亭例，重添圖畫間。

81

前　題 五律二首

朱　鈺

共傲山陰會，筵開祓不祥。客罍今日雨，波泛昔年觴。
漠漠憐春短，霏霏送夜涼。遙知蓺蘭處，水漲滿橫塘。

又

溪雲何太妒，令節雨先催。入竹屐嫌滑，紉蘭香欲來。
座閒歡縱酒，林外走輕雷。便訂明年約，晴和快舉杯。

前　題 五律

施有容

禊事招裙屐，名流衮衮談。深有遠神。浮杯筵上巳，罨客雨初三。
南磵晴光少，東堂淑氣含。不知詩酒意，誰是右軍酣。

前　題 五律

蔡維棠

猶記蘭亭盛，年傳晉永和。衣冠人已古，風雨會偏多。
酒帶濃陰釀，花含薄潤拖。更宜添勝事，志喜興如何。

前　題 五律

蔣　林

祓濯曲江潭，霏霏三月三。歲猶傳癸丑，春最好江南。
芳草裙邊鬬，青旗柳外含。雨中脩禊事，製序筆彌酣。

前　題 五律二首

唐錫輅

勝地宜高會，流觴及令辰。不嫌林外屐，來賞雨中春。
煙柳垂絲重，風篁著粉勻。倩誰圖好景，潑墨一番新。

又

九十春將老，風流又永和。雨深花事減，亭敞酒人多。
積翠山如沐，輕盈水欲波。坐聽啼鳥處，儘足當笙歌。

紙　鳶 限十藥韻效韓孟聯句體

錢　璟

天馳噫風輪，春鼓吹氣橐。芳陌遊興多，暇日戲具作。
細細斫筠柔，番番翦紙薄。匠心窮經營，畫策復綷錯。
點睛遂儼然，予翼更宛若。其背張弩弓，其尾綴瓔珞。
占時趁晴佳，選地尚寬綽。送以羊角旋，輕比鳧毛著。
蛛絲千尋吹，鴈路一繩拓。宛宛挾颻升，飄飄入雲泊。
勢危怯鷂退，氣猛矜雀躍。搖心懸飛旌，扼掌凜朽索。
搖曳紅杏村，點綴綠楊郭。入想更非非，幻景呈各各。
霞上疑簫鸞，空中誤笙鶴。逸韻穿耳輪，纖痕迷眼膜。
向晚天蒼茫，入夜宇寥廓。機濆青雲高，線引紅燈爍。
隱約移燐光，昭灼亂螢爝。爆竹騰煙迷，飛花幻流礫。
暝光固九逝，惬歡恣一噱。即此堪追尋，由來有假託。
武急臺城告，信約漢宮度。古事總荒唐，今人詎揚搉。
又或謂遠望，令兒洩內灼。理實覺其誣，說恐滋之鑿。
要等嬉拋堉，或如射引繳。胃索爭低昂，拖繩鬭強弱。

漸改躪栫節，已過來蘭約。佳景業殊今，勝遊難溯昨。
遑復控絙頭，寧尚曳線腳。水任伏波站，木讓墨子削。
聊復待來年，還與放穹幕。

精思健句，絡繹不窮。

前　題

黄　仁

瞥見搏飛鳶，扶摇傍碧落。舉豈六翮健，砑乃一紙薄。
巧製出漢宫，規仿徧香閣。鏤筠通骨節，牽手得線索。
熨貼雙目射，熣燦五色錯。奮翅隨風頭，翻身撥雲腳。
霄漢睨鳳凰，枳棘笑鷃雀。陰雨閣不下，旭日欣有託。
倏爾效盤旋，渾似急束縛。羊角勢疾猛，鵬翼遇擊搏。
摩空等鞲鷹，盤遠誤緱鶴。跕跕水怕墮，蜜蜜林懼掠。
將翺而將翔，忽前還忽卻。徒令俠客怒，那致弋人繳。
百仞騰愈高，一髮繫非弱。飛飛入窅冥，點點辨隱約。
明月出巖岫，夕陽沈閒壑。風琹静發響，鐙火懸更爍。
婦女競瞻矚，兒童益踴躍。餘力且徘徊，作勢故拏攫。
梁軍告急難，馬營布方略。繭紙達闗塞，羽書遞帷幕。
昇平絶警報，里閭恣笑樂。鐵鷂戲不如，木鵠巧宛若。
體物狀豐美，藭楮工瘦削。好趁萬里程，仰面視寥廓。

巧搆形似之言，風雲竝驅，清典可味。

前　題

毛毓麒

瞥眼驚鳶飛，習習東風作。宛轉千尋吹，扶搖一繩拓。
羊角舞晴空，繭絲摩碧落。梁武訊飛書，漢臣恣行樂。
爭先向樓前，牽引出林薄。得勢騫翔鷥，有時控孤鶴。
方覺脫樊籠，仍看受牽縛。煙外陡梳翎，雲邊漸插腳。
奮起本紓舒，迴旋轉騰躍。莫漫擬鳧翔，無須愁鷹攫。
健且振羽儀，高不避矰繳。向日飛戾天，凌雲價貴洛。
花板曳夕陽，箏絃響春郭。下上戲兒童，翱翔逐燕雀。
爲唱小游仙，層霄欣有託。

鍊而不板，氣韻尤佳。

題宋梁楷說劍圖 七古

姜曰贊

英風獵獵森開張，生綃畫展十尺長。一起得势。
誰與點筆擅老蒼，意匠慘淡頻斟量。
長頸鳥喙盤中央，雄心乃欲肆戰場。
摩挲五創騰星芒，亟進劍客櫑具裝。
蓬頭突髮殊形相，相劍之經精而詳。
開匣一一定否臧，就中純鉤天下良。
耶銅堇錫非尋常，龍爐帝炭曾燊煌。
淬出下視無干將，歐冶不復範陰陽。
風馳電掣不可當，以劍作舌騰鋒鋩。押之有棱。
說時龍虎參躍翔，說罷天地爲低昂。

烏虖！會稽初恨甲楯防，濕薪可臥膽可嘗。

沼吳之後伯業昌，觀兵中國匪一方。不可無此波瀾。

琅邪臺高迄海疆，欲恃此劍逞飛揚。

愛聽説客談浪浪，洵知諸侯劍最強。

直之無前運無疐，莊周立説殊荒唐。

此圖寫意烏可忘，曹衣吳帶作古粧。

不見署尾字一行，畫史風漢乃姓梁。

縱橫揮霍，獨擅勝場。

前　題

顧鴻聲

梁生畫師賈師古，古今人物絕世無。

此圖寫生尤入妙，四敞殿陛森庭隅。

君王按劍南面肅，劍士側坐形稍癯。

目瞋髯突勢飛動，口吻彷彿猶吸呼。

左右帶劍聳而聽，自是當殿羣臣趨。

曼胡之纓衣短後，階下衛士齊睢盱。

君臣劍佩光迸露，星行水漫非模糊。

神采奕奕俱欲活，豈止冠履嫻且都。

或云此幅是贗本，不能神肖徒形模。

嗚呼！古來妙繪先繪意，後人豈必前人殊。

莊生説劍不在劍，刻舟而求毋乃迂。

我聞梁生胸次曠，挂帶不思金紫紆。

即令宰官須説法，何人更拓參禪圖。

前　題

姚　湘

龍淵之産光熊熊，鑄成百鍊堅可攻。

匣中頑鐵徑三尺，直與星斗分昭融。

丈夫意氣自期許，時平不挽五石弓。

興來按劍拂衣起，茫然四顧西復東。

粵自稽古趙宋代，文人好武推梁公。

縛雞力弱雖不足，斬蛇手硬將毋同。

閃爍一條秋練白，班斕幾點燕支紅。

風胡薛燭今已矣，靈寶分委榛蕪叢。

先生寄情在劍器，言之慷慨驚愚蒙。

英姿颯爽世無匹，南華妙諦舌本通。

古來多少不平事，盡入萬派懸河中。

殘燈半炮四壁靜，滿堂賓客皆書空。

託諸縑素神自肖，以筆使劍劍氣雄。

眉軒眥裂手指畫，觀者睜眙聽者聰。

吁嗟乎封侯骨相誰第一，肝膽披瀝霄漢沖。

何當酒酣斫地快作蔗竿舞，高談滿座颰颰生悲風。

前　題

秦　源

東平良相之後裔，丹青絕妙欽一世。

幼師師古青出藍，畫院昔曾卻金幣。

生平作畫喜折蘆，所傳有世室明堂宗廟位次圖。

87

筆所到處神亦到，撇捺之妙古來無。

更有説劒畫一幅，描摹人物善布局。

相劒之士問爲誰，云是秦客名薛燭。

古人劒器防非常，薛生之論最精詳。

中有一人獨危坐，肅然聳聽乃越王。

越王左右列千軍，武夫猛士氣如雲。

彪立虎視殊萬狀，一時側耳皆樂聞。

我今披圖三歎稱絕技，想見當年説劒亦如是。

漫教賞識推李唐，妙手應讓梁風子。

梁風子，宋畫師，嗜酒自樂不趨時。

此圖鳳林宋伯嘗珍玩，草草豈願俗人知，謂之減筆信有之。

揮灑如意。

蠶 豆 七律二首

張公璠

種豆繇來得豆宜，養蠶天氣雨晴時。

土膏乍綻千丸玉，火候看然徑寸其。

小點吳鹽成雋味，聊供村醞解朝飢。

玲瓏莫向瑛盤映，牽引紅情不自持。

花開點入墨痕涼，曾惹南園蛺蝶忙。

忽共朱櫻爭入市，早偕碧筍已盈筐。

摘乘十畝挑桑暇，熟趁三眠煮繭香。

可是麥秋先告至，薦新合祀馬頭娘。

前　題 二首

姚　寅

花開紫色暮春天，饌佐青梅立夏筵。
翠釜乍烹珠萬顆，芳苞纔拆箔三眠。
好偕玉版禪參佛，待翦蘭花巧證仙。
晚飯更勞纖手剝，瓊芽對擘致尤妍。

較量燕麥與龜蓴，豆似冰蠶更可珍。
分繭客來囷共食，落箕詠罷感嘗新。
沃酥和美宜菹菜，佐酒肴嘉雜海鱗，
軋軋繅車人正瘁，一盤桑下味偏真。

前　題 二首

姚　湘

翦餘三韭正眠蠶，摘向蔬園帶露擔。
萬莢垂青春欲老，一盤綻綠夏初探。
酸鹹恰許金虀配，酥膩還資玉版參。
從此兼旬忘肉味，翻嬴人笑老饕貪。

故昂聲價餞春須，風味相當櫻筍厨。
隴上翠連千畝浪，畦邊碧突一簞珠。
頃筐欲比求桑滿，出釜争如浴繭無。
自是誠齋工賦物，蔬盤添得十分腴。

89

前　題 二首

毛毓麒

江鄉三月正蠶眠，芳豆盈畦麥秀天。
翠莢數莖珠顆嫩，白花幾點墨光鮮。
嘗新恰值條桑後，薄采還當獻繭前。
此際馬頭初作社，合將櫻筍賽當筵。

琅玕爲質玉爲膚，隴畔攜筐喚小姑。
布穀鳴時披繡陌，繅車響處出村廚。
蠕蠕剝繭甘欺蜜，湛湛含芳頓比酥。
最合山家供趣味，客來何必用膏腴。

風致極佳。

賦得下筆春蠶食葉聲 七言十二韻

姜曰贊

歐陽妙句誇才筆，下處淋漓作者諳。
聲在霜毫如渴驥，食將風葉想飢蠶。
紛披繭紙神原壯，點竄蟲書氣倍酣。
松管雲生揮硯北，桑梯天暖話江南。有情致。
寧同蚓竅行間出，疑有龍精腕底參。
儳儳呈形方滿箔，唧唧動喙乍傾籃。
風簷籟作俄成萬，雪簇眠餘恰到三。
簡蝕蠓蚭殊蠹飽，墨吞唼喋笑魚貪。
緣知起草儲精久，恍似餐英得味甘。

鳳藻掞天才獨絶,鴻文擲地韻初含。
因端竟委蟠胸在,遇物成形妙手堪。
從此一機添錦繡,頻年墨海相功罩。

擺脱凡近。

前　題

張公璠

鎖廳文戰絶喧囂,風雨兼馳筆陣麏。
簡外聲疑蠶食葉,行間機捷兔抽毫。
淋漓萬紙揮難盡,稠疊千枝飼本勞。
蠹走疇窮痕齧蝕,蝗飛莫喻勢貪饕。
篝燈歷亂宵長聽,曲箔縱橫日幾遭。
饑憶開簾形儳儳,飽經隔户響騷騷。
詞源瀉峽情何肖,墨海翻波興正豪。
脱手祇宜圓似彈,及鋒況趁利如刀。
生花豔逐連蜷引,吞篆文憑宛轉繅。
齒冷雕蟲安技小,心傾倚馬逞才高。
舖張麗藻襄朱黻,經緯皇春得錦袍。
擲地還諧金石奏,相期對管侍鑾鼇。

如風雨驟至,筆陣橫飛。

前　題 七言八韻

周　淞

才過蠶桑小飼期,即教走筆便相追。
方知夢裏生花後,依約春來食葉時。

略稱鼠鬚窺繭紙，可無犀角飲榆糜。

雲煙影迮揮毫落，金石音殊擲地爲。

宛轉三眠猜乍起，榮枯雙下聽先知。

蠹魚待許他年飽，伏蛹先瘳此日饑。

空際正疑聲窸窣，行間已覺跡猶夷。

笑他罕譬多難喻，持比江濤語太離。

擬王建《簇蠶詞》

張公璠

桑葉稀，前村亭午扃雙扉。

看取紅蠶齊上簇，地爐火氣餘霏微。

花當枝丫紛婀娜，堆雪皚皚雲朵朵。

麥飯椒漿祀苑窳，新衣滑鬒誰家姑。

不願同功誇繭巧，但願團圞如月好。

無蠅無鼠風色晴，開畲三日新絲成。

豫辨晶盤摘玉顆，徐排翠釜煎瓊英。

千百玲瓏滿一箔，匝地槎枒互縈縛。

宮坊今歲錦樣添，待爾織成萬匹縑。

前　題

湯　輅

蠶欲眠，替沙添葉頻連綿。

曲房蜜室曾驅鼠，更願蠶時不下雨。

烾山烤火日初西，草簇勻排一翦齊。

三日開箔箔如雪，團團挂出繭高低。

繅車深巷無停刻，已聞鄉里催組織。
織成匹錦先輸租，自家曾有寒衣無。

春申君廟

張公璠

靈風吹客袂，起便得勢。入廟拜春申。鑿險分天塹，通潮到海漘。
馨香宣奕禩，利澤及斯民。鵷冕觀瞻肅，龍門紀載真。
忠魂常戀楚，奇計首防秦。驚動。馬角思鄉夢，刀環間道身。
合從鷹犬集，制敵虎狼馴。梟繹歸圖籍，蘭陵領薦紳。
艱危扶考烈，義憤接靈均。十二城還主，三千履納賓。
瘡痍看漸復，氣象慶重新。志定營吳邑，謀全徙壽春。
四君名伯仲，廿載相勞辛。故國長江外，叢祠別浦濱。
松榆高下蔭，簫鼓送迎神。飲水懷明德，相期薦白蘋。

　　首尾完善，音響絶高。

前　　題

顧鴻聲

此地猶三楚，一起得勢。神祠占一隅。英聲今古著，相業後先殊。
早抗殽函勢，能全鄢郢都。上書謀卻敵，宅璧質歸迪。
客自簪珠集，人將絲繡俱。誰教無妄禍，致誚乃公愚。
文信居奇貨，武安賜屬鏤。竟成瘻割頸，誤説鳳棲梧。轉折全似
少陵。
南國陰移袘，東江澤在吳。通川爭泝浦，大海總循途。
功比銀濤退，靈宜白馬呼。吾生同邑壤，思昔重嗟吁。
天意亡三戶，臣家失五湖。難忘平野利，共溉素波紆。

古墓暨陽拜，雲旗滬瀆趨。春秋勤報賽，社鼓奏村巫。

精神團聚，意味深長。

前　題

秦　淮

七國四君者，千秋一楚黃。春申名尚在，夏后治同方。

水利貽吳下，田功配海塘。勢分三泖外，支別五茸芐。

古道東江復，恩波南浦揚。上流承薛澱，全派受餘杭。

食報人思德，勤官法有常。舊宮曾楚地，新廟又莘莊。郡之莘莊
鎮有春申、施水二巷。

古蹟同施水，賢聲亞孟嘗。三千珠履客，十二錦衣鄉。

作相居黿黿，和鄰狎虎狼。勳看書考烈，志在報頃襄。

說驥先生汗，汗明。談梟臣等唐。唐且。獨憐孫子輩，空有癘人傷。

客動高山慕，江陰有君、黃兩山，亦以春申得名。風隨流水長。

至今百襪下，猶自絜馨香。

以水利歸美春申，極得體要。

前　題

鞠廷燮

廟貌依然在，春申事莫追。論年猶楚競，問勢值秦欺。

鄢郢金甌缺，夷陵玉盌移。多才資博辨，游說奠傾危。

策補亡羊悔，書陳鬭虎詞。牙牀上相坐，珠履眾賓馳。

江漢聲仍振，章華業再窺。身當三戶重，名與四君垂。

何啟千金計，先居呂父奇。雄豪千載恨，嗚咽一朝悲。

申浦潮頭壯，君山石趾敧。棟梁餘舊制，榱桷仰前規。

椒酒春秋獻，蘭漿日夕攜。樵人知戰國，漁子話周時。
剔蘚尋荒逕，披榛覓古碑。永懷黃歇傳，誰與究興衰。

懷古情源，逸揚盡致。

西漢定陶鼎歌 用阮芸臺中丞原韻

姜曰贊

吾恐焦山洶湧隨江潮，安得鎮以寶氣騰敲敲。
焦山舊固有周鼎，立位辨或差釐毫。
即今漢鼎又躍出，陶陵鼎字明鐫雕。
想合渝麋與汧鑄，範良金非合土陶。
帝陵典禮供主邕，園廟陳設殊私祧。
寶貴應可等夏貢，流傳幸不經秦銷。
五十字畫獨精好，二千年物仍完牢。
其如博古之圖多譌謬，掎摭未及長寥寥。
巨公一旦加拂拭，精靈感激光騰宵。
汾陰不容委榛莽，泗水不復淪波濤。
海氣江天想位置，蝸牛廬下棲層椒。
蘇公寶帶恰可付僧寺，陸家片石不異浮官艘。
以儷山閒舊周鼎，蒼然主客欣相遭。
烏虖！恭陵蒼蒼繞濟水，中安永信多宮曹。
家夷樟火巨莽掘，傳丁久矣除同朝。
此鼎轉徙幾塵刦，不似萬壽吟龜巢。
雊呴往事已渺渺，龍扛此際空嶤嶤。
松寥恰遇兩巨鼎，異代滄桑一訂交。
從此空山得寶鎮，游踪好問徵君焦。

寄慨古今，兼資考證。

前　題

張公璠

寶鼎見兮色般章，傳自西漢共王康。

隃糜汧鑄共廚藏，器容一斗高尺強。

兩耳上抱鳳翼張，三環盉繞龍文翔。

厥色黝黑青赤黃，鐫刻隸體銘成行。

定陶之封由永光，哀帝嗣立尊恭皇。　敘次清晰，語亦老成。

送后配葬陶陵匆，山東貴震何煇煌。

爰舉上祀崇烝嘗，詔共祭器枌榆鄉。

採金百鍊森精芒，六丁鼓橐七寶裝。

祠官將事紛趨蹌，貴重奚啻千琳琅。

汾陰好時相頡頏，金刀數盡寢廟荒。

濟水東北迴汪洋，此鼎遷徙知何方。

一器近獲阮侍郎，拓銘題句分攜將。

惜被互錯更滄桑，卅五廿一紛莫詳。

涓吉移置焦山岡，要與周鼎垂無疆。

乃知神物神所祥，好古合遇今歐陽。

前　題

姚　寅

我昔曾向焦山遊，得觀周鼎逾精鏐。

千年神物惜無偶，旃檀寂寞蛟螭愁。

豈知延津劍忽合，一朝快事傳吟謳。

芸臺中丞性好古，每遇金石窮探搜。

定陶之鼎漢時鑄，十有六字疑識罶。
陥縻汧邑共此鼎，恭陵時享陳珍羞。
斤斗詳紀核權量，其蓋與器不相侔。
當時二鼎應竝置，相配錯誤遂流傳。
字畫深鑿隸書古，筆法皇象兼史游。
班駮陸離色奪目，土花刷盡活翠浮。
不著雷回雲云紋，三環分列兩耳修。
中丞精鑒不爽失，引經證史一一讎。
細考時代并郡邑，定以西漢山東州。
長篇賦就發遐想，慨然遠付江南郵。
江雲深護焦山影，忽然寶氣沖斗牛。
周鼎得與漢鼎遇，華陽真逸逢仙儔。
松寥閣靜波光泳，摩挲鎮日心悠悠。
準擬秋風挂片席，重來訪鼎登江樓。

唐宮射角黍詞 七絕四首

姜曰贊

角黍琱盤冉冉香，者番風景作端陽。
商量同伴誇身手，繡隊如分内教場。

紅榴花下縱游觀，節物相將比粉團。
十六雛鬟嬌小甚，篛丸雪作繡毬看。

錦韝窄服倍生光，畫鬢雲鬟列兩行。
一笑彎弧如滿月，咺他舞袖果郎當。

不讀騷辭不管愁，釵符臂縷足風流。
蟬聯九子佳名識，誰奪華清第一籌。

前　題 二首

姚　寅

香稷承恩帶笑迎，衆中角藝暗愁生。
非關口腹貪多得，爲愛曾傳九子名。

笑看營盤巧意存，中多中少不須論。
羅衫袖捲將弓執，露出新塗蜥蜴痕。

黃婆祠神弦曲

張公璠

神鴉噪晚巫簫迎，烏涇潮上殷鼓聲。
椒漿酹地靈風生，髻花亂插彈秦箏。
鯨海踏波一萬里，歸織厓州木棉被。
吉貝吐雲春出指，寒機不停道婆喜。
步塵綷縩紙錢起，醉舞中有丁孃子。

句調得長吉之遺音。

前　題

馮寅斗

烏泥涇畔敲冰弦，木鸞金帖騰雲煙，迎神神自厓州天。
花裙綷縩紗廚住，酬罷瓊醪切切語。
一弓彈雪一梭雲，天孫機巧何夕分。
側暈斜紋出新樣，幅蔃神袍神所睨。
青瞳小髻歌繁霜，神筵伴食偕丁孃。
泠泠笙歌出門去，靈風動搖木棉樹。

音節絕妙。

前　題

王　剛

烏泥涇上春波浮，烏泥涇畔春光悠。

吳俗勤耕兼問織，孤祠寂寞臨江流。

臨江流，當孔道，千村入夜寒砧擣。

吉貝何由遍五葺，家家尸祝供神媼。

神媼相傳黃道婆，教民彈紡兼飛梭。

錯紡錯色大奇特，挈花綜線爭摩挲。

爭摩挲，至尋丈，幾作天孫雲錦想。

蟠絲龍鳳銀麒麟，匹布白金價百兩。

世間踵事好增華，厓州始教何曾誇。

布縷爲濟農氓困，至今織作軼桑麻。

吳淞七月棉花早，繅車競聽秋聲好。

衣被南邦信不虛，藻蘋歲歲勤祈禱。

勤祈禱，撥神絃，數椽祠宇日喧闐。

飛花卻憶丁孃子，白苧城東雙廟前。縹緲無際。

夏日田園雜興 七律四首

張公璠

槐陰濃處正蟬聲，吟繞園廬自在行。

洗竹好罾佳士坐，移焦別譜美人名。

懶隨褦襶趨官府，願乞清涼養性情。

白苧作裙椶作笠，從容野老話躬耕。

獨樹當門一徑斜，蘆簾低接豆棚遮。

連畦露潤拋秧馬，別港潮迴響釣車。
攤飯汗滋青竹簟，烹泉思溢碧蓮花。
興來笑向溪童問，可辨公私兩部蛙。

風吹牧笛韻悠悠，迎面蛛絲晚更抽。
地僻稀逢名士鯽，天炎漫問相公牛。
方傳造醬金初伏，候急浮瓜火未流。
屈指星期應不遠，曝衣須搆竹邊樓。

塵囂渾不到鷗鄉，浹日頻生午後涼。
龍尾挂雲喧驟雨，虹腰橫澗露斜陽。
客來儘可題紈扇，夜泛猶堪借野航。
第一桔槹聲久歇，未秋已兆歲豐穰。

律細韻高，遠過月泉吟社。

前　題 七律四首

張崇型

槐栁陰陰野徑斜，溪流轉處有人家。
水平亂下千行鷺，草長時聞兩部蛙。
晚引竹風開舊釀，晨收荷露煮新茶。
卻欣長日如年永，漫捲湘幬讀五車。

橫塘四面綠陰敷，人到輞川識畫圖。
小築短籬防芋栗，偶搖柔櫓入菰蒲。
簷牙雨避離巢燕，屋角晴添布網蛛。
最是山莊堪避暑，不須冰簟與紗廚。

黃梅雨過長新秧，憑眺偏眈野趣長。

100

閒逐鷗羣來澤畔，頻招僧侶話山房。
松陰稠疊初交徑，瓜蔓牽連半透牆。
身樂羲皇人未識，北窗坐臥待迎涼。

摘得前村廬橘鮮，論園不費買山錢。
深深慣舞花閒蝶，唶唶旋聽柳外蟬。
棋局敲殘非賭墅，釣綸漾罷欲忘筌。
霄來尚有移情處，螢火光中月上弦。

風趣夷猶，能令褦襶人亦知有田園之樂。

前 題 七律六首

錢 瑢

結廬彷彿近柴桑，幽興偏宜夏景長。
戶外雲生齊煮繭，畦邊雨過恰分秧。
藍拖遠水浮千頃，綠滿誰家蔭一莊。
團坐茅簷閒說餅，香風陣陣過林塘。

不獨春妍夏亦佳，田園隨分足生涯。
分移西崦千株棗，偏種東陵五色瓜。
燕乍試飛仍宿壘，蜂因爭暖欲分衙。
水邊籬下無人過，落盡冬青白雪花。

一路幽禽感候鳴，催耕促織總關情。
漚麻女趁晨星澹，耨草人歸夕照橫。
舟逐鴨羣四五隊，笛吹牛背兩三聲。
松棚籐架饒真趣，採入叢書分外清。

心遠始知地自偏，非村非郭趣悠然。

養魚自在三叉港，種豆先鋤二頃田。

隔渚紅蕖藏宿鷺，沿溪綠柳噪新蟬。

清凉不覺炎歊去，六月科頭坐輞川。

禾歌聽罷又菱歌，小舫輕移一葉過。

最喜月明隨棹轉，卻餘香氣入衫多。

臨風拂處潭如鏡，溽暑消來水不波。

佳果堆盤清供好，碧筒杯飲更如何。

長夏山齋事事宜，疎簾清簟鎮相隨。

荷香度檻閒臨帖，桐影侵階静鬪碁。

地擬浣花甾杜甫，天教學稼老樊遲。

宵來散步陂塘上，爲詠前賢招隱詩。

機趣橫生，絶去塵俗。

前　題 七律三首

朱　琊

未出黃梅雨腳稠，桑陰柘影暗青疇。

園林風景宜初夏，隴畝收成慶小秋。

北里種秧梁醴饋，東鄰磨麥麪香浮。

鄉村四月閒人在，獨向西邊看白鷗。

纔過午日醉醇醲，榴火初張錦繖重。

老圃分筠遲醉竹，鄉人喜雨驗分龍。

蒲深蟂館新凉足，草滿蛙塘綠意濃。

阡陌高低禾插遍，芃芃到處慰三農。

賃得茅堂近水濱，碣來避暑看苗新。

松杉遠屋清長晝，瓜豆成棚蔭比鄰。
赤腳踏冰空結想，科頭箕踞自閒身。
相邀過從都蓑笠，觸熱能無襯襪人。

按月分寫，情景逼真。

前　題 七律

馮以臨

長夏江村樂有餘，綠陰一帶匝幽廬。
扶犁略解栽禾法，抱甕聊參種樹書。
滿徑竹風涼入座，連番梅雨碧成渠。
農歌唱罷天猶早，且傍垂楊學釣魚。

前　題 七律

徐　福

竹籬茅舍倍多情，閒話桑麻夢亦清。
幽趣特來菱葉蕩，炎氛不到豆花棚。
星繁閃閃方愁熱，雨後家家欲課晴。
一曲田歌槐影午，聽來字字頌昇平。

昆明池教水戰歌 七古

張公璠

長安西南四十里，千隊旌旗齊照水。
殺氣俄驚地軸翻，威稜直搗鮫宮裏。
武皇耀武事窮邊，使節期從身毒旋。

象厭昆明除閉障，刑徒減戍將池穿。
穿就滇池傳急箭，水師教習池中戰。
揮霍霜鋒蛟鱷移，掀騰鐵甲魚龍變。
中軍鼛鼓但聞聲，出沒烽烟破浪行。
無數舳艫圍碣石，爭先組練下蓬瀛。
日光慘澹長虹展，鯤擊三千萬牛喘。
軍令剛從水面馳，陣圖瞥到波心轉。
期門列刃夾龍舟，鳳葢飄搖最上頭。
五利文成齊寓目，游童櫂女暫停謳。
魚麗鵝鸛分輕矯，霧散雲還捷於鳥。
拔幟千重起漢營，鳴金一昔澄靈沼。
英風銷歇夕陽摧，終古鯨魚冷刧灰。
剩有牽牛池畔石，當年曾見水嬉來。

音節瀏亮，一結寄慨無窮。

前　題

周蓴芳

漢皇耀武昆明夷，鑿開方池習水師。
織女牽牛屹相向，石鯨鱗甲動漣漪。
戈船樓船分部伍，旗作風帆矛作櫓。
指揮三軍號令嚴，水底交螭避金鼓。
天子既登單于臺，五利文成獻術來。
樓居雖好神仙老，萬古昆明空刧灰。

筆致老成。

前　題

錢　璟

元狩三年漢道昌，射蛟天子開邊疆。

西通樓蘭東扶桑，北鑾丁零訖遐荒。

南交曷爲阻梯航，越雟自恃滇波狂。

孽龍怪獸潭潛藏，腥烟毒霧日昏黃。

巨浸梗絶道路長，負固不服臣咸陽。

茂陵震怒天威張，驅使謫吏穿蒹塘。

旋風捲土畚臿忙，石鯨鱗甲撼龍堂。

混沌鑿破刼灰揚，四十餘里舞羵羊。

下令將卒申兵防，五校七校咸從行。

戈船十丈樓櫓昂，魚麗合陣旌旗颺。

健卒齊作烏衣裝，猛將首列黃頭郎。

銅鼙一振聲雷硠，黑水四面飛艅艎。

蛇蟠虎翼環中央，鸛鵝唼藻從迴翔。

星鎚擊隕皎漢霜，蓮鏇射落金堤楊。

雲翻浪湧超騰驤，天河倒挽奔銀潢。

千層玉溜連危檣，游沫習慣士卒強。

乘流直下勢莫當，么麽小醜敢跳梁。

炎州引領驚欃槍，神威震讋走且僵。

珠厓儋耳齊承筐，四夷莫敢不來王。

洗兵從此靖天狼，奇勳偉伐馘頡頏。

無何離宮起建章，樓臺隱隱神仙鄉。

天池遇遭蘭茝芳，牽牛織女遥相望。

紛然異瑞歌芝房，羣鶴晶止雄心忘。

蓬萊望祀哆景光，交門坐拜徒揣量。
秋風千載昆明窔，支機片石空蒼茫。

鮮扁陸離，如見當時氣象。

碧筩杯 七律二首

張公璠

夕陽醉賞渚蓮紅，翠蓋禁持一柄風。
象鼻巧從蕉葉捲，犀心蜜使酒波通。
酬歌瀉得珠千斛，寫影彎分月半弓。
酣飲累伊雙手捧，當筵消受碧玲瓏。

休論王母紫霞杯，沆瀣何勞潑作醅。
擎出便知涼意滿，吸時定有暗香來。
若爲裹飯差輸雅，似此行觴底用催。
襟袖淋漓拚茗艼，好教鄭慤醉千回。

體物工細。

前　題

顧鴻聲

紅藕香中進一觴，偶然新様妙無方。
凝成雨過天青色，消得風清月白場。
匏繫不妨甾曲柄，卮穿生怕漏中央。
只憐傾液餘芬在，染汁還疑楚客裳。

前　題

馮以臨

折得蓮塘葉數莖，綺筵擎出當傳觥。

花開君子心無滯，酒挹賢人氣亦清。

拂座扇舒葵柄雅，侑觴詞唱竹枝輕。

雨中足愬鴛鴦葢，遮莫爭攜醉月明。

何處堪消暑 效白香山體四首

顧鴻聲

何處堪消暑，山林闢地寬。雨喧荷萬柄，雲蔭竹千竿。

冰雪吟樽冷，玻璃臥簟安。羲皇供笑傲，直作晉人看。

又

何處堪消暑，虛齋息影時。閉門無客到，開卷得書奇。

心與古人會，情因靜者移。纖塵真滌盡，涼意滿紗帷。

又

何處堪消暑，招提獨扣關。籐森千歲石，松老一房山。

拄錫禪鋒寂，眠鐘佛座閒。飄飄疑出世，長日未知還。

又

何處堪消暑，陂塘試放舟。蟬氣清兩岸，鷗影靜中流。

采芰吳娃唱，搴芙越女謳。晚波容濯足，早浣一襟秋。

前　題 十二首

錢瑢

何處堪消暑，初晴愛小園。雲林長悄寂，籬落似江村。

坐有湖山趣，不聞人世喧。徐徐炎景度，可以恣歡言。

又

何處堪消暑，橋東水北亭。涼風滿高樹，池面是中庭。
夏蕈敷未歇，清飈散芳馨。開襟當軒坐，鷺鶴在冥冥。

又

何處堪消暑，清陰接步廊。亂籐遮石壁，瀑布濺琴牀。
午後郊園靜，南風草木香。早蟬已嘹唳，池畔欲清涼。

又

何處堪消暑，書堂對藥臺。槐花新雨後，池水好風來。
目送歸飛翮，重拈小簟開。綠陰斜景轉，待取月明回。

又

何處堪消暑，林閒半日樓。龍蟠松矯矯，碧亞竹修修。
山逐時移色，人將境共幽。憑高望平遠，涼引簟先秋。

又

何處堪消暑，褰裳出野船。水風清有味，遠樹望多圓。
路入青松影，聲移谷口泉。萬重雲水思，當暑忽翛然。

又

何處堪消暑，緩彈數弄琴。松聲疑澗底，竹露冷煩襟。
入耳淡無味，此情安可任。蒼然古磐石，天地清沈沈。

又

何處堪消暑，從容一局棋。碧雲低欲墮，烟樹綠含滋。
老鶴兩三隻，白蓮八九枝。山僧對棋坐，淨愛卷簾時。

又

何處堪消暑，一琴數帙書。窗風正蕭瑟，楊柳高扶疎。
坐對鉤簾久，移牀下檻初。閒吟暮雲碧，懷古空躊躇。

又

何處堪消暑，花前欲按歌。風來添意態，憩樹愛婆娑。

古調何人識，中庭明月多。荷香清露墮，池色淡金波。

又

何處堪消暑，閒嘗雪水茶。草頭珠顆冷，夜合隔簾花。
嚥罷餘芳氣，獨醒古所嗟。仙方誇沆瀣，白眼向人斜。

又

何處堪消暑，有時惟命觴。檐閒空燕語，酒色注鶯黃。
蓮靜方依水，杯中動有光。中山一沈醉，可以傲羲皇。

前　題 二首

蔣　林

何處堪消暑，平山曲澗中。當頭蕉葉雨，對面藕花風。
物外心思闊，天邊眼界空。放舟隨地泊，此樂有誰同。

又

何處堪消暑，西湖六月中。吳山雲欲雨，花港水生風。
月印三潭靜，天高萬籟空。嫩涼隨意納，當約賞心同。

試天目茶歌 用東坡試院煎茶韻

姚　寅

天目之山清氣生，搗茶戶戶杵臼鳴。
朝來有客遠見餉，盈團綠玉松毛輕。
此味由來真寡二，能洗俗腸含幽意。
一束烏薪活火煎，濤聲百沸石鼎泉。
貪心得隴又望蜀，天目之筍珍比玉。
得兼二味慰餰饘，愈於侍饌列蛾眉。
我與玉川有同癖，常呼七椀行相隨。
莫笑王家多水厄，碧筩引滿乘涼時。

前　題

楊蘭荃

兩腋習習清風生，塼爐活火湯初鳴。
黃金雀舌來天目，花瓷瀉出雲腴輕。
緑芽千片徵第二，火前佳造含春意。
君不見青蓮仙掌中孚煎，別譜茶經誇玉泉。
又不見蒙頂石花傳西蜀，裹露千叢攢緑玉。
文園病渴愗如饑，昌明一椀偕蛾眉。
鸕鶿之裘弗取酒，龍團鳳餅時追隨。
而今茶產隨風俗，不似商車茗局貞元時。

銀河篇 七古

黃　仁

碧天如洗秋氣清，萬里耿耿銀河明。
中庭徘徊涼飆生，長空倒挽流無聲。
我聞雲漢金之精，水氣上薄融結成。
月痕三五印一泓，脱胎不覺常盈盈。
倏忽去來斗柄更，南轉北行誰計程。
纖雲卷舒羅疊輕，水波瀠洄勢不平。
瓊樓玉宇簾水晶，浸之欲濕光暗傾。
有時烏鵲橋經營，七夕巧合雙星迎。
誰家搗練當軒楹，仰看脈脈傷離情。
一帶尚説紅牆橫，何況夫壻遼西行。
俄焉曉色浮松棚，倬彼猶與明星争。

乘槎安得窮滄瀛，支機乞取珍瑤英。

分袂不顧世眼驚。

前　題

張公璠

碧空瀉影當秋橫，銀浦流雲學水聲。

遼望彎環衆星接，西南東北長盈盈。

鴻濛曳此一疋練，牛女迢迢不相見。

亘古無人起役徒，太虛有象登清宴。

兔華隔渚照無眠，織素辛償十萬錢。

烏鵲來填橋一架，雲軿去擁淚經年。

去來恩怨更番受，天上情緣判伊守。

碧海攔將漢使槎，白榆映作金堤柳。

關心絡角漸秋殘，壯士休歌出塞難。

挽使甲兵齊洗淨，白狼河北舉頭看。

前　題

唐佩蓮

碧天無際雲無畔，金水之氣浮爲漢。

自坤抵艮析精長，天駟天潢如珠貫。

一番微雨洗尤清，萬里長風吹不斷。

閒常之夜或無痕，秋至之月最炳煥。

世上河形有徙移，天衢之漢亦變換。

河闌環，暑欲殘，摘盡絳寶瓜田閒。用四民日月令，獨有新色。

河絡角，天根灼，刀尺家家興夜作。

111

河東西,風露淒,稻粱上碓餐新栖。此更未經人用。

七夕乃驗河遠嫁,去來可卜新米價。

君不見雙星皎皎復迢迢,小別今年渡鵲橋。

片石支機能見贈,乘槎待我達層霄。

牽牛花 七律

施有容

濃堆籬落布牆陰,弄影如橫碧玉簪。

抽葉綠舒麋角出,開花青比燕毛深。

補圖應倩支機石,插鬢宜穿乞巧鍼。

隔水影搖情脈脈,女星今夕映疎林。

前 題

史熙文

色翦銀河翠欲流,濃堆屋角是牽牛。

開花爲有黃姑夕,抽蔓先迎白帝秋。

一種荒涼籬下補,數叢幽豔野邊搜。

爲言名列天街宿,莫向人間本草求。

不粘不脫,用筆鬆動。

顧亭湖懷古 五古

宋念典

泛舟申浦南,烟霞亭湖曲。日夕不逢人,夾岸新蒲綠。

臨風懷野王,散步尋遺躅。書臺剩敗垣,墨池浮野鶩。

古刹仍遺廬，靈祠薦杞菊。殘僧話六朝，秋雨依破屋。
摩挲牆角碑，漫漶愁難讀。云是松雪書，歲久苔痕簇。
侵曉眺湖濱，薄暮遊林麓。楓葉何淒迷，古松已空腹。
不見南梁人，吟唱來樵牧。舊井亦久湮，翠軒今何屬。
石幢鐫《楞伽》，没字徒高矗。夜月映清波，凉風吹幽木。
荒磯秋草長，斷瓦寒蛩伏。遺蹟成荒烟，幽情空往復。
尋訪向田夫，附會或近俗。我欲搜奇字，《玉篇》從誰録。

情景交鍊，獨見作家手段。

前 題

顧鴻聲

歊浦沂而南，一水歷九曲。小市開遥村，佛寺土山麓。
無寺先有亭，試問橋邊竹。吾鄉富文藻，峯泖鍾秀淑。
文壇續機雲，此座昔人獨。墨池積潘凝，書臺幽徑築。
此人嗟千秋，此地戀三宿。共勉後嗣賢，奇文賞亦足。
不聞水琅琅，猶是書聲讀。

殊覺清拔。

前 題

鈕沅

亭湖湖水深，猶流讀書音。一起似謡似諺，殊妙。亭湖湖水黑，猶
沈洗硯墨。
我來弔野王，無復舊山莊。寶雲遺古寺，曲徑通禪房。
偶共老僧話，相與溯流芳。《玉篇》及《輿地》，遺槖今誰藏。

斯人不可作，典籍爲韜光。殘碑没青草，古樹撑斜陽。
語罷猶未已，還訪七七里。祇在亭湖旁，而竟何所指。
人世小滄桑，到處皆如是。懷古猶踟躕，荒烟渺海水。

臨風悵然，音節入古。

秋　蟬 五排二十韻

姜曰贊

秋意前宵逗，先機動晚蟬。數聲深樹裏，一曲夕陽邊。
蟲社追前度，螗琴記夙緣。已憐成怨女，未與證枯禪。
清到三更月，疎乘十里烟。梧桐空井上，楊栁大堤前。
舊調凉雲换，新餐冷露鮮。瘦應吹畫鬢，哀更戛商弦。
病葉扶將脱，疎枝曳欲遷。四山多罨若，一徑更森然。
小柱王維宅，閒尋宋玉田。蛩機乘過雨，雁管早横天。
到耳聽逾静，浮蹤寄可憐。竿頭誰與進，磬語答來圓。
紈扇前身在，華冠昔夢牽。飛鳴殊幻境，解脱得真仙。
想像賓王句，低徊子建篇。半生雖景附，五德已風傳。
雀伺休相笑，鵬翔或共騫。還驚高唱處，指顧碧雲連。

讀是詩，低回掩抑，一往情源矣。

前　題

黄光曙

不盡迎秋意，蕭疎滿耳蟬。初驚三伏過，旋訝薄寒連。
吭引餘輝裏，深藏老樹巔。五更嘶落月，十里噪荒烟。
低咽金風緊，高餐玉露鮮。凄清依栁陌，摇曳隱桑田。鬆秀。

繪影粧殘鬢，聞聲憶去年。　近隨砧杵度，遠帶雁鴻傳。

夢杳斜陽外，情深衰草邊。　空閨悲寂寞，遊子意纏綿。

豈敢傷遲暮，何妨屢變遷。　翼鳴聞遠道，羽化想靈仙。

何處拳姑蛻，猶來續斷絃。　螳螂心欲攫，蟋蟀韻相聯。

嘐嘐供詩興，飄飄眎醉眠。　悠揚流曲院，騷屑遠前川。

高潔人誰信，凉暄爾自憐。　未經霜滴瀝，那識雪嬌妍。

莫謂纖微物，能爲造化天。　枕函凉漸至，聽久一悽然。

前　題

姚　寅

物小矜高潔，秋來更覺清。　繁音催落照，餘韻咽殘更。

沸異黃梅熟，嘶隨白露輕。　凉依衰栁影，冷逗曉風情。

濁蛻懷如訴，時違寫不平。　野塘颿乍拂，疏樹月初明。

似答蛩螿語，遥知機杼鳴。　路經香蓼岸，聽徧豆花棚。

響急能諧調，吟哀豈爲名。　空傳齊女恨，却與素娥盟。

澹泊真無欲，蕭騷孰共争。　裁雲雙翼薄，抱葉一枝橫。

莫鬥烏啼切，毋傷蜘網縈。　貂冠遵舊製，螂斧任人評。

雅稱寶王咏，偏教楚客驚。　含悲疑隴笛，寄慨類秦聲。

古戍舟來徃，荒隄騎送迎。　伊誰回旅夢，爲爾感行程。

嘐嘐憐孤館，凄凄對短檠。　餘腔疇繼續，嘹亮塞鴻征。

跌宕多姿。

前　題

周　行

驚破芳林景，商音此最先。　槐陰曾聽處，竹徑已凉天。

曳自斜陽晚，吟來夕露圓。　月明山寺外，風遠驛亭邊。

清磬千聲答，高雲萬樹連。　絲絲真宛爾，縷縷動淒然。

行客關心早，羈人入耳偏。　已教悲去住，更自悵嬋娟。

薄鬢留殘蛻，輕鬟側暮烟。　窗閒愁顧影，盤底夢游仙。

頻轉繅車妙，單抽繭緒妍。　不堪齊女怨，如拂素娥絃。

一樣繁華換，爭禁節物遷。　感時嗟唧唧，入畫憶年年。

苦調惟蛩伴，哀腔在鴈前。　疏砧將促報，落葉孰相延。

枯菀分明徹，寒暄別白傳。　候寧容小駐，韻欲聒幽眠。

不比青林樂，還看細翼聯。　蕭齋秋士在，聞汝益生憐。

清圓流麗，手如白雨點，氣如春日花。

增 **牽牛花** 七律二首

徐　福

七夕初看月半弓，牽牛蕊綻百花叢。

涼分銀漢香偏遠，曉映羅雲色倍蔥。

冷淡應簪蓬鬢好，葳蕤慣倩竹籬籠。

無心絆地三秋早，細認新黃豆葉東。

花枝掩映素秋先，浪說牽牛竹槿邊。

得子何妨抛藥臼，移根直欲傍瓜田。

看來舊入桐君譜，摘去應參織女鈿。

開到山家誰抱犢，問名竟得列星躔。

擬陸務觀《題十八學士圖》 七古用原韻

鈕　沅

真主既出否始傾，押傾字，穩重。四海一洗戰血腥。

天興唐室文運啓，濟濟多士乃克生。
太宗留意尚儒術，優游清晏妍昇平。
萬幾餘暇弄翰墨，特開高館羅羣英。
三番更直給珍膳，連輝炳耀稱文星。
房杜風猷虞褚筆，諸公袞袞皆崢嶸。
圖形列贊垂不朽，至今千載留芳名。
所重詞臣在規諫，有議論。舉筆毋畏逆鱗嬰。
自來君臣貴一德，地天交泰抽羣萌。
展卷不盡登瀛慕，曷禁豪氣凌雲橫。

清蒼秀挺，直可摩渭南之壘矣。

嶺　梅 得先字七律二首

顧鴻聲

黍谷猶遲暖律躔，已堪破得凍雲天。
古香合寄空山靜，臘信何須小歲傳。
鄧尉別居成獨美，羅浮有夢共游僊。
尋常深雪前村裏，管領東風此更先。

何人索笑翠微巔，九日山橫一杖先。
移得春光鄰五嶺，散來仙藥證諸天。
信分南國騎驢客，香引西江泛月船。
莫悵冬心寥落甚，消寒早在畫圖前。

殊有雅人深致。

前 題 三首

張崇型

嶺上清華得氣先，風光漏洩未殘年。
預通疏藥微寒夜，略壓橫枝小雪天。
陸賈裝輕宜側帽，葛洪家近任安篼。
不須早晚分南北，總在江東破臘前。

莫問羅浮消息傳，曲江祠畔已嫣然。
百花可是甘居後，十月偏教獨占先。
澹沱山家催薄暝，參差驛騎破輕烟。
似聞來徃多詞客，盡道梅開早倍妍。

若向山巔俯樹顛，白茫茫處欲成田。
地當閩粵和風早，花比瓊瑤暖日偏。
誰更折來傷歲暮，善用。須知吟動在春先。
心游香國身疑到，已過章江路幾千。襯醒嶺字，用筆輕圓。

前 題

沈 立

亭亭玉立暎晴天，清比佳人祇自憐。
數點淡痕籠夜月，一枝古色倚山巔。
望中有雪光疑潔，高處無塵致倍妍。
料是花神嫌寂寞，故教嶺上報春先。

前　題 三首

毛毓麒

客遊庾嶺感流年，又見梅花獨占先。
鄧尉曾探寒月路，羅浮合夢白雲巔。
山林有致春還小，_{脫口自然。}天地何心信早傳。
管領風光還蘊藉，一枝蓓蕾吐鮮妍。

不教身世了塵緣，認得前生姑射仙。
斜倚雲凹羞別後，暖回烟磴暗催先。
歲寒有約成三友，_{鬆秀。}驛使重逢又一年。
竹杖芒鞋思預訪，共誰踏遍翠微烟。

寒翠微芒十月天，妝成數點亦嫣然。
爲誰延得春風到，似我同參宿世緣。
消息暗傳千嶂外，芳情開向百花先。
英州司寇留仙種，一任高人屢著鞭。

小　春 得春字七言八韻

王紹成

三時煦嫗歸元化，十月陽和應小春。
冰鏡曉鎔明似月，霜花晴皎淨如銀。
近看盎盎教常駐，遠望蓬蓬尚不真。
恰好嶺梅先破蕚，幾疑隄柳半舒顰。
南榮曙色徐相引，北陸烟光薄未匀。
此日含暄關舊夢，當年撫景念芳晨。

從知羲畫天開子，佇待箕疇斗轉寅。
最喜登臺羣有願，祥輝早已接楓宸。

夕　陽 七律二首

高崇瑞

澹澹微雲開晚晴，濛濛夕照麗高城。
望中樓閣紅於染，西向峯巒翠忽明。
鴉背帶還添暝色，鞭梢指處促征程。
相看容易黃昏近，漸傍山坳一抹橫。

回首榑桑駐曉光，人閒一晌太匆忙。
黃添山徑牛蹤亂，紅到渡頭人影長。
相對最憐新月冷，欲沈已是暮烟蒼。
簾鈎不捲花陰晚，搔首空庭幾度望。

前　題

朱　鼐

炊烟初起曖平疇，薄暝村墟景色幽。
一桁斜暉連雨足，四山晚翠聳鬟頭。
天邊欲共殘虹落，林際還看返照留。
最是亭皋堪入畫，江楓掩映倍紅稠。

嘉慶九年甲子春聖駕幸翰林院恭紀

湯　鉻

翰院清華地，欣逢翠輦巡。明良方有慶，甲子又重新。

太史諏嘉日，詞臣彙吉辰。九年符運會，一德集君臣。
瓊苑龍興駐，璇臺鸞輅陳。早鶯啼睍睆，芳草布葳蕤。
徑轉金銜入，簾開睿藻親。座聯仙島客，景永玉墀春。
磚影遲清晝，花光隔遠塵。郎官分列宿，筆札給儒珍。
環珮鳴鵷鷺，賡歌繪鳳麟。英才看濟濟，天語降諄諄。
太液倍仙侶，卷阿溯吉人。薇垣昭鉅製，蘭省沐皇仁。
不負貞元會，從知節序均。聯吟欣泮奐，數典謹遵循。
共戴深恩厚，還叨異數頻。琳琅傳雅什，奎壁煥華紳。
掌故榮青史，賡揚勒翠珉。太平多盛事，學士荷陶甄。

駢體

擬朱元思答吳叔庠書

張公璠

發足下書,妙語如繪。富陽距桐廬百許里,山水之勝,冠於越東。此中往來,一日千舸。閒遇風雅,能言什一。才窘意淺,未暢厥指。夫羣峯刺天,蜜陰蔽日。已得六朝人佳處。猨鳥遞響,風烟中通。碧鏡長澄,激箭下駛。魚鱗石齒,粲粲在目。扁舟此行,俯仰驚快。警妙。鈞絲無恙,丹草不絕。仙袖定挹,客星不孤。足下生平好奇,詩自成體。茲曆佳境,宜宣祕思。尚幸賜覽不宣。

前 題

姜曰贊

枉告具悉。高步烟霞,獨窮山水。自富陽至桐廬,訪桐君之室,過嚴陵之臺。翠谿益深,丹壁屢轉。動植之懷斯暢,邱壑之寄已深。邁軸神鄉,薜蘿在眼矣。夫萬事之適,無過林泉;百年之遊,曷若山谷。誠能結蘿石之歡,餐松嵐之秀,窺谷忘返,望峯息心,斯固幽素之獨敦焉。僕夢瘣五嶽,孤負一笻。願阻臨流,目迷登岱。仁智所樂,豈徒語哉。他日把臂有期,行腳亦樂。歷交霞景,徧陟靈區。斯願獲償,吾言不食。尺書裁覆,幸鑒區區。

謝贄馬啟

顧鴻聲

道遠呈材，情深贈策。自古解驂之誼，珍比瓊琚；於今借乘之風，渺同彤史。荷舊盟於車笠，頒新覜於驊騮。日影嘶來，紅翻杏葉；電光流處，紫賽桃花。某素履自紆，青鞦慣踏。騰驤有志，方求駿於按圖；馳騁爲豪，始牽駒於自廄。從此山橋春闊，驛路秋平。不煩十舍之勞，驚心疲駑；定遇九方之相，物色風塵。興可日閑，敢使橫門終老；乘以拜賜，先教紫陌如飛。謹啟。

前 題

張崇型

柔順利貞，躔度上符乎月德；權奇倜儻，駉房實應乎星精。魚目豹章，經傳伯樂；龍文鳳臆，賦自李燾。玉鐙裝成，九塞塵輕之日；金轙飾就，三河年少之家。不有夾鏡連錢，安識追風逐電。某窮年左計，久愧駑駘；一旦右牽，忽頒騏驥。幸免徒勞，奚致笑於蹇驢；用市長鞭，得分榮於神駿。從此波清渭水，師項氏之投錢；坂記郫邨，效王尊之叱馭。相攜款段，莫詠虺隤。行看疾走於章臺，寧第見雄於燕市。知心偶遇，同迴墨子之車；惟首是瞻，永銘繞朝之策。

前 題

沈錫嘉

霜蹄最捷，舊產渥洼；竹耳雙披，曾來大宛。馳日懸峯之質，漢苑長驅;追風超渡之才,吳門遠駕。顧逢伯樂,定足空羣;感遇繞朝,特煩贈策。謹啟。

李泌論

顧鴻聲

夫國家中興之治,不尚迂圖;相臣再造之功,必先植本。昔者李泌身遭板蕩,遇匪聖明,而卒能歷事三朝,定傾一世。珍大盜於縱橫之日,保前星於媒孽之交。則以六出之奇謀,歸之於正;兩摰。而一言之流涕,感之以誠也。

當其時,漁陽鼙鼓,動地北來;蜀道旌旗,拂天西向。奉馬嵬之後命,輔靈武之新朝。安史直擣長安,李郭運軍河北。陳濤斜之敗衄,食客鼓琴;延秋門之倉黃,王孫碎玦。動墨橫錦。此非但閱《新唐書》者所能,妙矣。歎賊氛其方熾,嗟偉略以誰舒。而乃長子帥師,丈人占吉。推元戎於殿下,召老將於朔方。以一天下之心,蠻夷入援;以審中原之勢,要害能爭。運籌得聚米之形,決勝有建瓴之象。兩京克復,一姓重興。唐家之舊物依然,長史之奇勳至矣。

尤難者,牝雞司晨,泉鳩志痛。七寶之馬鞍偶泣,九成之鶴禁單趨。已憐思子之宮,難迴覆水;更恐望春之苑,再悼鋤瓜。於是動加腹之客星,進折肱之良藥。窒彼錦口,全主器於青宮;披我丹衷,息驚波於少海。其平世亂也如彼,其保國本也如此。雙鎖。

既而代宗再禪,雍邸嗣興。心戀闕兮八年,職秉鈞兮三省。券方賜鐵,閫外則跋扈將軍;玦欲頒金,宮中則猜疑孺子。何遭時之不造,終竭力以回天。百口保內向之心,江淮安堵;三日辨外言之閒,七郖無警。信是老謀,獨鳴孤掌。豈非三良之戡亂,四皓之定儲也哉。

以下推切盡致。或謂告救探懷,殷憂稍釋;捷書脩草,時事獨艱。

何以南嶽看雲，西湖飲水，固保身之甚哲，奈善後之已疎。不知患難可同，安樂難共。方臥薪而忍殺其子，冰解。豈投璧而堅信其臣。的破。與其良弓爲他日之藏，不若介石叶先幾之吉。或又謂薦賢自代，方不負君；相士有真，斯無誤國。何以賈生則治安無策，董子則功利是謀。舉非其人，史有遺憾。不知不易者知人之哲，難料者夫己所爲。且已薦者國子先生，偏下道州之考，一證更明。即再薦者朝中內相，保無別駕之遷。大德之光，不必諱一眚之累也。或又謂神仙之術，儒者不言；祕怪之談，君子勿尚。何以信真人之沖舉，惑方士之荒唐。不知宣室受釐，亦聞前席；穀城拜石，不廢元機。安知非有託而逃，豈果見所好之僻乎。所惜三仕三已，道長道消。未嘗有終席之安，寧盡售十全之策。然而勳在社稷，策定宗祊。功烈垂於方來，聲名昭於不朽。辨面藍之醜鬼，卓哉擇相名言；緼衣白之山人，允矣濟時良弼。

　　論作駢體，反覆馳驟。筆吐星漢之華，氣含風雨之潤。

前　題

王舒華

　　夫挾策乘時之說，明哲所知；委身許國之心，賢豪自命。以泌之才猷絕世，謀略過人，卒至久遁巖阿，屢求骸骨者，豈非以父子相疑之世，義不爲臣，而主臣互蔽之朝，勢難稱職也哉。

　　故其甫離京兆，旋託潁陽。布衣邀特達之知，太子締下交之誼。議明堂之九鼎，揚聖祚於千秋。緣未倚夫堅冰，輒或投諸蜜網。即至馬嵬一召，靈武再興。利用作賓，克靖朔方之亂；勤求佐命，仍辭右相之尊。蓋以爲乍歌鹿鳴而來，未可遽越鴇行而進也。

　　獨是元宗播越，傳位肅宗。賞功之議未行，命帥之儀已定。惟恐黃衣聯轡，識此山人；青瑣侍謀，權以帥府。因而行軍小試，掌鑰兼司。料逆賊二年，獲見天下之無寇；作羣臣一表，預知上皇之不來。邀黎食以爲餐，進瓜辭而特唱。何意建寧蹈禍，輔國生嫌。方深必欲去之思，復作不可雷之説。非謂終南選勝，捷徑猶存；祇期中嶽投閑，幽棲暫息焉耳。然而人惟求舊，重下蒲輪；禮更從隆，特開書院。代宗好賢如不及，任事若勿疑。同朝忌而一命判官，元惡誅而八年入覲。所惜蠅營潛起，欲試以利人；蟻附空勞，漫除以刺史。縱鑿井布錢塘之利，而詣都虛天柱之徵。任之勿專，功將安立？

泊乎德宗之代，晉爲散騎之官。進言則抽笏東樞，入直則鳴珂西省。策江淮之轉運，定蒲陝之連衡。躋韓滉以平章，舉陽城爲諫議。君王有約，分司尚謝以失辭；家族無私，奪嫡還求於釋憾。爲回紇解未消之怨，與吐蕃伸必報之讎。既居位而不疑，宜篤忠於罔懈。奚爲告罄懷於謀國，辭竣事於鞠躬。已衣一品之衣，乞身偏早；獨抱九仙之骨，脱屣終遲。嗚呼異矣。

或者謂書藏萬軸，著論明心。舟泛五湖，賦詩見志。匪我君之棄德，實汝弼之矯情。不知審時勢者鹵莽難圖，建功名者聰明不用。假使客星匿采，國器韜光，宜乎辭河洛之車，息華嵩之駕。俸頻邀乎三品，室復築以數椽。中使如雲，臣心似水。正不特兩京相克，亦未知四聖誰襄。何以奉玉簡以朝天，撫金甌而奠域。以帝師爲王佐，德震傅巖；以君友爲人臣，功高嚴瀨。十年知遇，一相登朝。此固觀事之明也，抑亦致君之智也。

或又謂立身伊始，筮仕宜嚴。乃至於後職猶領乎平章，術立操乎荒誕，又何説焉。不知方朔入官，恒言詭異；雷侯輔國，尚奉仙神。非出無端，此間有託。泌也命承太上，主輔中材。叛將亂謀，強臣持令。議府兵而未復，論相職以多誣。幾至素食不安，紫袍欲卸。挾其矯矯風雲之氣，曠其飄飄天地之懷。養望最優，求仙何怪。斯則泌之所以王心與！

是以黃閣陳衰，儵焉終老；藍關遇舊，現此前身。驅一騎以如飛，話三朝而猶戀。勳業隆於史冊，音容寄乎山林。迴首長安，黯黯五王之帳；神似大蘇。招魂衡岳，沈沈八隱之吟。天子憬然，先生已矣。迄今藝苑登其遺集，國書載其芳名。人仰卿材，不入列仙之記；子思手澤，尚垂外傳之篇。世所重輕，豈為篤論耶。

　　論作駢體，推闡詳明，珠聯璧合，一氣流轉，是善學歐蘇四六者。

前　題

張庸發

人臣非才略之為難，而能以道事君不可則止為難。唐李泌七歲賦《方圓動靜》，明皇呼奇童，與太子稱布衣交，後歷事三朝，才略蓋世。因事納忠，史不勝書，要其有愧於古大臣者正多也。

　　蕭宗即位，靈武與泌出聯轡，寢對榻，事無大小悉以咨之。論者謂兩京之復，外則汾陽之功第一，內則長源之功第一。然當蕭宗殺建寧王時，得君如泌，當以去就爭之，何無一言悟君也。蕭宗欲以建寧為元帥，泌曰廣平兄也，倘建寧功成，豈可使廣平為吳泰伯。夫君之嗣嫡，不可以帥師；廣平冢嗣，豈以元帥為重哉。建寧之才，泌蓋心忌之。宜其於輔國良娣，交相讒構，竟爾默默。及至請歸衡山，白建寧冤，引《黃臺瓜辭》。何泌能力護廣平於後，不能力護建寧於前也。

　　至代宗徵泌於衡山，泌此時可不出矣。出不為元載所容，則仍歸衡山足矣。代宗以萬乘之尊，而畏權相之忌，而匿泌於魏少游所，為江西判，復為澧州刺史。向之屢辭相位者，竟俯首為之。泌亦進退無據矣。

德宗以泌同平章事，内則調和父子，使太子無廢立之虞；外則調和君臣，使功臣無誅斥之禍。誠可謂有功於唐矣。然宰相莫大乎薦賢，泌薦竇參、董晉，而不薦陸宣公，不得謂非一生之玷。至金獅子之讒，德宗不疑而殺言者，若是乎用賢之心專，報國之效淺也。

總之，泌之才略誠過人矣。運籌帷幄之中，決勝千里之外。終唐之世，如泌者有幾人哉！特其任權術，好神仙，而於以道事君不可則止之義或愧焉。君子讀史至此，歎三代以後少全材，而在唐如宋璟、張九齡輩，庶幾猶不失其正矣。

　　論有斷制，直如《春秋》發微，筆鋒可畏。

擬建陳夏二公祠碑文

顧鴻聲

夫天地有正氣，古賢者死而爲靈；郡國重完人，鄉先生没而祭社。以敦庸行，既不朽於千秋；以激頽風，宜不祧於百世。景典型於往代，崇祀祠於此邦。如故明兵科給事中國朝賜謚忠裕陳公、故明吏部考功司主事國朝賜謚忠節夏公，生應斗牛，靈鍾峯泖。振斯文於凋敝，早雄幾社之壇；勵奇節於和平，不列東林之黨。雲龍同甲，甌越分符。一則上考頻書，入居憲長；一則循聲久卓，召贊衡銓。假使世際承平，時非板蕩，則福星一路，鳴鳳朝陽。歷内外以交襄，策勳庸於竝茂。豈非昌期之碩輔，治世之良臣也哉。

無如天不祚周，社尋屋夏。烈皇帝既殉社稷，福世子自小朝廷。舟已漏於江中，猶上中興之策；掌已孤於閫外，更陳開府之書。二公之不即死者，欲以有爲也。既而數終陽九之厄，士贊維新之朝。愧一代之紅顔，尚書曳履；送六朝之流水，憲府乘驄。弦欲抱

128

而別過，書何迂而卻聘。明亦知斯世委蛇之習，豈足擬二公耿介之操。而或者遁跡遺民，晦名耆舊。黃冠竟著，白衣仍還。若彼戌敬亭之雲，麻衣歸葬；挂華山之錫，黃蘗參禪。豈曰非賢，亦云有守。而乃志不可奪，天不能渝。韓通爲周室之臣，若水是趙家之鬼。書富林之瑞竹，節以堅而不磨；目圓口之驚波，石以清而自見。比之守土，而許遠之死後張巡；同此清流，而彭咸之依有屈子。當其從容於一死，可知含笑於九原。顧青史垂型，已冠《明史》之列傳；金泥封墓，方表潛德之幽光。而廟貌未崇，几筵未崀，典之闕也。憾何如乎！夫婉孌草堂祠以二俊，細林山館祠以四賢。彼文苑尚薦其蘋蘩，豈忠烈裸於俎豆，宜吾郡縉紳大夫，與夫邦伯師長，太息而不能已也。

　　爰是俯黃門之墓，畫白地之圖。以某年某月鳩工，以某年某月竣事。前則堂皇之屋，以奉神依；後則奧窔之居，以藏神主。半村半郭，其地孔嘉；有竹有梅，其人如在。若夫瘞青山之白骨，義士同心；摧玉樹於霜鋒，佳兒合志。竝皆附祀，以重明裸。嗟呼，世何人而不死，爲君父則重於邱山；士何名之可傳，惟忠孝則貞於鐘鼎。若二公者，舍生就一日之義，而流芳起奕世之風。問自古功名中人，幾輩榮兹綽楔。願自今讀書種子，相與視此豐碑。

　　縱橫跌宕，聲淚俱傾，在諸體中尤爲獅子吼。

前　題

姜曰贊

　　欽惟我高宗純皇帝，聖度如天，隆恩似海。闡幽勝國，昭睿斷之平衡；軫邮遺忠，加皇朝之華袞。於乾隆四十一年，命將明季殉節諸臣，查核予諡。中有松江明兵部侍郎兼翰林院侍讀學士陳子龍，

賜謚忠裕;吏部考功司主事夏允彝,賜謚忠節。嗚呼!慰英毅之
魂,沛滋雨露;植倫常之準,炳若日星。赫焉濯焉,隆矣至矣。夫頒
黄鄭重,薇蕨既諒其誠;埋碧淒凉,桑梓愈增其慨。陳蕃呼魅,梗概
終傳;夏馥隱備,聲名久重。思立身之千仞,可圖像於百城。則俎
豆静嘉,食得立變公之社,祠宇修飾,表忠作錢氏之碑者,禮也。

謹案:陳忠裕公,諱子龍,字臥子,松江華亭人也。稟川瀆之
精,吞湖海之氣。宏覽博學,筆舞墨飛。文奮鸞龍,班范貢其豔;句
走螭虎,潘陸輸其華。而且國故淵通,兵機洞悉。占渾天而羅胸星
宿,披輿地而指掌關山。抱負舫舫,聲望嶽嶽。洎成進士,爰就選
人,於崇禎十三年補紹興推官。屈下吏之助襄,早上游之倚重。適
東陽許都肆亂,公實護監軍。不勞捧海以澆螢,早見探穴而得虎。
以定寇功,擢兵科給事中,職授銓曹,軍資巡視。旋以流賊釀亂,京
師蒙塵。易水固哭斷悲風,鍾山且立扶王氣。無奈東昏無德,蒼梧
不君。清歌漏舟之中,痛飲焚屋之下。乙酉乞終養歸,玉鼎難扶,
金甌再破。罔效包胥之存楚,且終李蜜之報劉。及魯王監國,授以
兵部侍郎銜。宋高敢問兩河,少康空思一旅。欲以太湖兵謀應閩
浙,丁亥事敗,公遂投水。渺渺龍胡,追軒轅於天上;滔滔魚腹,哭
靈屈於波中。惻愴全仁,慷慨赴義。

又如夏忠節公,諱允彝,字彝仲,亦華亭人也。名噪藝林,聲高
棘院。支遁說理,輒下百二籤;戴憑講經,能奪五十席。主持風雅,
號召間儒。東林學人,遥想酬應;復社文士,以共濯磨。固已抗志
激揚,秉衷耿介。崇禎十年以進士授長樂令。紅餅看人,青椠攜
我。且試栽花之地,遄辭啖荔之天。飛鳧之治有牛刀,覆盆而照將
龍燭。惟良折獄,邑頌神明。居五年而縣大治。大吏列行薦牘,天
子書名御屏。會丁丑艱,奔星而返。北都天陷,中原陸沈。倉皇毁
家,慟哭募義。率市人而制梃,未化沙蟲;塞江上以丸泥,屢驚風
鶴。福王立,擢考功司主事,未赴。悽愴風塵,徬徨山澤。未幾,故

人死耗，頻來墨允之山；義士生心，已散田橫之島。於是詞成絕命，志矢捐生，臣節不懱，國殤早赴矣。而且陸平原之難弟，更復雉經；孔文舉之孤兒，又成卵毀。一門忠節，重於泰山。

嗚呼，今夫先後殉節者，廬陵、信陽之跡也；交相勵志者，張巡、許遠之心也。如二公者，車笠尋盟，韋弦交贄。此覺士少可語，彼知桓子不凡。論齒則歲差一星，訂交則人各千古。觀夫同登甲第，同列薦函，范張舊好，竝矢沙懷，嬰杵夙盟，卒偕蹈海。一則付白波而雷札，一則報黃壤以焚書。一則體魄長埋，才作謝翱之哭；一則頭顱入獄，旋招宋玉之魂。日月竝光，戴履可以質金石；風雨如晦，鬼神可以鑒腑肝。素志不渝，丹心愈痗。葢以天地睢剌，臣民驛騷，將爲文范之維持，無忘溫劉之搶攘。於是思安半壁，願借一籌。以登車慷慨之心，作興師慟哭之舉。卒之魂歸大鳥，身勝文魚。讀二公遺書而心期可想矣。

說者謂我國家震維肇統，鼎位膺圖，指天戈而偃鯨鯢，撫坤輿而該鶼鰈。已墟殷社，箕子可以歸周；業報韓仇，雷侯毋容辭漢。猶欲螳車騁怒，猿檻奮號。無亦犬吠唐堯，蛟危漢武乎！不知蒙塵晉室，稽紹血飛，忠之至也；陳阻蜀兵，嚴顏頭斷，臣之則也。歲寒自負於貞松，風疾才知乎勁草。念三百年養士之氣，早許激昂；立億萬世爲臣之經，實堪照鑒。是以仇牧碎首，溫序銜鬚，視死如歸，更生不忝。且夫孝穆歸梁之札，子山適周之篇，異代滄桑，故宮禾黍，徒覺唾壺之欲碎，非復酒杯之可澆。惟有衣衾懷慚，秋鐔感泣而已。若二公精神貫日，節概凌霄，知一木之難支，非九泉之可悔。彼空言擇鳥，自命從龍者，毋乃全無心肝，有忝面目也。二公屑爲之哉！

茲者恩隆入祠，禮肅明禋。表雲車風馬之徬徨，有山高水長之想像。江潮怒吼，平胥種之蒼涼；海國銜哀，發張陸之義烈。然則作陳太邱之碣，定有千秋；立夏黃公之祠，遂高四皓。今鄉人士將于富林陳氏故塋之間，建二公合祠焉。首邱雖異其崇封，尸祝允宜乎合祭。嗚呼！庭堅不祀，久遺慟於邦人；葰宏有墳，未分修於邑乘。兹乃詳稽闕軼，竝闡幽潛，作武子之鐘銘，上彥昇之臺表。然則焚椒築鬻，將現鳥奕之神旗。固宜勒鼎罍銘，永賁巍峩之貞石。

大力盤旋，激昂慷慨，詢詞壇中斲輪手也。

附陳夏二公祠銘

張崇型

燕啄無存，龍蟠失守。起得驚勁。宗社爲墟，宰木蒙垢。五王不歸，四鎮可有。君死獨先，臣亡敢後。二公當日，陽九偏逢。倜儻其志，顀頷其容。雄文雖振，昌言曷庸。淚揮三泖，力衛五茸。包胥乞師，越石進表。以古證今，同多異少。天既奈何，願徒不了。死節堂堂，英風矯矯。給諫取友，卓然人師。屈子誰弔，沿江求屍。考功名父，赫矣英兒。卞公有後，絕命哀詞。泉壤堪從，松楸相望。春漾淥波，屏列青嶂。疇不景行，爰爲咨訪。靈逐旗游，氣與潮壯。我朝大度，潛德用彰。易名肇錫，專諡特揚。曰裕曰節，有聲有光。要羞狗竇，徒慕龍驤。既表墳塋，迺建祠宇。晨聽凄風，夜聞猛雨。曰肅衣冠，載瞻廊廡。強弩絕弦，中流砥柱。伐木許許，築石登登。鬼神呵護，靈爽式憑。後人之責，前喆宜稱。豐碑是勒，信史可徵。

前題

王紹成

原夫疾風板蕩，貞臣所以勵心；滄海橫流，志士於焉立節。舍生取義，不辭滅頂之危；殉國忘身，寧有喪元之懼。況乎著文章於一代，何嫌白首同歸；書鐘鼎於千秋，共凜丹心如在。然而首陽義士，不聞錫命於周京；洛邑頑民，未見襃嘉於姬錄。此盛軌遠及前賢，而特典則獨隆昭代者也。

惟吾郡陳忠裕、夏節愍兩公，星直斗牛，材兼吳越。文采嗣機雲之秀，聲華居廚顧之先。史材上溯馬遷，經術兼賅禹貢。文成受書圯上，已欲廁於蕭曹；忠武抱膝隆中，久自儕於管樂。振詞章於北地，接道學於東林。結社則玉敦珠槃，咸歸壇坫；論文則蘭芳菊秀，並奉楷模。固已拓萬古之心胸，作一時之眉目矣。

暨乎出膺花縣，譽載重於循良；纔縮銀章，勳復昭於遇虐。考績早登第一，掄材更擅無雙。雲程方激三千，世運忽嬰百六。天荒地老，銅駝既没於荊榛；鬼爛神焦，玉馬又歸於輿襯。而乃心存衡石，志欲移山。擬效狐鳴，幾忘螳怒。埋身何所，遂同屈子懷沙；濡首成凶，甘作申徒抱石。誰乞王琳之首，護以松楸；孰藏貳負之尸，加茲堂斧。星霜屢變，血化長虹；日月寖尋，魂啼杜宇。雲礽莫繼，一抔之淺土空存；樵牧頻來，三尺之孤塋誰埽。此固父老所傷懷，而賢哲爲酸鼻者也。茲荷聖朝之寬大，久瞻恩詔之襃揚。抽金匱之藏，姓氏已彰於信史；攷芸編之秘，封除悉誌其全官。易名而謚典輝煌，賜祭而宸章焜弈。作主增乎庠序，薦馨逮夫春秋。然而堂構未修，几筵何藉。爭營土木，共助緡錢。近狘狀而結界，畫梁偕藻井齊輝；就鹿苑以崇祠，玉案與香龕並麗。靈旗肅穆，儼雲車風馬之遥臨；儀象清高，喜會舞傳莅之致敬。至於門人尚義，當年殫收葬之勞；內史成仁，早歲著捐軀之烈。均當祔祀，永共蒸嘗。從此名炳雙忠，不待招魂於宋玉；事傳一郡，長看祝號於巫陽。顯德襃忠，湖海壯英靈之氣；廉頑立懦，鄉閭高節義之風。敬勒貞名，式垂來禩。

擬新建昭忠祠碑記

顧鴻聲

皇上御極之七年，苗匪、教匪以次平定，乃命各省大吏特建昭忠神祠，祀死綏之臣及從征之士。於是浙江巡撫臣某，請於吳山之上，郡廟之偏，葺屋三楹，置祠一所，並將海洋死事弁兵，奏蒙俞旨，俾附明禋，誠不世之殊恩，非常之曠典也。伏考甘誓六卿，勗將士之用命；魯人三逐，戢徐戎之並興。從來盛世之安民，咸紀王師之敵愾。則夫千夫辟易，歡生君子之營；萬旅驍騰，威振元戎之乘。其生也民功曰庸，其死也王臣曰蓋。崇千秋之祀典，襃一代之忠忱。亦義匪自今，而事隆往古矣。然使屍還馬革，空招絕域之魂；首正狐邱，遂哭天涯之鬼。悠悠長夜，懷鄉國以何方；黯黯愁雲，思室家而不見。此情曷已，遺憾猶多。斯明詔之因地鳩功，尤聖人之仁至義盡也。則有將軍大樹，武夫中林，值小醜之跳梁，正幺麼之臥轍。蜂屯蟻聚，妖氛起貝州之域；菁蜜林深，賊勢張大藤之峽。當其風鳴刁斗，星掃欃槍，經九折之羊腸，入千尋之虎穴。非不攻左攻右，盡狐兔於山中；獻馘獻因，築鯨鯢於境上。而或短兵相接，鞭馬腹兮無從；強弩頻穿，振鼓音兮未絕。遂使授先軫之首，宛若生存；揮狼曋之戈，竟獲死所。其力可謂竭矣，其誠可謂至矣。若夫使帆若馬，夾水而軍，載楊樸之樓船，披夫差之犀甲。踰溝三刻，踏浪千回。將以清東海之塵，舟追絕壑；初不畏南風之虐，陣履驚濤。或鷁背張帆，而一壺少千金之價；或摘頭碎石，而重洋無絕島之援。方雄破浪之心，遽歷沈淵之刧。蛟鼉生研，猶然叱吒乎風雲；精衛銜哀，寧不沐浴乎日月。同徇王事，共協師貞。此覆舟之下有完人，猶踊幕之庭喪國士也。嗟乎，生死無常，功名何定。假使鼓熊羆之氣，策蛇鳥之軍。但唱鐃歌，不聞虞殯。豈不恩策三錫，賜有萬錢。
然或赫赫生前，未必昭昭没世。而乃姓名彰於國史，祠宇耀於山
椒。坐上將於前楹，便是凌煙之像；配戎行於兩序，誰卑執戟之夫。
則今之得列於此堂者，亦何憾哉！且夫事以徵而可信，德以合而不
孤。猿鶴皆穆滿之師，同仇曾賦；燐火即田橫之島，合傳堪題。分
行則對仗之排，接席則列星之貫。地以憑依而得所，人以牽連而得
書。昔也廟食京師，體葵藿傾陽之慕；今也神棲故里，抵枌榆立社
之風。從此奉四時之馨香，大有無雙士在；自今風六軍之義勇，試
看第一峯頭。

妥帖排奡，有徐庾典型。

三高祠銘

張秉瀅

三高祠者：越范少伯，離霸散財，反覆七策，棄官避亂。晉張季
鷹，秋風忽起，歸興可乘。唐陸魯望，退隱甫里，繼續茶經。百里三
水，清酌致奠，鴟夷爲壺，香薦杞菊，鮮烹蒓鱸。

點三高既變化，一結尤精緻。

前　題

蔡景斗

粤維江南，高風是參，曰人實三。我思少伯，起自越客，霸圖擘
畫。嘗膽人苟，功成奈何，一舸煙波。季鷹有後，名可勝酒，步兵不
朽。秋風感人，不見洛塵，那思鱸蒓。松陵放曠，維魯之望，清詩高
唱。樂在林園，妙語不繁，鴨亦人言。良佐賢士，越代而起，後先繼

135

美。邈哉鷗尻，一杯及時，杞菊多姿。

用泰碑體三句一韻，分章布局，有首有尾，其述三高處，不著一字，盡得風流，真妙作也。

方竹丈銘

馬德溥

既方其外，亦虛其中。節標勁直，意絕圓融。
端凝涉世，嚴正持躬。此君矩矱，見古人風。

董文敏公像贊

周淞

維公一生，簪筆容臺，濯纓谷水。胸鮮城府，口無臧否。羲獻書參，倪黃畫比。早播文章，晚通禪理。噫嘻，使非遭際昇平，又焉得遊戲筆墨，逍遙杖履。

前 題

周行

千秋文苑，一代詞臣。其功業不可得而見，而其風流文采，閱至今而光景常新，妙書則鵠游鴻戲，善畫則烟活雲皴。今觀其容顏逸秀，風度出神，是非陳仲醇之流輩，志載仲醇與公齊名。而直為趙松雪之後身。

擬杜文貞畫馬贊

馬德溥

韓幹入室，畫馬擅場。愛此神駿，騰躍超驤。貌照夜白，見真乘黃。經營慘澹，屏障生光。追電籋雲，龍鬐鳳耳。冀野未空，燕人欲市。一顧千金，一日千里。允足呈材，胥歸妙技。觀圖興歎，相馬何人。鑄金有式，琢玉徒珍。手拂絹素，心軼風塵。意態雄傑，佳士寫真。

工穩無匹。

前　　題

湯　輅

懿與韓幹，妙筆傳神。霜蹄超影，汗赭絕塵。植髮樹梢，附筋撐骨。雙瞳夾鏡，兩權協月。披圖可索，案筆彌雄。置之冀野，一顧羣空。

顧視清高，氣深穩，與馬作真一時瑜亮也。

137

經解辨考

《易》巳日乃孚解

汪 榮

　　《易》之義主於變，而莫變於澤火。革，澤中有火，火藏澤中。其寒暑陰陽之變革，而在夏秋之交乎？故金曰從革，以金革火也。按革爻之義，皆主於變更。二曰巳日革之，三曰革言三就，四曰改命，五曰虎變，上曰豹變。然革之而未孚，不信民弗從，焉得有其四德，焉得謂之革而當，其悔乃亡。《象》曰巳日乃孚。乃者，難辭也，難之之辭。而云巳日者何？程傳曰：事之變革，人心豈能便信，必終日而後孚。則以終日詮巳日，蓋取久而後信之義。

　　或曰戊己十干之中，天地之坎離也。戊陽土，陽主生，陽生子中。坎中一陽爲戊日上合震，是爲陽生之信已至，故解曰草木甲坼。己陰土，陰主成，陰生午中。離中一陰爲巳日上合兌，是爲陰成之信已至。故革曰巳日乃孚。己土，信也，信則孚矣，孚則革矣。蓋與蠱之甲、巽之庚，同就天干取義焉。

　　然聖人舉事，亦有雷厲風行，新人耳目，革而當，使人始而駭異，既而大服者。服則信也，必拘拘焉俟其信而後革耶？則以天干己信取義者，似乎凝滯而不靈矣。獨李氏簡曰：巳日者，巳可革之時也，先時而革，則人疑而罔孚，故巳日乃孚。此說較諸解爲長。

　　蓋嘗繹之，天地革而四時成，自冬至一陽之復，而臨、而泰、而壯、而夬、而乾，此六陽之月。其間爲冬、爲春、爲夏，不革則陽生之道不成。自夏至一陰之姤，而遯、而否、而觀、而剥、而坤，此六陰之月。其間爲夏、爲秋、爲冬，不革則陰成之道不成。若是乎木令爲巳可革水之時，火令爲巳可革木之時，金令爲巳可革火之時，水令爲巳可革金之時。不然，則天反時爲災，非所宜矣。此天地革之巳日也。

昔成湯造攻牧宮，率土瞻雲，因革夏命。武王之次商郊也，筐厥元黃以迎周師，戈倒前徒以助岐衆，來同八百。此順乎天而應乎人，此爲湯武巳可革命之時，此湯武之巳日乃孚焉。敬讀《御纂周易》，乃折中於李氏簡、何氏楷之說至當不易也。

然玩六爻之辭，惟六二與彖辭同，何也？二爲大臣之位，上應九五之君，誕膺革故維新之任。若伊尹之佐湯、周公之佐武是也。其九五虎變之大人，則爲湯武之君，信任六二之大臣以弼成王業也。凡易之彖辭，其爻辭與之同者，此爻即爲一卦之主歟。

> 巳日先舉異議，而後以李、何兩家爲至當，徵諸天時人事，無不相協，革之義益明矣。

前　題

姜如金

巳日者，巳可革之時，即六二所爲巳日也。乃孚，即九三、九四、九五所謂有孚也。變革天下之事不可輕遽，乃能孚信於人。使先時而革，則人疑而罔孚。乃，難詞也。

> 此解但錄何、李二家之說見眎，豈欲以不解解之耶？

何氏曰：乃，難詞也。係鈔《公羊》文。彼解乃字非一矣。如云而者何？難也。乃者何？難也。曷爲或言而或言乃？乃，難乎，而也。又云乃者，急詞也。又云乃者，緩詞也。又云乃者，繼事之詞也。於此經，乃字似俱未協。竊意古乃、廼通。

雅詩可証也。廼，乃也。見《爾雅·釋詁》。《大戴·保傅》篇：
太子廼生。注：廼，始也。巳日乃孚者，巳日始孚也。若云難，
則是勉强而非誠意交孚矣。此可備乃字之一解耳。

《豳風》月日解

王舒華

《豳風·七月》之詩，紀十有二月之節候。其間月日互稱。蘇
轍謂：言月者，夏正也；言日者，周正也。夫《公劉》當夏之時，《詩》
本用夏正，即間用周正，何獨不可稱一之月、二之月，而必變月言
日，蘇氏之説豈通論哉！

夫月之義配乎陰，時而爲陰則稱月；日之義配乎陽，時而爲陽
則稱日。《易》曰八月有凶，七日來復。月日之稱，古之人皆所以明
陰陽消長之機也。

其言一之日者，周之正月，夏之十一月也。周人建子，故數始
于此。二之日者，周之二月，夏之十二月也。三之日者，周之三月，
夏之正月也。四之日者，周之四月，夏之二月也。不稱月而稱日
者，以陽始于十一月而盛于二月，故皆稱日。自夏之四月至于十
月，則稱月，以四月純陽用事，陰氣已萌，至十月而止，故皆稱月。
獨不言三月者，以其當陰陽之中；既不可以同前，不得稱五之日，亦
不可以類後，不得稱三月。《正義》謂：春日遲遲，蠶月條桑，皆在建
辰之月。而或月或日，互言之者，見其異於前後也。

是詩也，周公陳王業之艱難以勗成王也。既上明乎天時，下察
乎地理，中審乎人事，旁推乎物類，而於陰陽之理，一篇之中，尤三
致意焉。此公之所以爲相臣與？此公之所以爲聖人與？

《春秋》閏月在歲終解

沈錫嘉

《易》言歸奇於扐以象閏，《書》稱閏月定四時成歲。閏月之法，推步所首重焉。而《春秋》書閏月每在歲終，與近世立法不同者，何也？蓋置閏之理，因一歲之積爲三百六十五萬二千四百二十五分，以二十四氣約之，每氣得一十五萬二千一百八十四分三十七秒半。此古人所爲恒氣也。一月二氣，爲三萬四千三百六十八分七十五秒，以每月三十日除之，餘四千三百六十八分七十五秒，是爲氣盈。日月之行，今朔距來朔，得二十九萬五千三百零五分九十三秒，則一月三十日，尚少四千三百九十四分零七秒，謂之朔虛。合一月之氣盈朔虛，得九千零六十二分八十二秒，曰月閏。積一年凡一十萬八千七百五十三分八十四秒，曰歲閏。積三年而過朔實，是三年一閏，曰正閏。積五年稍未及二朔之實而再閏，積十九年不及七朔之八百餘分而七閏，皆曰餘閏。是爲一章之終也。

而置閏之法紛紛聚訟，大旨不出兩端。其一謂閏月無中氣，此星學家之法也。其一古閏月俱在歲終，此經學家之説也。然古今推步，踵事加密，要有必不可强合者。故自今日言閏，則以無中氣置閏爲安。而論《春秋》閏月，則以左氏歸餘於終之説爲長。蓋治《春秋》者，當主經文。今考本經，書閏月俱在歲終，此其據也。

《夏小正》萎楊羛羊解

顧鴻聲

三月之候，萎楊羛羊。萎之爲言垂也，楊葉之垂者也，言茂也。一作委，又作苑。苑之爲義，即《國語》之"人皆集於苑"，《詩》之"有苑者柳”之苑。故下文“楊則苑而後記之”，知荄非“無木不荄”之荄明矣。羝之爲言聚也，羊性寒而散，熱而聚，“其類羝羝然，記變爾”。下文“或曰羝羝也”，言抵也。二月初俊羔至是始生角，相抵觸。是猶《易》之“羝羊觸藩”，《漢書》之“牧羝”之羝。苟非類聚，何以抵觸乎？蓋建辰之月，句萌達、角觡奮，其義固可會爾。

前　　題

錢　璿

荄楊，據戴德傳曰：楊則花而後記之。蓋言楊之不急於楊也，而於荄字之義未詳。攷之古本，荄字皆作委。近時孔廣森作《大戴禮記補注》曰：“荄，垂也。楊葉之垂者也。”其説略備。羝羊，戴曰：“羊有相還之時，其類羝羝然，記變爾。或曰羝羝也。”二説皆可用。孔則補之曰：“還讀爲環，圍聚也。羊性寒而散，熱而聚，物之變也。”又曰：“羝，抵也，二月初俊羔至是始生角，相抵觸。”較之戴説，爲尤詳矣。

燕則有跣解

劉汝霖

考之《少儀》“凡祭於室中，堂上無跣，燕則有之”，夫跣，脱屨也。祭則主敬，脱屨則不敬矣。故凡祭於室中者，不但室中不脱屨，即堂上亦不脱屨，示敬也。至於燕則有之者，蓋以燕禮非有愨著愛誠之切也，非有奉幣奉牲之肅也，非有交户交階之嚴也，故堂上脱屨可也。按《曲禮》曰：“侍坐於長者，屨不上於堂，解屨不敢當階，就屨俯而納之，屏於側。”又曰：“鄉長者而屨，跪而遷屨，俯而納屨。”夫曰解、曰就、曰遷、曰納，皆脱屨之明証也。不寧惟是，《儀禮》鄉飲酒禮、鄉射禮、燕禮，皆有脫屨升坐之文，此又其明証也。誠以古人席地而坐，故有脫屨之事。至於當祭之時，堂上雖有席，不敢坐。故祭則無跣，燕則有跣，不可以一槩論也。

《爾雅》西至于邠國解

錢　璟

《爾雅》"西至邠國"，郭注、邢疏但云極遠之國而不詳其地，或者以周之郊邠當之，而不知非也。考許氏《說文解字》、徐氏《說文繫傳》所引《爾雅》，並作"西至汃國"，釋云西極之水也。陸元朗《音義》云："邠或作豳，《說文》作汃，同，彼貧反。"蓋豳、邠、汃三字雖通，而周之郊邠，初非極遠之國，不得以當《爾雅》之邠國也。自郭注、邢疏不引《說文》作証，而昧者幾不知汃之爲水名，并不知邠字之舊爲汃矣。國朝尚書張文敏作《爾雅考證》，引鄭氏之說，明邠國非郊邠之邠。邵二雲編修作《爾雅正義》，亦據《說文》以補郭、邢注疏之遺，而經義益以明備矣。

《論語》奧竈解

錢　瑢

《爾雅》"室西南隅謂之奧"，奧者，室中隱奧之處。古人制室，戶不當中而近東，西南隅最深隱，故謂之奧，而爲尊者之常處。《曲禮》云"凡爲人子者，居不主奧"是也。竈者，造也，創造食物也。魯連子曰："竈，五突分烟者衆也。"《論語》"媚於奧竈"不知如何媚法，經無明文。《集註》謂：祭五祀皆設主而祭於其所，然後迎尸而祭於奧。考《逸中霤禮》文，五祀皆祭於廟，並非祭於其所。《月令》"祀竈在廟門外之東"，以祭廟時必設竈陘，所以安鑊而熟腥牲於其中，故祀於其處，即《禮器》祀先炊之人。所云老婦之祭，盛於盆，尊於瓶。據《特牲記》註，亦是祭廟時至尸食竟而祭爨，都無祭所之説，不應以竈門外平正可頓柴處當之也。至於迎尸祭奧，五祀皆在廟而又各不同。户與中霤其迎尸在廟室之奧，是常尊之奧。而門行與竈則皆在廟門外西室之奧，門西之奧，非常尊之奧也。且門行與竈，皆迎尸於此，何以門行皆不爲媚，而獨云媚竈耶？舊儒解此，並不及五祀之祭，但以房室尊卑言。謂房室位置，奧尊竈卑，奧無事而竈有功，苟欲悦事，當在此不在彼也。夫《爾雅》所謂奧，指凡室言，實則上室下室皆有奧，然惟廟室之奧可以行祭，而家之正室不可以行祭。況祭不全尊奧，祭在室則尊奧，若出祭於堂則尊在牖間矣。然則奧竈尊卑之説，固不必以祭祀當之歟？

尊卑之説不以祭祀當之，直截老當，省却聚訟紛紛。

《尚書》今古文辨

錢　璟

梅氏僞古文之得行於世者，其故有三。皇甫士安作《帝王世紀》，而引其書爲證；孔沖遠斥鄭注古文爲張霸僞書，而爲梅書作正義；蔡仲默遵其篇次而作集註。兼此三者，而五十九篇之書遂視爲孔壁中真古文矣。然後人之排擊者亦復不少，其説總不外於古文何以易讀、今文何以難讀二語。然從草廬之説，則《盤庚》之篇所以告諭愚民，使之家喻户曉，何必轉作艱不可解之語。且《左傳》《國語》所引夏書、商書，亦多文從字順者。從才老之説，則諸書之散引逸書者尚多，何難補綴成篇，而聽其在二十五篇之外。未可以易讀而滋疑，難讀而深信也。故朱子辨《書》者七條，第曰可疑之甚，亦未嘗明斥古文必爲僞也。

真古文之出自孔壁者，有賈逵之訓，馬融之傳，鄭康成之注解，皆傳孔氏古文之學。梅氏所爲孔傳者，亦出於皇甫氏之手，非真本也。觀於孔氏註《論語》"予小子履"，以爲墨子引《湯誓》，其辭若此，不云此出《湯誥》，亦不云與《湯誥》小異。然則予小子履云云，非真古文《湯誥》，蓋斷斷也。其註"雖有周親，不如仁人"句，於《論語》則云"親而不賢不忠則誅之，管蔡是也"。仁人謂箕子、微子，來則用之。于《尚書》則云"周，至也"，言紂至親雖多，不如周家之多仁人。其文互異，則其書不出於一人之手可知矣。攷之《史記·儒林傳》云，伏生以二十九篇教于齊魯之間。又云魯周霸、孔安國、雒陽賈嘉，頗能言《尚書》事。孔氏有《古文尚書》，而安國以今文讀之，因以起其家。則安國之學，以今文而兼古文者也。《漢書·藝文志》所載《尚書古文經》四十六卷，即孔安國增多伏生之書，所爲五十七篇者也。今以《漢書》之賈逵、馬融、鄭元傳觀之，安國以來真古文之一脈相尋，歷歷可指。自晉迄隋，僞古文流傳於河朔間，而真古文之學猶未盡絕。其見於《隋書·經籍志》者，有《古文尚書》十三卷，馬融注《尚書》十一卷，鄭元注《尚書》九卷，王肅注《尚書》十一卷，古文猶可攷也。其以賈、馬、鄭三家所傳，雜以今文，非孔舊本。蓋《隋書》爲唐人所脩，故其叙述《書》之本末，全依僞孔序。其顛倒是非，真僞失辨，不足論也。《舊唐書·經籍志》有《古文尚書》十三卷孔安國傳，又十卷馬融注，又九卷鄭元注，又十卷王肅注。《新唐書·藝文志》有《古文尚書》孔安國傳十三卷，王肅注十卷，馬融注十卷，鄭元《古文注》九卷。二《志》所載孔傳即梅氏之本也。其所載馬、鄭、王注古文，即《堯典》疏所云"馬、鄭注《尚書》皆題曰古文，而篇數與伏生同"者是也。據此二書，則唐時馬、鄭、王本猶在，至《宋史·藝文志》始無其目，大約亡於唐宋之間耳。夫漢之古文爲蝌蚪書，其今文爲隸書，唐之古文即隸書，其今文爲世所通用之俗字。唐元宗詔集賢學士衛包改經文爲開元文字，不特古文廢絕，而僞孔氏之書，亦因之一變。古文、今文，其惑愈滋矣。

　　精於考據，却有折衷，深得訓詁家之秘，而又能以古文局陣行之，佩服。

重黎辨

劉汝霖

　　考之《尚書·呂刑》"乃命重黎"，蔡註重少昊之後，黎高陽之後，重即羲，黎即和，此言舜之命重黎也。又附載《國語》："少昊氏之衰，九黎亂德，顓頊受之，乃命南正重司天以屬神，北正黎司地以屬民，其後三苗復九黎之德，堯復育重黎之後，使典其職。"夫顓頊，高陽氏也，顓頊命重黎，是同時矣，後者，統詞也。何以云高陽氏之後？又考孔穎達曰：羲，重之子孫；和，黎之子孫。何以舜乃命重黎，《堯典》反曰"乃命羲和"也。是知重黎、羲和，指其姓而言，非指其人而言也。又考《左傳·昭公二十九年》"木正曰句芒"，杜註其祀重焉，"火正曰祝融"，杜註其祀黎焉。夫祝融火官，可稱南正；句芒木官，不應稱南正。且木不主天，火不主地。而《外傳》稱顓頊命南正司天、火正司地者，殆使木官兼掌天，火官兼掌地。南爲陽位，故掌天，謂之南正；黎爲木官，故掌地，猶爲火正。觀鄭答趙商云：先師以來，皆稱火掌爲地，當云黎爲北正。可知蔡傳之改《國語》火正爲北正，其説非無本耳。又考揚子《法言》，亦曰北正黎，故陳櫟引註云北正黎即火正黎也。至于陳櫟又謂北字與火字相似，此不免爲穿鑿之説，不若以北正對南正爲是也。

圭瑁辨

劉汝霖

考之《尚書·顧命》“太保承介圭，上宗奉同、瑁”，孔註云：介，大也。大圭天子之守，尺有二寸。同，爵名，祭以酌酒者。瑁，方四寸，邪刻之，以瑁諸侯之圭璧，以齊瑞信也。又考《周禮·考工》：玉人之事，鎮圭尺有二寸，天子守之；命圭九寸，謂之桓圭，公守之；命圭七寸，謂之信圭，侯守之；命圭七寸，謂之躬圭，伯守之。又曰：天子執冒四寸，以朝諸侯。鄭註云：名玉曰冒者，言德能覆蓋天下也。此説亦據《書傳》云：古者必有冒，言不敢專達之義。天子執冒以朝諸侯，見則覆之。註云：君恩覆之，臣敢進，是其覆冒之義。説者謂孔註與鄭註不同，要之孔註解其形，鄭註解其義，其言各有當也。又考《堯典》“輯五瑞”一節小註，諸侯始受命，天子錫以圭，圭頭斜鋭，其冒下斜刻，小大長短廣狹如之。諸侯來朝，天子以刻覆冒，其圭頭有不同者，則辨其譌也。按此則與《顧命》註合。至周衰之世，天子與諸侯會盟，則第執鎮圭，不執冒，非三代之制也。故鄭註德冒天下之言，亦不可廢也。

六天感生帝辨

錢　璟

昊天之祀載於《周官》，五帝之名見於《家語》，其説確乎不可易也。自秦漢間廢祀天之禮，凡所爲郊祀者，祀於五畤，名曰五帝，于是鄭康成之徒，援据緯書，輕肆臆見，而爲六天感生帝之説。其言天也，或曰昊天上帝，或曰天皇上帝，或曰紫微宮中大帝，或曰中宮天極天帝太一,以爲指其尊極清虛之體,其實是一。論其五時生育之功,其別有五,以五配一,故爲六天。其説本於《史記・封禪書》《漢書・郊祀志》所云"天神貴者泰一",泰一,五帝之佐是也。攷之記載,漢曰上帝,又曰泰一,又曰天皇上帝;魏曰皇皇帝天;梁曰天皇大帝;隋唐曰皇天上帝。甚而漢之孝武,立九天廟於甘泉,後魏之孝文立大帝、五帝於一壇,曰六宗祀,皆康成之説有以啓之也。其言帝也,以爲始祖感天神靈而生,祭天則以祖配之;又以爲王者之先祖,皆感太微五帝之精以生,皆用正歲之正月郊祭之。引《孝經》"郊祀后稷以配天",謂配靈威仰也。"宗祀文王於明堂",謂汎配五帝也。其在《河圖》云"慶都感赤龍而生堯"。《元苞》云"夏,白帝之子。殷,黑帝之子。周,蒼帝之子"。《文耀鉤》云"紫微宮爲天帝",又云"北極耀魄寶",又云"太微宮有五帝坐星,青帝曰靈威仰,赤帝曰赤熛怒,白帝曰白招拒,黑帝曰汁光紀,黃帝曰含樞紐",其所繇來者陋矣。

後人尊而信之,徃徃神奇其事。北齊天保三年正月上辛,爲郊於國南,祀所感帝靈威仰,以神武皇帝配。後周亦祀靈威仰爲感帝,以始祖獻侯莫那配。隋之高祖,則以上辛祀所感帝赤熛怒。《記》曰,非此族也,不在祀典。不已過歟!此其説王氏肅、趙氏匡、楊氏復諸人則嘗辨之,熊氏安生、崔氏靈恩、皇氏侃、孔穎達之輩又嘗從之。不知以形體言之謂之天,以主宰言之謂之帝,不得謂五帝之非天,亦不得謂帝之必有所感。故鄭康成以五帝爲天帝,其説則可,以天有六、帝有感生則不可。王子雍以爲天唯一天,安得有六,其説則可;其以五帝爲人帝則不可。楊信齋以五帝爲天之別名,未嘗有所謂五帝之神,其説則亦不可;以爲天之別名則曰帝,可矣。何必拘以五帝,何必祀上帝之外別祀五帝。馬貴與以爲五帝,五行之主在天者也;又以爲五帝不出天之外,而謂五帝即昊天,不可。唐長孫無忌之議曰,請存太微五帝之祀,廢緯書六天之文,其言不亦善歟！必謂賢聖之興，自有異於常人，如《商頌》之天命元鳥，周雅之履武敏歆，豈通人之論哉！

三江考

錢 瑢

三江之名，見於經傳者雖同，而其實各異。有溯其源言之者，《禹貢》之“三江既入”是也；有就其源言之者，《周禮・職方氏》“其川三江”是也；有以其流之分支言之者，《國語》子胥、范蠡之言三江是也。

《禹貢》之三江，當以鄭康成、蘇軾之説爲主。鄭康成曰：左合漢爲北江，右合彭蠡爲南江，岷江居其中爲中江。《書》稱東爲中江者，明岷江至彭蠡并與南合，故得稱中也。融洽前後經文，確不可易。宋蘇軾實宗其説。蔡傳專主庾仲初《吳都賦》註，以松江、婁江、東江爲三江，力排蘇説。且曰大江合漢與彭蠡之後，又千餘里而入海，不可復指爲三。不知三江云者，因上流有中江、北江、南江言之。非截然指爲三也。蓋三江本不入震澤，但懷襄之時，江流衝突，震澤有震蕩之虞，惟三江既入海，則震澤得以底定，故曰溯其源而言之也。

《職方》之三江，班志以蕪湖之中江、吳縣之南江爲揚州川，遂以三江口當之。按《水經注》：松江上承太湖，東逕笠澤，流七十里，江水奇分，謂之三江口。《吳越春秋》稱范蠡去越，乘舟出三江之口，入五湖之中。此亦別爲三江五湖。雖稱名相混，不得與《職方》同也。惟郭景純以岷江、松江、浙江爲三江，按諸地志最爲切當，故曰就其流而言也。

《國語》之三江，《越語》子胥曰：吳之與越也，三江環之，民無所移。范蠡曰：與我爭三江五湖之利者，非吳也耶。韋昭注：三江，錢唐江、松江、浦陽江也。言二國之民，三江繞之，非吳則越也。韋説似可依據。然按酈氏云：浙江于餘暨東，合浦陽江。是浦陽、錢唐渾鑄入海，而韋强分爲二，不若以《吳越春秋》三江口當之。其説尤爲完備，故曰就其流之分支而言也。

夫揚州本係水域，若是其別派以言三江，何難累舉至百耶。王安石謂一江自毘陵，一江自義興，一江自吳縣。劉耕齋以松江、浙江、吳江爲三江，揆之《禹貢》《職方》，其義皆有不安。至楊用修據《山海經》註以大江、南江、北江爲三江，又皆在梁州域，不得爲揚州之三江也。伏讀《欽定書經傳説彙纂》，於"三江既入"，《集傳》下兼採《地理今釋》，於集説採程大昌、袁仁二説，皆主蘇氏；《欽定三禮》於《職方》"其川三江"，御案取郭璞之説，知二經三江之名雖同，而實與《國語》之三江各立爲三。紛紛衆説，不可得所折衷哉！

　　三江就《禹貢》《周禮》《國語》分説，如劃水犀牛，別派分流，截然不亂。

藉田考

顧鴻聲

藉，借也，借人力理田，以奉宗廟，先天下也。其地千畝，天子之甸服也。其日用亥，建寅之月，日月之會在亥也。先時五日，瞽告協風，即齋三日，王乃饗醴，先事之慎也。及藉，膳夫、農正陳藉禮，太史贊王，王敬從之。王三推，將事之重也。三公五推，卿、諸侯九推，庶人終於千畝，徧事之義也。已事而竣，宰夫陳饗，膳夫贊王，王歆太牢，班嘗之，庶人終食，行慶施惠也。廩於藉東南，鍾而藏之，時布之於農，紀農協功也。是禮也，躬耕以供粢盛，所以致孝也；勸穡以足百姓，所以固本也。王者之盛德大業，於是乎至矣。

此三代聖王不敢怠事，而後世之舉行是禮者，固猶是無逸之意哉。

老筆紛披，恰是古文作手。

前　題

秦　淮

藉者，借也。藉田言使民如借也。其禮始自成周，詠于《詩》，記于《禮》，詳矣。自是而後，秦則古禮盡廢，或附以《月令》之舊文，漢則初政缺如，比及乎文景而始舉，至若六朝以迄隋唐，五代以至元明，皆奉爲典章，代舉不廢。此其大略也。

一曰藉田之選地有遠近也。漢武帝征和四年耕于鉅定；昭帝始元元年耕于鉤盾，六年又耕于上林；明帝十五年耕于下邳；章帝元和二年耕于定陶，三年又耕于懷北。魏孝文帝太和十七年藉于都南。北齊文宣帝天保二年藉于東郊。隋于國南十四里啓夏門外置藉田千畝。唐太宗貞觀三年藉于千畝之甸，元宗開元十九年耕于興慶宮。宋太宗雍熙四年行藉田禮于東郊，元豐二年詔于京城東南度田千畝爲藉田；高宗紹興十四年令臨安守臣度城南田五百七十畝有奇爲藉田。明世宗十年命墾西苑隙地爲藉田，穆宗隆慶二年行耕藉于南郊。其地或在宮中，或在遠郊，或在近郊，或在巡行之地。然考《祭統》“天子親耕南郊”，注疏謂王籍田在遠郊，則自當以遠郊爲正，宮中與近郊俱非古制也。

一曰藉田之擇日有通變也。《月令》耕藉“擇元辰”。疏云：甲乙丙丁等謂之日，子丑寅卯等謂之辰。耕用亥日，以正月亥爲天倉故也。漢文帝用丁亥日耕藉，明帝耕以二月亥日，章帝耕以丑日。晉武帝以正月丁亥，哀帝以二月癸卯。宋文帝以正月上辛後吉亥，孝武帝以正月乙亥，明帝以正月癸亥。齊武帝時，王儉謂親耕用立春後亥日。《書》無明文。何佟之云：《少牢饋食禮》禘用丁亥，鄭元注以爲不必丁亥。今不得丁則用己亥、辛亥可也。梁天監中，議者據《堯典》“以殷仲春”，謂藉田宜建卯月，于是用二月。唐用孟春吉亥。宋用正月上辛後亥日；政和議禮局言孟春親耕，下太史局擇日，不必專用吉亥。元用孟春吉亥。明以仲春擇吉日行事。此皆隨時變通者。然不若用正月吉亥爲合於古制也。

一曰耕藉之儀注有煩簡也。漢之儀注見於應劭《漢官儀》。晉元帝將脩耕藉，令賀循等上儀注。宋文帝以親耕久廢，令何承天等撰定儀注。齊武帝永明三年，有司奏藉田議。梁之藉田，詳于《梁五禮耤田儀注》。《隋書·禮儀志》載梁制、北齊制綦詳，而隋制因焉。唐制略同於隋，而耤田方向從東，取平秩東作之義。宋太宗雍熙四年，令所司詳定耤田儀注，又因青箱奉種稑，唐廢其禮，特復之；高宗紹興三十一年，詔權罷耤田司，太常少卿王普請以印歸禮部；孝宗乾道四年，太常少卿王瀹奏耤有農十人，請量增三人。元世祖至元十五年，以蒙古胄子代耕耤田；武宗至大三年，從大司農請建農壇，其儀注見《元史·祭祀志》。明洪武二年建先農于南郊，二十六年更定先農祀典；嘉靖三十八年罷親耕；至隆慶二年禮部請祭先農，上躬耕耤田儀注。其間齋戒、陳設、田器、扈從、鑾駕、衣服、升壇、還宮、勸農、勞酒、行賜諸儀，歷代互有改易。要而論之，惟漢較略，唐宋爲詳，議禮者所可參採也。

一曰耤田之祀典有隆殺也。按親耕之禮，先祀先農，《周頌·載芟》之詩，所謂耤田而祈社稷是也。漢制春始耕，官祀先農以一太牢；後漢耤田儀正月始耕，以乙日祀太農。晉以太牢祀先農。宋元嘉中耕日以太牢祀先農，如帝社儀。後魏太武天興三年，祭先農用羊一。北齊祠先農神農氏于壇上，無配。唐太宗親祭先農，武后改耤田壇爲先農壇，神龍初因祝欽明奏改先農壇爲帝社。宋政和間罷享先農爲中祀，命有司行事，止行親耕之禮，南渡後復親祀。

元不親行，命有司攝事而已。明高皇親祠躬耕，始復古禮；後改中祀，止遣應天府官致祭，祭畢親耕，惟登極初行耕耤，則親祭先農。按《國語》"農正陳耤禮"，説者以爲祭田祖即神農氏教民始耕者，一稱先嗇，漢以後稱先農。歷代所祭，要亦不遠于禮。其改先農壇爲帝社，則于經無見，特附會詩序而爲之説也。

他若耤田之見于詔誥、樂章以及羣下之稱頌者，漢文、景有親耕語詔，齊武帝詔江淹作《耤田樂歌》，梁元帝有《祭東耕文》，晉潘岳有《藉田賦》，唐岑文本有《藉田頌》，亦足徵典禮之鉅也。至如周宣王不藉千畮，而虢公進諫，漢順不行藉田，而黃瓊上疏，此可見藉田之爲要務矣。

援据往昔，逐段分疏，尤見明晰。

前　題

許　敬

藉田之制，何自昉乎！考《禮記外傳》曰：藉者，借也。天子耕千畮，但三推，發耒三岱而止，借民力治之，所耕之穀藏於神倉，以供事天地宗廟神祇人鬼之用，此耕藉之禮所爲起也。顧其禮在夏商以前，罕見於經，至周而始大備。其載於《詩》也，則有《載芟》之篇。其紀于《禮》也，則有甸師之掌。周宣不藉千畮，虢文公譏之，卒有姜戎之難。秦并六國，此禮漸弛。説者謂《月令》所載天子躬耕帝藉之事，即爲秦人之禮，亦未必盡然也。漢興以來，藉田之耕起於文帝。應劭《漢官儀》曰：天子升壇，公卿耕訖，嗇天下種。又曰：東耕之日，天子親率公卿，戴青幘，載青車，駕蒼馬。公卿以下車駕如常法，典至重也。昭帝而後，代修是禮。順帝即位，不行藉田之禮。黃瓊疏入，遂詔親耕。是藉田之禮，終不可廢也。魏晉承漢之後，其他事多戾於古，獨藉田一禮，不敢廢墜。豈非國以民爲本，民以食爲天，不有以親率之，則無以教天下，舍末而趨乎本歟！六朝之際此禮尤重。隋唐因之，未嘗闕典，五代兵革，臨難之餘泯沒不載。宋初立國，未遑他務，而二聖相繼，先務藉田。中興議和以後，禮樂具舉，而藉田一事，尤不敢緩。明代因之，載於史冊者，固彰彰可考也。

雖然，耕藉之禮，代所不廢，而其間因時損益，不無異同。考《禮》，天子以身先天下，以建寅之日而郊，郊而後耕。郊用辛日，耕用亥日，享先農而後藉田，故有吉亥之議。自漢文帝以丁亥耕藉，後王相承，遂疑必用丁亥，是以齊王儉遂有"亥日藉田，經紀無文"之議。而梁天監三年，竟以正月無丁亥詔改二月，不知耕用亥日，原無一定之制。漢魏相承，昭帝癸亥耕弄田，明帝癸亥耕下邳，章帝之世乙亥耕定陶，辛丑耕懷縣。魏之烈祖，實書辛未，不繫一辰，顧嵩之議，未嘗不深切著明也。

天子爲藉千畝，諸侯爲耤百畝。天子耕於南郊，諸侯耕於東郊。然自漢以後，天子亦耕東郊。漢舊儀所謂春始東耕於藉是也。自後晉則耕於東郊之南，梁復移於郊北，皆更漢制。唐孔穎達又謂帝社在東壇，未合於古者天子耕藉南郊之義，後以太宗援引東作之義，仍用東郊。東耕之名，遂至於今而不廢。

漢初詔開藉田，未有定制。《梁五禮藉田儀注》曰：其田東去宮八里，遠十六里，爲千畝。宋元豐二年，詔於京城東南度田千畝爲藉田，此藉田之地所由定也。至若《隋書‧藉田令》以青箱種稑之種，跪陳司農，詣耕所曬之，唐則不行此禮。唐元宗欲重勸耕藉，俯同九推，進耕五十餘步，唐以前則未之前聞也。又考漢《禮儀志》，郡國守相皆勸民始耕。宋紹興十五年，司農簿宋樸請令守令以歲仲春出郊勞農，遂爲故事。又按《禮》，王自爲立社曰王社，先儒以爲即在藉田。故後世遂有先農一壇。唐永徽中猶稱藉田，垂拱後乃改先農。其後先農之祀迄宋明而不廢，則是勸農之典與帝社之禮，未嘗不與藉田相表裏也。

　若夫歌《商頌》之詩，奏藉田之樂，以及御門肆赦，文武進官，此蓋自古聖帝哲王，莫不敬恭明祀，增致福祥，躬郊廟之禮，而親藉田之勤，固自有有其舉之，莫敢廢者也。此藉田之大略也。

　　援據詳明，煬煬炳炳，是陳祥道、蔣德璟之流。

五霸考

湯　輅

　五霸之說，言人人殊。《白虎通》以五霸爲昆吾、大彭、豕韋、齊桓、晉文，而或以爲齊桓、晉文、秦穆、楚莊、吳闔閭，或以爲齊桓、晉文、秦穆、宋襄、楚莊。總之王道廢而霸業興，有三代之五霸，有春秋之五霸。《左氏》成二年齊國佐曰：五伯之霸也，勤而撫之，以役王命。杜氏注：夏昆吾，商大彭、豕韋，周齊桓、晉文。《孟子》：五霸者，三王之罪人也。趙氏注：齊桓、晉文、秦穆、宋襄、楚莊。二說不同。按國佐對晉人，其時楚莊甫卒，不當遂列爲五伯，其指三代無疑。若孟子所稱五霸，桓公爲盛，則止就東周以後言之。然宋襄圖不成，而趙氏以之並列，亦未爲允。考《史記》"越王句踐遂報強吳，觀兵中國，稱號五伯"，則春秋五霸似應列句踐而去宋襄。荀子以齊桓、晉文及楚莊、闔閭、句踐爲五霸，亦不爲無見云。

　　筆致爽朗。

前　題

毛毓麒

　五霸之稱，有三代之五霸，有春秋之五霸。按《左氏》成公二年齊國佐曰：五伯之霸也，勤而撫之，以役王命。杜元凱及丁公著皆云夏昆吾，商大彭、豕韋，周齊桓、晉文是也。《孟子》曰：五霸者，三王之罪人也。趙臺卿注：齊桓、晉文、秦穆、宋襄、楚莊。而顏師古注《異姓諸侯王表》，五霸與杜説同；其《同姓諸侯王表》，則以齊桓、宋襄、晉文、秦穆、吳夫差爲五霸。《白虎通》並存二説。其後一説謂桓文、秦穆、宋襄、吳闔閭。據國佐對晉人言，其時楚莊之卒甫二年，不當遂列爲五，亦不當繼此無霸而定於五也。且昭公四年，椒舉對楚子言六王二公，亦但指桓、文。是知五霸之名，通指三代無疑。若孟子言五霸而以桓公爲盛，此第就東周以後言之，如嚴安所爲周之衰三百餘歲，而五霸更起者也。然趙氏以宋襄並列，亦未爲允。蓋宋襄求霸不成，傷于泓以卒，未嘗霸也。《史記》言越王句踐終滅强吳，觀兵中國，稱號五霸；又言越兵橫行于江，淮東諸侯畢賀，號稱霸王。《淮南子》亦言越勝夫差于五湖，南面而霸天下，泗上十二諸侯皆朝之。然則言三代之五霸，當從杜氏之説，言春秋之五霸，當去宋襄而列句踐。荀子以桓、文及楚莊、闔閭、句踐爲五霸，其説亦近是。

引據詳明，筆力亦健。

策問

經　典

王紹成

《詩》有四家，申公之《魯詩》，轅固生之《齊詩》，韓嬰之《韓詩》，毛萇之《毛詩》，俱稱於漢。其後《齊詩》亡於魏，《魯詩》亡於晉，《韓詩》雖存而無傳之者，而《毛詩》至今獨立學官。其間異同處，如《芄蘭》詩，毛作"能不我甲"，韓作"能不我狎"；《小旻》詩，毛作"是用不集"，韓作"是用不就"；《鴛鴦》詩，毛作"摧之秣之"，韓作"莝之秣之"；《大明》詩，毛作"俔天之妹"，韓作"磬天之妹"；《防有鵲巢》詩，毛作"誰侜予美"，韓作"誰侜予娓"；《抑》詩，毛作"洒埽庭內"，韓作"灑掃庭內"；《宛邱》詩，毛作"子之湯兮"，三家詩作"子之蕩兮"之類是也。

《春秋》有公、穀、左三家，陳則通曰公穀，但釋經而已。而左氏或先經以起事，或後經以終義，或依經以辨理，或錯經以合異。觀宰咺歸賵，二傳未有載惠公、仲子之詳者，左氏獨言之。鄭伯克段，二傳未有發祭仲、子封之言者，左氏則詳之。又公、穀之經或有不具四時，左氏雖無事必具。隱六年七月，杜註云：雖無事而書月，具四時以成歲，餘皆倣此。其間異同，如尹字左以爲尹，公、穀以爲君；盟於蔑，左以爲蔑，公、穀以爲昧；如築郎，左以爲郎，公、穀以爲微；會厥愁，左以爲愁，公、穀以爲屈銀。此殆師讀不同，轉寫有異乎！

《論語》漢興傳者三家，魯人傳之謂之《魯論》，齊人傳之謂之《齊論》，出於孔壁則曰《古論》，三家先後次第，俱不相符，散見各書，不可枚舉。今第舉《仲尼弟子傳》言之："未若貧而樂"作"未若貧而樂道"。"命矣夫！斯人也而有斯疾也，斯人也而有斯疾也"作"命矣夫！斯人也而有斯疾，命矣夫"。"揖巫馬期而進之"，期作旗。"南容三復白圭"，圭作珪。"吾與點也"，點作葴。"仲弓問仁"，仁作政。"夫三年之喪，天下之通喪也"作"天下之通義"。"公孫朝問於子貢曰仲尼焉學"作"陳子禽問於子貢"。又"德行"一節，政事先次於德行之下，皆與《魯論》不合。按《魯論語・堯曰》篇無"不知命"一章，《齊論語》則有之，蓋後儒參入。其字義異讀者，"傳不習乎"讀傳爲專，"崔子弑齊君"作高子，"未嘗無誨"讀誨爲悔，"五十以學《易》"讀易爲亦，"正爲弟子不能学也"读正爲誠，"君子坦蕩蕩"讀爲湯湯，"冕衣裳者"讀爲絻，"瓜祭"讀瓜爲必，"賜生"讀生爲牲，"車中不内顧"無不字，"仍舊貫"讀仍爲仁，"折獄"讀折爲制，"小慧"讀慧爲惠，"古之矜也廉"讀廉爲貶，"天何言哉"讀天爲夫，又讀躁爲傲、室爲室。此皆足以見異同焉。

《史記》《漢書》所引經文不同者：《尚書》"平秩南訛"，《史記》作"南爲"，索隱本作"南譌"云，譌依字讀，春言東作，故夏言南爲。"占用二衍忒"，讀者皆以占用二爲句，《史記・世家》以占用二衍忒爲句。"五者來備"，《史記》作五事；《漢書・荀爽傳》作五韙，韙，是也；《李雲傳》作五氏，氏與是古通用，故三國時氏儀亦作是儀。若《十三經註疏》所引，多古文説，又往往以訓詁之字改易經文。就《爾雅》言之，註引"使民戰慄"，今作栗。引《孟子》"行或尼之"，今作"止或尼之"。引《左傳》"禁禦不若"，按《左傳》文公十八年祇有"以禦魑魅"，宣公三年祇有"不逢不若"語。引《左傳》"百姓輯睦"，按僖公十五年、成公十六年，皆作羣臣輯睦。引《公羊傳》曰"直出"，按《公羊》昭公五年叔弓帥師敗莒於濆泉，濆泉者，直泉也，亦不云直出。引《詩》"蓺彼甫田"，按《詩》今作倬。"嘽嘽鳴鴈"，今作雝。"下民卒癉"，今作瘴。"卬頭我友"，今作須。疏引《詩》"遂幠大東”，今作荒。“陽如之何”，今作傷。“以我剡耜”，今作覃。“似先公爾酋矣”，今無爾字。此類甚多。至李善註《文選》引《詩》“報我不述”作“報我不術”，“考槃在澗”作“考槃在干”，蓋本之《韓詩》，故與今文異。

夫自三代以來，能使學者知字體之有別，得以考其異同得失者，許叔重《說文》之功爲大。惟叔重生於東京之中世，《說文》進於安帝建光元年，其書所本者，不過劉歆、賈逵、杜林、徐巡等十餘人之說。是以鄭康成生於順帝永建元年，上距奏進《說文》時僅五年，馬融生於章帝建初四年，下距奏進《說文》時四十二年，其閒原不甚相後先。而許氏所引經傳多與今文不合，洪邁曾載於《容齋隨筆》，而鄭氏已先駁其《五經異義》也。又一書中有兩引經而其文各異者，如氾下引《詩·江有氾》，汜下引《詩·江有汜》，逑下引《書》“匊逑屖功”，僝下引《書》“匊救僝功”，乭下引《詩》“赤舄已已”，掔下引《詩》“赤舄掔掔”者是。康成箋《詩》以毛爲宗，亦兼通諸說。故“素絲祝之”箋云祝當作屬。屬，著也，古字祝與屬本同音。“子之昌兮俟我乎堂兮”箋云堂當爲根。案《論語》有申根，《史記》作申堂，是根與堂亦通。“示我周行”箋云示當真。真，四直也，蓋三家或有作真者。又《卷耳》詩亦有“真彼周行”之語也。《周易》“需於沙”，鄭本沙作沚。“終朝三褫之”，鄭本作三抲之。“王用三驅”，鄭本驅作歐。“康侯用錫馬蕃庶”，鄭氏解作蕃遮。“藏諸用”，鄭本作臧。是或與《釋詁》合，或與《釋言》合。試取《釋文正義》考之，固有紬釋不窮者。聖朝經學昌明，自古未有，士幸生其閒，敢不沈潛於經籍也哉。

詩　序

錢　瑢

《周頌·絲衣》小序云:絲衣,繹賓尸也。高子曰:靈星之尸也。疏謂經所陳皆繹祭始末之事,後人引高子之言以證祭之必有尸耳。而何楷《世本古義》因本文"絲衣其紑"三語定爲靈星。夫以絲衣爲靈星之尸,別無他證,然可見靈星之祀,蓋亦自古有之矣。

案靈星,疏謂不知何星,而張晏、陳祥道諸人,或以爲歲星,或以爲房星、心星,或以爲天田星。夫歲星在五緯中,房、心二星在二十八宿中,皆當於幽宗統祭之,不應特立一祀也。則以爲天田者近是。天田亦有二,一在角北,一在牛東南。賈逵、范蔚宗俱謂龍左角天田主穀,故用壬辰日祀之。服虔亦以靈星爲角星,則靈星乃專屬角北之天田也。

靈星之祀,斷自周始。《逸周書·作洛》篇所謂設兆南郊,農星與食是也。据《太平御覽》所引。漢高帝五年令天下立靈星祠。晉令縣祀靈星,東晉以來靈星配享南郊,不復特祀。唐制立秋後辰日祀靈星。宋皇祐中立靈星壇。明洪武元年太常請立靈星壇於城南。靈星之見於祀典者如是。夫歷代之祀靈星,專爲祈田而設。惟周肇祀先王,以之配食,反所自始,与后稷比隆。煌煌乎制作之精心,迴非後代所及矣。

至享祀之禮,歷代互有損益。漢屬令長,而魏則隸諸太常。漢用太牢,而唐則止用羊一。漢教舞童以二羽,而唐無用樂之文。漢立石碣於兩旁,而宋增立壇之制。漢嘗因巡遊躬親,而唐開元閒惟命有司而行事。漢嘗作殿堂展禮,而宋慶歷後但就神位而薦馨。蓋非特用牲不同,而儀注亦復各異,要皆本周制而損益之也。

　　若高子之名，《孟子》一書凡四見。趙岐以爲齊人嘗學道於孟子者，王應麟謂高子即高行子。案毛公詩學自謂得之子夏，子夏授高行子，高行子授薛蒼子，薛蒼子授帛妙子，帛妙子授河閒大毛公，然則高子固得子夏之傳而習於詩者。《絲衣》之解，與《小弁》之説，或者同出一人歟！

爾　雅

沈錫嘉

　　《爾雅》之書，經傳莫言其人及時世，相傳爲周公所作。周公制禮以尊天下，著《爾雅》一篇以釋其義，傳乎後世，歷載五百。惟《爾雅》常存，則凡天地、山川、草木、蟲魚、鳥獸之類，莫不極其詳備。而郭璞所注則有未聞未詳者，如《韓詩》所稱"勾彼甫田"，勾，卓也。《爾雅·釋詁》：勾，大也。郭注云：勾義未詳。豈未見《韓詩》耶？又傳負版之説，栁子所爲作蝜蝂者，郭注又稱未詳。外如《西京賦》稱"戎葵懷羊"，《爾雅》稱"薦，懷羊"。凡此之類，數難枚舉。而與郭竝爲注疏者，十有餘家，概多疎謬，終難反郭氏之研精也。而邢疏所云方國之語，即方言，謠俗之志，謂童謠。注解之外，別有爲音一卷，圖贊二卷。字形難識，則審音以知之；物狀難辨，則披圖以別之。自俗儒不經，師匠轉輾支離，每以穿鑿爲工，認字不真，於經義便錯，或舍注解而泥己意以爲經意，尤、郵混解，蘇、荍見昧，是皆失於學之陋也。要之，《爾雅》之作，所以重小學也。漢興諸書，如毛氏《詩訓》、許氏《説文》、楊氏《方言》之類，皆有所本云。隋唐以來，以科目取士，此書不課於舉子。韓退之以古文名世，尚以注蟲魚爲不切，而宋初諸儒，獨依郭氏爲注。而學之精者，莫若終軍之對"鼮鼠"，盧若虛之辨"鼮鼠"，江南進士之問"天雞"，可不謂善讀《爾雅》矣乎！

唐　書

劉汝霖

　　《唐書》有新舊之分。《舊唐書》唐韋述因吳兢舊本所成，至石晉、劉昫爲之增損之，多所缺略失序，如以良史次宦官，以節義次酷吏，以吳淑忠義概之外戚，以韓愈文章爲大紕繆。故宋嘉祐中仁宗特命歐陽永叔刪定，共二百二十五卷，名《新唐書》。其時佐作之者有曾亮等，然《方鎮百官表》出於梅堯臣，律歷、五行志出於劉義叟，列傳五十卷出於宋祁，雖曰文省於舊，事增於前，然既非出於一人之手，則省所不當省，增所不當增，自所不免。故劉元成嘗謂是即《新唐書》之病也。兩書互異之處，以《舊唐書》主於詳，《新唐書》主於簡。如《舊唐書》循吏有四十人，而《新唐書》則止十五人，其人名如韋仁壽之治越巂，陳君實之治鄧，賈敦實、韋丹之在江西，李惠登守隋州，張允濟有路不拾遺之政，薛大鼎有浚渠防被之德，元德秀之令魯山，何易于之令建昌，倪若水之刺汴州，潘好禮之刺豫州，以及賈頤、鄭德之在河北，宗璟、盧奐之在廣南，刪四十人爲十五人，即其所存者，其人名不免舛錯，至其年月之參差，時事之顛倒，又不可枚舉。其可取證者，如呂夏卿之《唐書直筆》，宋祁、歐陽曾取其言。孫甫之《唐史要論》，歐、蘇皆採其議論精博。范祖禹之《唐鑑》，雖議論多疎，然以武后臨朝二十一年之事係之中宗，則猶見公在乾侯之義，故朱子《綱目》多取之。他若崔龜從之《續唐歷》，陳岳之《大唐統紀》，陳彭年之《唐紀》，賈緯之《唐年補録》。惟龔穎之《運歷圖》，尤爲精博，故歐公嘗據之以爲《集古録》焉。又呂祖謙有《新唐書略》，誠恐《新唐書》尚屬浩繁，學者一時不能記憶，故摘要揀出令門人鈔之，極有倫次，此又《新唐書》之功臣也。方今聖天子崇尚文治，歷代舊史犁然可考，學者可不悉心加意也哉。

經　濟

秦　淮

　　宇宙開闢以來，表章精微，闡揚經濟者，非文無以顯，非文無以傳。文之所係不綦重與！顧文以載道，皆洩天地之包符；詞當宗經，必闡聖賢之心性。誠能華實竝茂，淵源獨深，合三代之規模，以六經爲註腳，尚已！漢興，諸儒蔚起，文學日開。江都養到而理醇，深於學問；長沙慮長而言駿，發於忠謀。司馬子長蘊籍百家，包括數代，以橫覽天下之氣，行俯仰古今之懷。人物自皇初以來，書文由經傳而降，無勿討論其至，是非悉當。斯固著述之集成，不止文章之絕世也。外如孟堅史文整栗，相如賦才綿麗，楊雄沈博入子而筆囿自鴻，劉向典雅近經而儒宗獨冠。匡衡之言治理，貢禹之策時務。災異有李尋之對，治河數賈讓之篇。劉安、桓寬，或字挾風霜，或腴同芻豢，不皆中漢之翹楚與！循至東京，王充《論衡》，首屈一指，然已識瑣而詞率矣。他若劉敬通疏達而衰，蔡中郎流麗而弱。陳思王骨蒼才宕，或追兩漢；王仲宣采烈興高，自負一時。惟孔明《出師》二表，殫赤君國，戒甥訓子，允範後昆，節義文章，高映前後。入晉以來，嵇阮清元，潘陸典雅。羲之鑿齒，寄情灑灑；陶潛孟嘉，放致翩翩。洎乎六代，任陶徐沈，各擅才華；江應劉顏，竝稱藻侶。

　　讀梁昭明之選定，覽劉彥和之編評。唐人前推燕許，易粉澤而翰藻，尚沿習乎六朝；繼重韓柳，變排偶爲散文，遂起衰乎八代。一時聞風而興者，孫樵、杜牧各自成家，元結、李翱不沿別調。郁郁乎！日乃再中，河成砥柱焉。有宋永叔具子長之風，子瞻得西漢之氣，子固淳茂以爲宗，半山艱深以爲雋，要皆根柢諸經，足以羽翼大道者也。

　　駢體一門，與古文各有千古，如嵩岱之竝峙於東西，江河之分流於南北也。況暘谷幽都，古史之屬對；天文地理，繫詞之儷言。洵能死句不參，生氣自王，亦何必左祖秦漢，右裾韓歐，排徐庾爲江湖之下，指王揚爲刀圭之誤乎！吾松自機雲兄弟文風斯開，固已爲藝苑之秀英，稱詞壇之宗主矣。至若顧野王之淵博，陸宣公之清麗，宋元而後，代不乏人。陳夏諸公亦可歷歷數也。

所可怪者，人文氣運，往往相關。秦文悍而吞併遂，漢文雜而王霸兼。六朝破碎，土地分裂；五代粗率，草莽時起。唐之取士法屢易而國故多，宋之作者御氣平而武不振。運移文乎？文移運乎？國家化成萬禩，光被八埏，《御選古文淵鑒》《御選唐宋文醇》，廣大精微，清真雅正，誠足爲斯道之典型，士林之楷模也。海內操觚者，孰不端其所向哉。

筆致淹雅，末一段總論人文氣運，偉辭獨鑄，洞鑒古今矣。

吏　治

王慶麟

自古設官分職，其與民甚親而知民最悉者，孰有過於守令者乎！與民親，則民之衣食農桑，胥於是乎資之；知民悉，則民之休戚利害，胥於是乎達之。故欲觀民生者，當先觀守令也。

考江南之地，東濱瀛海，西接楚湘，北連齊豫，南引江浙，而大江貫其中，聲明文物，貨財賦稅，甲於天下。然亦未可概論者。要在守斯土、治斯民者，撫宇心勞，因勢利導耳。

即如淮徐則地跨中原，蘇松則境連海澨，安池則蔽江之上游，鎮常則當江之下委，其要害殊也。蘇常則環震澤而爲澤國，徽寧則聳黃山而爲高阜，廬州則民惰而地不盡利，鳳陽則地瘠而民易告饑，淮陽則恒遭河溢之虞，蘇松則獨受賦重之累，其肥瘠殊也。蘇淮鎮常當水道之衝，滁州鳳州當陸道之衝，江寧揚州當水道兼陸道之衝，其衝僻殊也。爲之守令者，苟概視爲澆漓，或概視爲醇樸，而不深維乎爲政之要，其何以副民牧之稱，而又何以仰企乎自漢以來江南之賢守令乎！

夫江南守令之賢者亦不乏人，如韓延壽之守淮陽而治甚有名，何武之爲楚内史而好獎士類，宋均之守九江而蝗輒散去，劉寵之守會稽而郡中大化，劉馥之爲揚州而流民胥歸，顏含之守吳郡而吳人斂手，滁州之有韓思復則黄芝生署也，吳郡之有鄧攸則惟飲吳水也。丹陽之有劉恢，則貽芳庭柳，清德不衰也。蘇州之有王覿，則吏行冰上，人在鏡心也。時苗爲壽春令則潔守昭於畱犢，凌沖爲含山令則清節表於砭石。岑義遷金壇令，時其弟仲翔爲長洲令，仲休爲栗水令，則政績竝著，人目爲江東三岑也。此皆郡之賢守，縣之良令，措理彰彰，彪炳耳目，江南之民所皆尸而祝之、社而稷之者，其即爲今日之模楷乎！

我皇上念切民生，加意吏治，所爲閭閻計者，至深至切，即海澨山陬，無不畏神服教，矧江南之民，有不沾化者與！爲之守令者，果能宅心慈惠，不狃於刀筆筐篋之細，不習於因循苟且之爲，則俗吏之譏可免，而守古人嘗守之郡，令古人嘗令之縣，亦不自覺其汗顏矣。

音　律

王舒華

周太師以六詩教國子，曰風雅頌賦興比，皆以六律爲之音。至春秋時季札請觀，及列國諸大夫之所歌，尤不勝枚舉。其閒有入樂不入樂之分者，以其正變故也。二《南》，《豳》之《七月》，《小雅》正十六篇,《大雅》正十八篇,三《頌》,《詩》之入樂者也。《邶》以下十二國,《鴟鴞》以下六篇,《六月》以下五十八篇,《民勞》以下十三篇,《詩》之不入樂者也。《正義》謂變者,雖亦播於樂,或無算之節所用,或隨事類而歌,又在制禮之後,不常用也。

五聲二變合而爲七音,唐孝祖孫始以七字配之。宮爲工,商爲凡,角爲六,變徵爲五,徵爲乙,羽爲上,變宮爲尺。《唐律譜》以七字配十二律,又有四合諸名。《律呂正義》諸書皆遵之。西法七音又變而爲烏勒鳴乏朔拉犀,爲度曲家七字譜。考《楚辭·大招》篇有曰"四上競氣",黃佐謂大呂爲四,仲呂爲上,是唐人所譜亦未嘗無所本也。

樂府肇於漢,武帝命司馬相如作十九篇。下自魏晉,逮於元明,皆有樂章薦之郊廟。但去古漸遠,音節漸亡。凡詩人所作,往往以時事創立新題。名爲樂府,而其實不同。如初唐人擬《梅花落》《關山月》等古題,大概皆五律耳。他若杜子美《無家》《新婚》諸別,《潼關》《石濠》諸吏,李太白《蜀道難》《遠別離》,皆樂府之變也。韓退之、白居易、元稹、王建,及元之楊維楨,明之李東陽,皆名爲新樂府,雖自成一體,而古意寢遠矣。

我朝釐訂音樂,備極精詳。凡樂部所掌皆盡善盡美,直可駕成周而上,夫豈漢魏以下所得而比哉!

前　題

王紹成

史遷云:古詩三千餘篇,孔子刪取三百五篇,皆絃歌之以合《韶》《武》之音,可知詩無不入樂也。二《南》及《豳》之《七月》,《小雅》正十六篇,《大雅》正十八篇,及《周頌》《魯頌》《商頌》,凡郊廟、朝廷、祭祀、燕享之大則用之。嘗考《儀禮》升歌合樂之節,暨《左傳》穆叔論樂之語,則《關雎》《鵲巢》用之鄉飲酒、燕禮,《采蘋》《采蘩》用之射禮,《肆夏》《繁遏》《渠》用之享元侯,《文王》《大明》《綿》用之兩君相見。此入樂之較然者。至若《邶》以下十二國,《鴟鴞》以下六篇,《六月》以下五十八篇,《民勞》以下十三篇,雖名變風、變雅,然或無算之節所用,或隨事類而歌。觀於《左傳》季札觀樂,大、小《雅》及列國之風立奏,則三百篇之皆入樂,固無疑矣。

宮商角徵羽爲五聲,見於《爾雅·釋樂》,以及《小戴·樂記》《吕氏·月令》,益之以變宮、變徵而七音具。宮音五聲之首,其管至長。商音徵所生,其管次長。角音羽所生,其管不短不長。徵音宮所生,其管次短。羽音商所生,其管至短。以長短之序言之,則曰宮商角徵羽。以相生之序言之,則曰宮徵商羽角也。但宮與商、商與角、徵與羽各閒一音,而角之與徵,宮之與羽,乃閒兩音。故於角徵之閒,近徵收一聲,則謂之變徵。羽宮之閒,近宮收一聲,則謂之變宮也。此即杜佑五聲二變之説也。

且有音則有曲,有曲則有譜,雅樂、俗樂皆然。雅樂之音之著於譜,爲宮、商、角、徵、羽、變宮、變徵。即俗樂之音之著於譜,爲五六工尺上四合也。其法始於唐之半字譜。今以半字譜法求之,當始於清商笛調,其字當始於合字。合字者,記清商笛調兩孔之字也。先有△以記正宮清之煞聲,又有口以記無射清商之煞聲,并之則成合字,分之則爲△口,此半字之稱所由來也。有字則有呼,△呼爲合。口無可呼,因其聲孔居笛四位,乃呼爲四,則是四乃合之口也。此合字、四字之所起也。合四記煞之法行,因而踵成八字,以記笛孔之聲,配於宮商角徵羽之十六調清商笛。

以夾鐘爲律本,記字以乙識夾鐘。夾鐘生無射,從乙作几,以識無射,几象形凡,此凡字之所起也。無射生仲吕,變几作乙,以識仲吕,乙象草書上字,此上字之所起也。仲吕生黄鐘,倒乙作乚,以識黃鐘，ㄥ，象草書六字，此六字之所起也。黃鐘生林鐘，減ㄨ作人，以識林鐘。人象形尺，此尺字之所起也。林鐘生大簇，用舊字之囗呼爲四，囘用草書，加一於下，象草書五字，此五字之所起也。大簇生南呂，減囗之半，以識南呂，字形象工，此工字之所起也。由律本敘之，乙上尺工凡六五爲七音。由清濁敘之，四乙上尺工凡六五爲八字。由笛孔配之，乙上尺工凡六五爲笛孔七字。今之工尺，黃鐘生大呂，至半大呂而又生黃鐘。黃鐘宮也，以宮、商、角、徵、羽、變宮、變徵之位言之則爲七，以其相生之數言之則爲九。然則集譜者不可不知諸字之用，尤不可不知制字之所從起也。

樂府肇於漢武帝時。郊廟所歌，則司馬相如諸人所定《練時日》《帝臨》等十九章是也。《房中曲》則高祖時唐山夫人所作是也。《鼓吹曲》用於朝會，《橫吹曲》用於軍中，則《戰城南》《臨高臺》《有所思》《上邪》等是也。他如《相和曲》《雜曲》諸篇，皆擬風雅頌之遺而被之管絃者。然論者尚議其聲散佚，無所統系，矧自漢以下，三代遺音不可復得，而欲以後世之述作求合於風雅頌之正聲，不亦微乎！欽惟聖祖仁皇帝建中和之極，通聲氣之先，《御纂律呂正義》一書，正律審音，和聲定樂。又取西洋律呂而考證以古法，皆積算析乎毫芒，叶奏通乎造化。高宗純皇帝《御纂律呂正義後編》凡分十類，曰祭祀樂，曰朝會樂，曰宴饗樂，曰導迎樂，曰行幸樂，曰樂器考，曰樂制考，曰樂章考，曰度量權衡考，曰樂問。制器協均，一一施諸實用，虞弦軒樂，固與天地同和矣。而《欽定詩經樂譜》主一字一音，三百全詩，於每字之旁舊註工尺字樣，兼註宮商等字，俾樂工肄習，皆知其義。朝會大典經筵歌《抑戒》，瓊林鷹揚歌《棫樸》干城，鄉飲恭歌《御製補笙詩》，考之於今而鱉然畢備，正徵之於古而燦然大同也。猗與盛哉！

井　田

鈕　沅

讀古人書，有彼與此不相合者，則當會其意而通之，不可執其辭而泥之。六經及四子書中固有不勝枚舉也，即請明問所及井田之制也而言之。

夫孟子所稱"井九百畝，其中爲公田。八家皆私百畝，同養公田"，此指都鄙之地一井九區形制而言，中公外私，截然整齊有如此者。至《周禮·大司徒》則云：凡造都鄙以其室數制之，不易之地家百畝，一易之地家二百畝，再易之地家三百畝，是每夫不止百畝矣。小司徒之職又有上地、中地、下地之分，不及畝數而井牧其田野。又稱九夫爲井，不言公田，蓋畫井於都鄙，則中有公田而八家合作均收，其在鄉遂則無公田，而九區皆授之民，令貢什一而已。故孟子言八家，《周禮》舉九夫，義各相通。若其田數之多寡，所爲一易之二百畝，再易之三百畝，蓋每歲種百畝，而空其百畝與二百畝。以草人土化之瀦治之，休一年而再種，或休二年而後種，其實所種不過百畝耳。一言破的。《遂人職》之中地田百畝，菜百畝，下地田百畝，菜二百畝，與此正同。而獨上地之田百畝，菜五十畝，與此不合。蓋《大司徒》舉成數而爲省文，其實初無異制也。況孟子已自明其爲大略矣，豈必一一與《周禮》合耶！

若夫卿以下必有圭田，圭田者，祿外之田也。古者自卿至於士，圭田同等，欲各至其誠敬而已。其名見於《王制》，而《周禮》獨無圭田之名，當即《載師》之所謂士田，任近郊之田者也。餘夫二十五畝，謂之餘夫者，別於正夫也。先王之於民，受地雖均百畝，然其子弟之衆，或食不足而力有餘，則又以餘夫任之，與《遂人職》之所稱,豈有異乎！其曰亦如之者,視正夫田萊三等之數,而加減之耳。總之不外於二十五畝者近是。而二十五畝之田,當在私田百畝之內,於井中另畫一區,以分授四夫。若在公田內,應除去二十畝之廬舍。以授四人則不足,以授三人則有餘,井田之法,恐無是奇零也。《詩》云"中田有廬",蓋茅篷之類,非五畝之宅之半也。前人已有辨論,似不必泥解。然此解止足破舊時疑案。

抑又聞之鄭樵曰：夫圭田,商制也,周則士田矣。餘夫二十五畝,商制也,周則皆有百畝矣。其以餘夫爲百畝者,或因《遂人》於三等田數之下直接餘夫亦如之,而誤以爲百畝也歟！要之,孟子之言,參酌殷周之制,且當去籍之餘,其於《周禮》有不盡合者,是在後之讀者以意通之而已矣。

策復條貫而極其詳明。

錢　法

姜曰贊

夫錢幣者,所以適民之用者也。自古以來,立法不一,而其久終不能無弊焉。我國家清釐錢法,規畫精詳,設立寶源、寶泉二局,凡所以權輕重而適得其平者,實通行於天下焉。《御製西清古鑑》一書,更徵詳備,誠萬世不易之良法也,亦何必縷述古代之錢制哉！

然制錢之源流,亦有可述者。蓋上古之世以珠玉爲上幣,黃金爲中幣,刀布爲下幣。自太公立九府圜法,外圓象天,內方象地,圜一寸而重九兩,輕重以銖,後世錢形實始於此。太昊時有幣,神農時有金,或謂又有錢,則好圓無輪廓,狀如半兩,左有釬字,即神字是已。泉刀金布之名,如神農氏埒字乃側看垣字,是河東縣名。或以埒字謂作神字,謂爲神農氏,謬矣。金有二種,載在《路史》,高陽金有五種,詳之

《董譜》，世罕見焉。布作於堯，漢作布貨十品，天鳳間作貨布，今猶存者齊太公刀，有齊太公杏九字，缺不相屬。王莽造契刀、錯刀，世偶見之，周景王鑄大泉，文曰寶貨。王莽時曰大泉五十，又有貨泉，流傳甚多，他若小泉、幼泉等，不傳於今，亦以久矣。

　　自秦漢以來，錢幣不知幾變，如晉之比輪，陳之六銖，漢之八銖，梁之兩柱，後周之曰五行，曰大布，曰永通萬國。唐之乾元及第五琦之重輪乾元，皆失之太重者也。漢之榆莢，後魏之曰水浮，曰風飄，曰鵝眼，曰綖環，曰菜子，曰苲葉，曰吳之沈郎錢，皆失之太輕者也。惟漢之五銖，唐之開元，輕重大小爲得其中焉。唐武宗聽李德裕之奏，敕鑄錢之所，各以本州郡名爲背文，如京洛楊藍襄荆越宣洪潭之類。舊譜壓勝品有七夕錢、福慶錢、天下太平、出入通泰，固可略舉也。又案陳文帝有布泉與五銖竝行，洪氏不載。至大黃布刀，《金石契》作大布橫千，此足訂《泉志》之舛誤者也。洪氏前著爲譜者，如劉氏、顧烜、封演、張台、陶岳、金光襲、李孝美、董逌諸人，皆最著者也。方今聖朝錢法既歸於畫一，故盜鑄之徒不禁而自止，法駕近代而上之矣，何必規矩古之錢制哉！

前　題

湯　輅

　　昔太昊氏制棘幣，神農氏聚貨帛，爲輕重之法，以制國用，而貨幣行焉。至周太公立九府圜法，錢圜函方，錢之名於是乎始。《路史》以古有申字錢，遂指爲神農錢，又有無字古錢，誤指爲太昊錢，此其說固不足信也。

　　金始於高陽，其後遂有平陽金、安陽金、乘邑金、湯金。刀始於軒轅，其後遂有貨字刀、已字刀、齊太貨刀、莒小刀。泉始於陶唐，而其形非圜；布始於商人，而其制不一。故古來之流傳者，謂寶於金，利於刀，流於泉，布於布也。至漢武帝之白金三品，新莽之契刀、錯刀，以及大泉五十、小泉直一，貨布、布泉之類，鑄作紛紛，民甚不便。故自漢以後，錢圜卒未之有改云。

然錢之輕重大小，各代異制，姑舉其略言之。如漢高帝之莢錢，武帝之三銖，宋廢帝之二銖，則失之太輕。周景王之寶貨，秦始皇之半兩，漢高后之八銖，則失之太重。唐之重輪乾元，宋之崇寧當十，金之泰和重寶，則失之太大。晉之沈郎小錢，梁之鵝眼五銖，魏之雞目五銖，則失之太小。至於後周之永通萬國、五行大布，隋之綖環、剪鐵，菜子、荇葉，或大而重則易於盜銷，或小而輕則易於盜鑄。故論者謂輕重大小之得中，必以漢之赤仄五銖，唐之開元通寶，宋之宋元通寶爲準。唐會昌年間李紳請以州名鑄錢，遂敕鑄錢之所，各以本州郡名爲背文，於是京兆府以京字在穿上，洛陽以洛字在穿上，江陵以荆字在穿右，宣州以宣字在穿左，其餘鄂、襄、潭、益等名不可枚舉，此紀地名之昉於開元錢也。

古金壓勝諸品，見於《宣和博古圖》者五，然形制非圜，長三寸餘，闊寸餘。至舊譜有辟邪錢、辟兵錢、虎符錢、符印錢、北斗錢、天罡錢、星官錢，其面背俱作花紋，其即壓勝錢之類與。宋洪文安《泉志》，古刀布已僅有，而今世反多。半兩錢自秦迄漢，其制屢變。五銖錢自漢迄隋，其制亦屢變而先後未甚明晰，則搜羅雖富而遺漏實多。至於正品、僞品，分類未當；天品、神品，稱引彌誣。吳王濞、鄧通之半兩，載其錢而毫無徵信。漢興爲蜀李勢錢而指爲漢武，且引《史記》漢興以爲秦錢難用云云，則舛錯益甚。更可異者，趙盾與翳桑餓人錢百則圖之，蘇秦貸趙人錢百則圖之，乃至牽牛借天帝錢十萬則圖之，其誰復以爲信哉！

夫洪氏以前著爲譜録，如顧烜、封演、姚元澤、張台、陶岳、金光襲、李孝美諸人所著，苐散見於載籍，久無專書，至於薛元超之志略而未備,董逌之譜缺而勿全。其單行於世,號爲全書,惟洪《志》一編,而遺漏舛誤如是,又何以使後之好古者討源流而資考鏡也耶!我朝錢法軼乎往古,内府古錢珍藏甚富。乾隆庚午冬敕纂《西清古鑑錢録》一編,案狀成圖,因文考事,爲書十六卷,爲古錢五百六十七枚,輪郭肉好廣狹輕重之制,形諸繪畫竝如其真,篆籀分楷一肖本文摹之,付之剞劂,用廣流傳,則洵乎九府之鴻規,而前民利用之職志矣,又何洪《志》之足云乎哉!

有斷制便不同游騎無歸。

桑 棉

沈錫嘉

蓋聞蠶桑之政,與農並重。故《月令》有躬桑之典,即繼以治蠶之事。古制授宅之後,令樹桑牆下,以供飼蠶。其所以利澤民生者,詳且備矣。今案《禹貢》"桑土既蠶",其地屬兗州。今江南浙江是古揚州地,而蠶桑之利甲於天下。《禹貢》獨載諸兗州者,蓋兗地卑下,水害尤甚,蠶之性惡濕,必待水退之後而蠶桑始興。兗既可蠶,則自兗而外諸州之高於兗者,無不宜蠶矣。

若我松郡,不專務蠶桑,而更以木棉爲利。木棉一名吉貝,相傳種出西番,至元時始入中國,而《通鑒》梁武帝有木棉皂帳,唐有李琮《木棉花詩》云"腥味魚中墨,衣裁木上棉"。然則木棉之起,梁唐閒已有明證,謂始自元時者非也。其織治之法,績紡之具,則有攪車、棉弓、捲筳、紡車之用。攪車之制,用四木作框,上立二小柱,高約尺五,上以方木管之,立柱各通一軸,軸端俱作棹枒,二人掉軸,一人喂上棉花,二軸相軋,則子落於内,綿出於外。棉弓以竹爲小弓,長尺四五寸許,牽弦以彈棉。今制以羊腸爲弦,弓以木爲之,長六尺餘。捲筳則用無節竹條，先將棉毳條於几上，以此筳捲而扞之，遂成綿筒，遂手抽筳，每筒牽紡，易爲勻細。而紡車比麻苧紡車頗小，輪動弦轉，莖緯隨之。紡人左手握其綿筒，牽引漸長，無有斷絕。至於吾松棉布之名，他郡莫比，其始起於黃道婆，有折枝團鳳碁局字樣等製。其出邑之尤墩者，質尤細，幅稍闊者，名九寸布，以女紅之細而能衣被天下，是固物產之奇，亦遷地而弗能爲良也。當今國運光昌，民得安居而生業，非獨蠶桑之利開其源，亦吉貝之利遍宇內矣。

解　經

劉汝霖

古來解經者不下百數十家，惟南鄭太守馬融、北海鄭元最爲明審，然其違失者亦復不少。考之《吳志·虞翻傳》，其奏疏云：經之大者莫過於《易》。漢孝靈時荀諝自號知《易》，其解"西南得朋，東北喪朋"，顛倒反逆，了不可知。馬融所釋，更不及諝。鄭元、朱忠雖各立註，然忠少差鄭而未得其門。又鄭元解《尚書》，違失數事，如《顧命》康王執冒，古"月"似"同"，從誤作同，既不校定，復訓爲杯，謂之酒杯。成王疾困憑几，洮頮爲濯，以爲瀚衣，洮字虛更作濯，以從其非。古大篆卯字讀當爲柳，古柳、卯同字而以爲昧。分北三苗，北，古別字，又訓北，言北猶別也。《玉人職》曰：天子執冒以朝諸侯謂之酒杯，天子頮面謂之瀚衣。若此之類，誤莫大焉，宜命學官定此三事。又馬融訓註，亦以爲同者大同天下。今經猶作銅字訓詁，言天下副璽，雖皆不得，猶愈於元。今此不定，臣沒之後，無人再奏。按虞翻所駁馬、鄭二註，馬融解《易》，固不及荀，鄭元註經，其違失者本有百六十七條，其所指者有三，其駁洮頮水以濯爲澣衣固是。故蔡氏註《顧命》但曰洮盥頹面，不從鄭氏。分北三苗，蔡註"北，背也"，亦不從鄭氏。若其駁同字謂非酒器，則《顧命》末二節曰"太保受同"，又曰"授宗人同"，同字亦作何解？故蔡註曰：同，爵名，祭以酌酒者。仍從鄭氏。至其駁天子執冒以朝諸侯謂之酒杯，夫《考工》但言天子執冒四寸，未嘗言同。同與瑁是兩物，何得以酒杯爲譏歟！以是知虞翻所奏固屬好古之言，然其所駁亦有當有不當也。我國家右文重經，聖教昌明，於諸經註疏，均歸至當，其勿爲他說所惑可也。

雲間小課

道光己酉仲春

目　録

卷　下

雜文

詩

序

　　松郡城有書院三，曰雲間、求忠、景賢。凡肄業之士，月課於官以爲常，其以詩、賦、雜文課者亦有之，始於道光二十四年。逾年，余守松，復加意茲事。及廿八年，積所課取諸作，可數百首，乃擇其尤，都爲二卷，刻之，通目之曰《雲間小課》。

　　夫課士以詩、賦、雜文，所以勤博習。而松之文辭，自前明陳忠裕以來，所謂雲間派者，以瑰奇偉麗勝。郡人士果勉而益進焉，其何啻什伯於是編已耶！抑余在此餘三年矣，公餘，得時從其賢士大夫游，而與春木姚君尤數相過從。姚君方爲山長景賢，文章德望後進所共仰。以是郡中談藝者日益衆，吾知自是以往，有才氣彪炳、華實並茂，而踵起於九峰三泖間者，爲吾二三子也。則是編也，且以爲左券可已。

　　道光二十九年正月望日，連平練廷璜書於希鄭之齋。

183

卷上
賦

李陵別蘇武賦 以別酒重斟謝故人為韻

葉蘭　婁縣學廩生

　　一望兮塞霧酸凝，邊愁慘結；朔氣蕭騷，羈懷淒屑。屏營停衢路之驂，感愴贈河梁之玦。不奈羊看遼海，十九年嚙雪吞氈；何圖雁射上林，千萬里還轅返節。昔盟車笠以毋忘，今指參辰而永訣。絕域摻故人之袂，何以為情；浮雲傷遊子之心，有如此別。

　　昔蘇子卿之罹陷單于也，草白屯長，冰元地厚。驅殺瘭於壕前，逐駒驍於塵後。如流之歲月空驚，已禿之旌旄仍守。莫望漢廷宮寢，歎異鄉孰是知音；厭聽胡婦琵琶，縱有匹詎稱佳偶。惟李都尉者，以骯髒之孤臣，作綢繆之良友。同鬱壯心於長劍，難消萬古之愁；獨尋歸夢於大刀，試酌一杯之酒。

　　黯黯離悰，長歌懊儂。裝馱舉确，裘裹蒙茸。豈真乳竟羝生，克應還南之誓；只是翼憐鵠舉，誰陪滯北之蹤。聞警夜之悲笳，霜天月冷；祀載途之征載，雪窖煙封。則見曠曠大漠，巉巉列墉。手且同攜，倍愛景光於一瞬；面難再覿，陡違關嶺之千重。

　　而少卿乃徘徊路側，怊悵河潯。得句而言將剖臆，臨歧而涕欲沾襟。念曾遇於三秋，誼逾骨肉；憾風波之一失，運判升沈。與子長辭，何日繼濯纓之樂；送君此去，有人深戀闕之心。定膺茅土之崇封，國典當償苦節；為痛妻孥之慘戮，漢家亦負孤忱。曷展素心以同話，再傾綠醑以徐斟。

猶憶聽雨穹廬，枕戈驛舍。恐頭顱其欲霜，屬橐鞬而視夜。顧影無儔，仰天獨咤。忽逢良覯，緣如再世以相親；擬贖前愆，謀待一籌之是借。胡廼異地分攜，詰朝速駕。積愫未舒，離魂欲化。遑說報恩於國主，負弩先驅；請爲傳語於鄉人，入關永謝。

五字聯吟，兩情相喻。何當生死之交，用隔華夷之路。一則風鞭日鐙，歸循楊柳之長途；一則馬邑龍堆，住守磽磝之古戍。縱使青山無恙，努力加餐；那堪皓首爲期，相思寄慕。幸莫幸兮絕塞還，悲莫悲兮浮生誤。可惜酬忠賞薄，僅加屬國之銜。若云降虜生貪，甯識將軍之故。

瓠史重陳，心稽漢臣。節殊義合，地遠情親。投札而藉通款曲，答書而復訴艱屯。只冤僚友，子長枉受擠排之禍；可恨賊臣，管敢致生疆場之塵。然而功堪蓋罪，勇不虧仁。刀筆吏之舞文太過，大丈夫之賚志難伸。即摛麗藻於鵁毫，文采亦誇當世；況溯雄風於猨臂，將才終屬斯人。

音節蒼涼，詞致慷慨，入後愈唱愈高，如聽朔方笳吹。

李陵別蘇武賦 以別酒重斟謝故人爲韻

趙順昌　華亭縣童生

祖道杯行，穹廬歌徹。路永腸迴，天遙心折。君去兮吾留，生前兮死訣。違盟柯之夙願，永沒胡塵；憐齧雪之餘生，終全漢節。樓臺杳杳，空餘甲帳之懸；冠蓋匆匆，非復丁年之別。

昔李陵獨將橫邊，孤軍出口，當勁敵而不支，雖奇材其何有。鞮汗山挫辱於前，大閼氏傷殘於後。意氣難降，形影爲偶。可恨佞人，管敢真須一劍之酬；遙憐知己，馬遷莫共連觴之酒。

乃有蘇武者，胡中矢節，海上潛蹤。性情早契，患難相逢。酪漿羶肉之中，漫勞勸我；羌笛胡笳而外，聊唱憐儂。豈徒金柝宵聞，話鄉愁之渺渺；安得玉關生入，消客思之重重。

無何孝昭踐祚，漢使遥臨。罷牧羊於空澤，徵獲雁於上林。送子將行，慰昔昔刀環之夢；報恩無自，愴年年戍角之音。憶當時步卒五千，矢無虛發；念此日家山萬里，酒不停斟。

陵於是奮袖高歌，撫膺中夜。水嗚咽以風酸，天蒼茫而雲亞。隴西之族何存，幕南之館久假。駕轣轆兮氈車，雜喧豗兮塞馬。別離今日，增生妻老母之悲；辜負平生，在霍孟上官之謝。

使其因彼舊交，歸歟同賦。武則麟閣先登，陵則豹韜重布。亦足以表志事於初心，收聲名於末路。何多情反若無情，而一誤慮其再誤。老爲屬國，青雲之勳業方新；生作降人，白首之衣冠非故。

嗟乎，百年征戰，兩國和親。祖没匈奴，風猶義烈；子遺胡婦，事亦酸辛。那知猿臂不封，身後并亡；將種羝乳，成讖闕前。又有歸人，固已歎雲泥之異路，能不攀風柳而沾巾。

　　原本二、三、四韻特佳，因爲點竄存之。句關飛動，可以黯然銷魂矣。

劉越石吹笛散羌賦 以不知何處吹蘆管爲韻

許威　婁縣學廩生

匝野營連，切雲樓屹。星月弓刀，塵沙旆旐。合圍而勁敵鋒攢，被困而孤城力屈。執守磽碻古戍，飛箭筶而宵鳴；自凭佶倔危欄，蔽烽煙而愁鬱。時則蛾賊交訌，龍泉莫制。命不可知，計甯獨詘。三叠譜胡笳之曲，入耳何堪；一軍生鄉井之悲，懷歸豈不。

昔劉琨儁朗標目，清剛挺姿。廿四友文才卓絕，三千户顯秩榮資。少同顧曲之周郎，聲音妙解；長似典兵之呂伋，宿衞從師。嘗署晉陽而遇虜，恍臨垓下而垂危。羞膺廣武之封，我武難張撻伐；漫擅振威之號，餘威空懾華夷。況聽警夜鈴鉦，如助余之太息；絕少同袍矛戟，呼將伯其誰知。

因念夫羌人之從役也，羣辭里閈，遠涉關河。寄身鷺堠，委命狐戈。長別白蘭之部，莫迴赤水之波。疇則無伯仲親隨，塤篪調協；疇則無室家好合，琴瑟音和。而乃生皸瘃兮墮僵指，殁糜爛兮霾荒坡。寇縱深爾，心宜忖他。聊取物以假之，鳴我謀可用；倘聞聲而不知，感彼意云何。

有笳焉吹以達忱，淒如與語。祇爲寫其牢憂，豈藉舒其悅豫。其爲製也，捲汀洲瑟瑟之蘆；其爲音也，比兒女喁喁之絮。一聲兩聲兮節甚哀酸，出塞入塞兮拍殊急遽。於斯時也，玉帳燈昏，銀河星曙。夢醒刀環，情忘涕箸。霜嚴葉脆，傳怨忿以難言；地老天荒，望家山其何處。

逸響參差，獫戎恨滋。魂消嗚咽，淚隕漣洏。念威尊而命賤，常骨竦而神馳。甚不願甲胄躬攖，恣伊一怒；悔不如鋤犂手把，務我三時。遂乃驚聞惻愴，睊顧吁噓。或投其械，或偃之旗。似八千之子弟傷心，楚歌忽起；非十萬之貔貅合隊，畫角相吹。

倏焉星散，疾若飈驅。陣雲阻兮軍壘圯，邊月朗兮戍樓孤。嫋嫋之餘音未絕，紛紛之殘卒爭趨。則斯笳也，縱橫摧猰貐之牙，干戈用戢；而斯吹也，歔吸掃雰雺之氣，叱咤何殊。第見走鹿，鹿泣烏烏。背酋長，棄兵符。竟潰諸羌，恍振三秋之蘀；不圖大捷，只憑五寸之蘆。

迄今溯越石之英風，緬釋圍之勝算。獎王室則義憤允昭，衞邊疆則武功載纘。前此聞雞起舞，雄心已見其激昂；從茲躍馬揮戈，毅色更形其廉悍。而當夫羣裔散餘，大筦吹斷。即看保障之奇才，詎恐著鞭之俊伴。洵是回天有力，書常垂奕葉之勳；竊思擲地成聲，作賦乏生花之管。

工於搆局，妙於措詞。興會淋漓，悲歌感慨。

劉越石吹笳散羌賦 以不知何處吹蘆管爲韻

趙順昌

一曲悠揚，千軍抑鬱。歸思頓生，戰心盡屈。忽來胡騎，勢已慨其艱危；偶發清聲，人難肆其奇崛。一千里月明可共，奈困守之奚堪；數萬人鄉信忽通，豈懷歸之獨不。

昔劉越石之在晉代也，當胡虜之倡亂，適羽檄之交馳，詔并州之刺史，入晉陽而維持。東瀛公倚爲心膂，廣武侯佈其聲施。迺除荊棘，迺振熊羆。拒劉淵於離石，表猗盧爲官司。方期釋楯而耕，螳臂之當何懼；不料揭竿而起，烏合之眾難知。

雉堞嵯峨，將軍枕戈。壘騰殺氣，野起胡歌。聲幾咽夫刁斗，勢難解夫網羅。聽笳管於彼軍，風生虎豹；息烽煙於隻堠，羣鮮鶬鵝。非徒子弟八千，借箸而幾難催散；空有江山半壁，拊髀而欲喚奈何。

將軍乃謀熟韜鈐，畫精智慮。勢迫倉皇，計生急遽。登戍樓而龍吟，援胡笳而虎踞。謂此蠢爾之么魔，久矣離鄉而竊據。不必以旗鼓爭，何勞以戎馬御。唱出陽關三叠，應憐征戍多年；吹將河滿一聲，試問家鄉何處。

音戚聲悲，羌胡淚垂。望遼陽而目斷，聽鼛鼓而心危。萬帳聞聲喪氣，三軍相顧愁眉。憶鱸膾而思歸，豈必情同張翰；操土音而心動，已教人盡鍾儀。憶昨宵賊勢憑陵，空談露布；欣此日寇氛盡解，幾等風吹。

倘使徒矜善戰，競尚捐軀。逞雄心於揮劍，侈偉烈於張弧。一千餘羸卒敗兵，何能卻敵；數萬人強弓怒馬，終患長驅。戰勝無具，傾陷堪虞。不教涕灑征衣，何日勢同解瓦；若第書傳雁足，奚能魄動銜蘆。

惟是不尚力爭，獨操妙算。醒鄉夢於徐徐，動離愁於緩緩。下征人之淚，策更妙於攻心；斷游子之腸，敵何難於納款。逸響風飛，羣情星散。任爾犬羊之性，枕難穩於刀鐶。頓消風鶴之驚，勳合歌夫簫管。

氣韻沈雄，聲情激越，用筆尤得反正相生之妙。

劉越石吹笳散羌賦 以不知何處吹蘆管爲韻

胡承豫　青浦縣童生

天寂寂兮伊涼，音嗚嗚兮哀鬱。塞雲愁兮沙幕寒，羌夢醒兮邊塵坲。欷歔中夜兮怳如猿嘯馬嘶，聽麾馳於服不。

昔東瀛公鄨都移鎮，劉越石朝命紛披。負楯屬鞬，鋤荊翦茨。一旦狼煙風勁，羽檄星馳。隴頭添鼙鼓，城角撼金鈹。寇已深矣計安出，焉得殺賊兮酬主知。

將火牛以解兮，難爲田單之破圍；將木罌以乘兮，非無淮陰之渡河。將縱鴿而爲陣兮，烽煙警兮露布；將擊鐃而望救兮，刁斗危矣枕戈。不作興霸鼓吹，且效楚王長歌。將軍斯時，奈羌敵何！

越石則危樓清嘯，顧將士語曰：昔之銅鼓秋高，擊筑夜曙。琵琶則馬上驚聞，觱篥則龜茲曲著。車騎何時還，年年長城據。盼鄉關兮思歸，指明月兮何處。羌人莫不有父老故舊，聽此笳也，而怳惚如語。

夜兮迷離聲兮淒，其罷新箏不弄，恨長笛休吹。嗚咽如離宮怨女，小樓泣嫠。又疑霜雁愁孤，山鶯嘔血，觸戍客之傷悲。聽此笳也，魂斷羌夷。

乃相與惆悵，掩泣曰：吁，此聲何來？慘急若沙場嘔鬼，哀壯若霜程驚烏。淒淒切切，志梟情輪。登城一望，滿目平蕪。野息狼燧，路遺螢弧。厓危而勒馬嘶草，關遠而征車出蘆。

倘非兵在攻心，將先善算。將鐵騎重圍，孤罍危卵。背城戰兮敵夢長，守陴哭兮暮雲斷。曷若度邊腔而傷神，奏哀韻而納款。羌人無不感此聲情，數年不敢偪晉陽，而如聽當時之葭管。

古服勁裝，蒼涼激越。

元微之連昌宮詞賦 以舊人惟有何戡在爲韻

袁瓚　奉賢縣拔貢生

緊長慶之才人，緬連昌之遺構。宮已圮於荊蕪，詞用摛夫錦繡。時則駐壽安，攬明秀，撥寒莎，繞荒薴。但見竹密青攢，桃嫣紅逗，徑走飢鼯，碑蹲斷獸。過客偶經此地，起榛煙苓露之愁；居人爲指當年，有舞榭歌臺之舊。

昔顯慶初之建斯宮也，璇題納月，璧檻延春。層檐赫奕，複道岧嶙。按樂進龜茲之部，徵歌傳鳳篆之嬪。詞清平兮奏三疊，宮歡幸兮宴千巡。爰有花萼岐薛，椒房虢秦。雲驅玳轂，風鬭珠輪。也曾紅硯宣毫，獻詩在御；不信紫垣擫笛，記曲何人。

鼙鼓聲馳，漁陽亂滋。舞斷羽衣之日，塵埋羅韈之時。禁苑而梁傾蟌蜓，上林而花泣胭脂。遂使燕巢榱桷，蚖踞杲罳。臨階榻冷，蠹漢樓攲。孰證兩心之誓，孰陳萬歲之詞。只憐入直宮人，散隊幾經飄泊；似說秉鈞宰相，上書頗切謀惟。

那不傷心，何堪回首。鶗鴂同越嶠之嗁，麋鹿比蘇臺之走。簾影黑兮珊鉤垂，冢燐青兮玉顏朽。於斯時也，未免觸景悲深，聞聲慨久。而乃湘管揮，剡牋剖，放瓊辭，扣銅斗。五十載民生瘡痏，雁澤空瞀；六百言義託規箴，鴻才別有。

擊節狂歌，離宮恨多。今餘瓦礫，昔搆干戈。殘址而紛穴狐兔，破窗而尚黏綺羅。昔何爲而靡麗，今何事而消磨。賀老之琵琶已輟，念奴之嬌婧疇呵。真教如夢如癡，率意吟催筠管；忍憶傾城傾國，回頭笑暈梨渦。佗傺無已，淒涼奈何。

然則斯宮也，歌舞曾酣。而斯詞也，芻蕘是參。袞職苟勤於黼座，鈴聲甯惱於煙嵐。茲迺菌生燕寢，草沒鸞驂。廿五郎醉逐筵側，三千里程迷劍南。烽塵竟擾，燮理誰諳。任小臣說進瞽矇，中心是悼；幸太子位乘靈武，外患能戡。

詩可以觀，言真足采。嗤楊李之倒持紀綱，羨姚宋之和調鼎鼐。須知麗質之招尤，安怪屬車之是殆。厥後兩京克收，三軍奏凱。頌作中興，功成元宰。爲讀淋漓妙製，呼才子以無慚；試尋邐迤行宮，問野夫其何在。

涵緜邈於尺素，吐滂沛於寸心。俯仰蒼涼，不堪卒讀。

雞林賈市白傳詩賦 以詩到元和變體新爲韻

金相　嘉興府桐鄉縣廩生

船來珠海，人值瑤墀。黃金鑄字，白雪摛詞。高鳳閣之體裁，麻宣制誥；重雞林之聲價，紙貴蠻夷。胡才人之妙詠，等良賈之居奇。喜今番金置牀頭，不是長門賣賦；慨幾輩桐枯爨下，空教禿管吟詩。

原夫白傳之爲詩也，體最清華，才尤排奡。劉禹錫翰墨推崇，元微之瓊瑤投報。四千許首揮毫，盡化爲煙雲；二十餘年晰律，已窮其閫奧。固已傳宮禁而風行，播教坊而名噪。共羨含香珥筆，鸞禁身登；不圖索句欵門，麟州人到。

爰有雞林賈者，新羅別種，桂海名藩。踉來歸於賀魯，嘗置宰於堅昆。滿載番錢，數見月圓瀚海；常通估舶，最欣國近中原。儒書則詔頒禮部，惠商而榮彼輶軒。語言啁唧，文字討論。觀來上國人才，豔煞玉堂金馬；讀到香山吟卷，羞稱天寶開元。

於焉評章詩格，研翫詩歌。轉碧瞳而閃爍，搔朱髮而婆娑。鴃舌流音，歎僻壤罕茲詞藻；鴛鍼度秘，奉多儀願賜觀摩。休言禁休無華，禮先執贄；見說之無畚識，人現鳴珂。敢悰錐刀之末，請售著述之多。想當年曲聽琵琶，曾經淚溼；見此日客非褫襪，料得顏和。

一字一珠，千編千絹。文章豈市道之交，貿易乃賈人所擅。江州望重，何愁謫宦飄零；宰相音知，那有偽篇迷眩。惜花醉月之新詞，戞玉鑑金之妙選。令彼歸裝壓去，海若神驚；任他奇寶載來，波斯價賤。問會心於老嫗，爾時索解何難；誰抗手於中唐，此體從知不變。

蓋其言本性情，語由根柢。傳抄久徧於市廛，嘉歎特深乎殿陛。推其格調，一家之雅製自成；溯厥淵源，六代之淫哇盡洗。指陳則獨澈精微，諷刺則無嫌訕詆。知海客不同耳食，能扶大雅之輪；笑吳人無此金多，空索長安之米。此所以千緍不惜，藉酬吟詠之苦心；而七德載歌，勝讀齊梁之豔體。

洵千秋之韻事，抵一代之奇珍。才定儲乎八斗，品真冠乎三秦。綴白帖之舊聞，津梁後學；藏竹林之副本，香火前因。但聽寰中共唱元和之樂府，那知海外尤欽嵩洛之詩人。試看李杜以還，論價則當時執重；回首湖山之側，奉祠而奕世常新。

　　灑落自喜，顧盼生姿。

三垂岡置酒賦 以英姿颯爽來酣戰爲韻

宋觀澂　松江府學附生

客有緬渭橋之偉烈，尋沙磧之殘營。故驛而煙消烽火，荒岡而草翳榛荊。曾聞赤馬臨戎，威傾敵膽；空見黑鴉作陣，噪學軍聲。然而前則賊平上黨，後則寨燼夾城。命酒徵歌，卜異日大勳之集；復讎告廟，洵當時間出之英。

昔武皇之破孟方立也，牙摧貘貐，陂截琉璃，掃邢州之氛雾，新隴郡之旌旗。亂首能戡，敘績則功居一等；勇餘可賈，還軍而獵校三垂。於斯時也，伏謁紛來裨將，承歡藉有佳兒。笑龍性之難馴，休嗤獨眼；幸虎飛之有種，別具雄姿。

爰置酒焉，隊撤貔貅，裝寬靺鞈。笙簫之奏兩行，葡萄之釀千榼。而是岡也，屯列騎而坡平，蔭叢祠而樹匝。縱一日淋漓之飲，氣吸虹蜺；唱百年慷慨之歌，聲喧鞈韘。武皇乃壯志颯飛，逸情雲合。尚多蚍蝂，忍教腥草以蔓延；如許頭顱，肯歎鬢蓬之蕭颯。

而況亞子權奇，沖齡雋朗。鑠人之光影偏清，鎮俗之威儀共仰。黑衣擁扇，姙時屢夢夫祥徵；翠盎兼卮，晬日即膺夫厚賞。適隨侍於筵前，迺顧瞻而神往。豈分沙堆終老，任醉態之婆娑；毋忘忠藎傳家，定邊塵之擾攘。俟豎子之名有成，信老夫之言不爽。

接席傳杯，歡聲若雷。絳旓日絢，素甲霜鎧。虎威得酒而神奮，鹿角緣岡而哨開。記牛椎荒徼之年，蕃酋意釋；恨兔脫上源之日，汴帥心猜。茲乃大敵初克，宏基待恢。森玉帳之銀槍，終冀渡河奏捷；擁沙陁之鐵騎，何當衣錦歸來。

厥後未除墨絰，即駕戎驂。試背城以借一，請遺矢而囊三。連朝乘密霧之蒙，犀軍直入；萬級斬元凶之党，虎穴先探。遂使潞人聞之而魂騷，梁祖歉焉而汗懲。生子當如是乎，陟岵而岡仍無恙；前言果不謬也，策勳而酒爲重酣。

既而毒螫盪除，海隅清晏。太師陳愷樂之章，大酺賜官家之譙。應出牖之紫氣，旒衮當陽；昌遺祚於赤心，河山丕奠。惜乎驟勝而驕，習安是倦。徇禽色之荒嬉，致優伶之專擅。太息愁臺進雉，蒼黃停汜水之鑾；難忘魏闕驅狼，雷雨助昆陽之戰。

興會淋漓，神彩煥發，足以壓倒一時。

宋祖雪夜訪趙普賦 以笑問客從何處來爲韻

胡承豫

孤燄燈寒，四回城陴。冒冷微行，探謀決要。朔風人静，漫驚載道旌旗；舊雨情長，還想當年弋釣。豈似庭前吟雪，酒醉殘宵；幸殊廡下遺金，瓶開一笑。

昔宋太祖夙具英姿，旋扶神運，金匱勳藏，黃袍跡奮。行無太師偕從，思得功臣時近。故肅衣冠不去，每來卿相之家；還當裘帽相親，爲署君臣之分。竟忘徹夜之嚴寒，遂乃扣門而顧問。

有趙普者，同事平章，全資碩畫。氣攝諸藩，謀參前席。恢相業於十年，凜天威兮咫尺。恰值影搖，羅幌四壁燈青；忽聞急啄，蓬門一庭雪白。豈山陰道冷，猶來訪戴之人；豈永夕門封，尚有尋袁之客。

孰知帝度雍容，侍臣景從。有謀則就，問夜無庸。非關探到梅花，溪橋春信；好似撥殘柳絮，輦路寒衝。柝聲而悄答三更，何處風號鐵馬；旗影而輕飄一色，此時天戲玉龍。

於是殷勤徐入，笑語微和。龍顏有豫，鸞衛無訶。雪色凝兮月皎，雪花撲兮風過。非當時武殿披裘，驚心冷逼；乃此夕文茵鋪錦，式飲情多。倘教問計太原，姑以試卿爾若。但清談論語，如此良夜何。

玉樹增華，雪天如曙。計謀尚待卮言，侍從何須服御。圍鑪酒有，臣請爲閫外之籌；沃雪湯如，臣請借筵前之箸。若説將軍決勝，定算今宵；倘招王弟偕來，重逢此處。

樽開綠暈，肉待紅煨。夜如何其未艾，客同不速之來。藉終宵之忠讜，清五代之氛埃。建旄何人，須俟他年補牘；調羹有婦，聊傾爾日鹽梅。枉玉趾以惠臨，共羨水魚情契；握珠囊而輝映，非徒銅馬功恢。

山楹思逸，水鏡神虛，至處處不脱雪夜，尤見細鍼密縷。

釃酒臨江賦 以一家詞賦最憐君爲韻

金仲理　華亭縣學附生

江岸迢遥，酒懷蕩佚。夜静樽開，星稀月出。煙水蒼茫而外，有此酡顔；旌旄倥偬之間，畧謀暇日。江頭覓醉英雄，可是無雙；酒後成吟才調，果然第一。

方其荆州擁隊，峭壁停槎，戈甲捲江邊之霧，軸轤迷江上之霞。如此洪波，放棹而順流可下；會須洗琖，酬勳而戰士無譁。有君王旰食之心，恍逢帷幄；問吳蜀詰朝之事，誰是官家。

當此時也，但覺江水沸艦，江風捲旗。眾士敢圖夫醉飽，軍謀恐誤於酣嬉。方思整暇都宜，渡江用楫；安得觥籌交錯，有酒如池。吐哺歸心，浪説相公之大度；臨流有興，遽成幼婦之好詞。

而乃綺席頻張，嘉殽既具。爭握偏提，合稱大醑。空江暫泊，不圖列炬之雄風；對酒當歌，莫等人生於朝露。不識舉杯相勸，諸將何人；料知橫槊長吟，一門共賦。

宴啟樓船，令森大斾。徒爲酒食之相需，竟擬君臣之交泰。目斷江天，遼闊萬里長風；容聯酒國，因緣一時嘉會。壁猶未赤，寒潮之入望無涯；顏尚餘紅，韻事而今宵爲最。

一夕芳筵，回頭愴然。事業塗地，輝光燭天。山水勾留，前度雄誇宴賞；杯盤狼藉，於今都付雲煙。豈能拇戰淋漓，酬君奢望；只有騷人閒散，過此相憐。

子瞻於是溯洄流水，感慨遺聞。泊從古渡，醉趁斜曛。導兩度之游蹤，江水依然終古；搦一枝之彩筆，酒闌聊復成文。興也常酣，打槳而不勝望古；流仍不息，臨波而何處思君。

遙吟俯唱，逸興遄飛。

儗庾子山《春賦》用原韻

張金陞　婁縣學附生

繡陌兮青歸，香颸兮襲衣。夢沈沈兮蝴蝶殢，聲恰恰兮鷓鴣飛。

羣爭玉譜之芳，雜糾珊枝之樹。平頓屩於莎臺，浣清塵於蕙路。煙花則媚景纔嬌，梅柳則橫江遞渡。

二三春月，卅六春宮。羊車望幸，蟬鬢臨風。草輦道以叢碧，顏鏡奩而靨紅。金鴨之蘭熏未燼，玉龍之蓮漏方中。

家侈華貂，宴斟錦雉。畫衣翻縹緲之雲，珉礙走參差之水。地則紙醉金迷，人是荆姝越美。

尋芳遶徑，覓醉攜醅。驂綠篠以當步，招紫霞而勝杯。薄糝風前之絮，狂吹笛裏之梅。翦開燕逐，簧轉鶯來。

俊侶歡邀，清懷樂撫。江南蓮葉之詞，洛下柘枝之舞。琴身以翡翠裝徽，筝局以珊瑚作柱。和長柄之匏笙，點細腰之花鼓。

光伎明郎，隄穿綠楊。香塵互蹴，錦幄分張。帽側聽鸝之館，欄憑射鴨之堂。罷脫珍珠釧，還循蝴蝶梁。調笑而情輸鸚鵡，諧聲而曲協鸞凰。

脩禊浴蘭之會，盪舟贈藥之津。雅騷洽其觸詠，花草韻其精神。款林下之幽客，嬉水邊之麗人。看山挂笏，得句題巾。

韶景斯永，頹陽欲斜。討春之遊此日，藏春之窟誰家。催暝色於歸鳥，軫閒愁於落花。

　　雋詞絡繹，步韻自然。

擬庾子山《春賦》

陳寶琛　華亭縣童生

玉笛兮飛聲，風峭峭兮金鈴。迴鶯轡兮駐青軿，媚韶景兮伶俜。

催冰作水氾春波，調雨爲酥潤春隰。一夜天工判牒忙，滿園花事傳芳急。睠歲華兮忽新，軫綺思而紛集。

煙晴古驛，日暖平原。俱停翠葆，並湊朱軒。言過樂遊苑，送客上東門。花染將離之淚，萍飄無定之根。違素心於千里，媵相思於一尊。春緒如結，淒然斷魂。

至若九陌驊騮，一車鶯燕。鬬綺羅以逞妍，嬉旄旗而銜倩。鬧娥則翦綵成簇，撲蝶則招香入扇。柳軃鞭絲，花嬌人面。極春從與春遊，總載笑而載宴。

玉帳牙開，東風乍來。草肥青塚，沙淨黃埃。山臙脂而艷潑，野慘悃而暄回。大蒐光祿之塞，出獵李陵之臺。於時馬嘶苜蓿，鳥舞琵琶。蹋歌而聲激銅斗，會食而醉傾玉醅。

至於漢殿情娥，魏臺媚子，愁緘連瑣之窗，夢冷合歡之被。傳言輪鸚鵡爲媒，輔曆媿鴛鴦作珥。未央之夜何其，長樂之鐘鳴矣。那不顧影憐生，感時怨起。

又如黃河一曲，玉關幾千。自君之出，與愁爲年。網絲侵寶鏡，飛塵拂翠鈿。骨香桃而比瘦，腸束竹而同牽。檐憎噪鵲，門掩嘹鵑。惱春芳於三月，約春心於七絃。

別有讀畫當簾，題詩就石。臨鷗檻而嘯晨，據鹿牀而延夕。坐花開桃李之園，款月召煙霞之客。麗景絢其清明，良時佐其幽適。棋譚則曲院枰移，茗約則平臺杖策。

春事多端，春人幾般。別離感戚，爾汝歌歡。榆關蔥嶺望何極，永巷長門情易闌。何如狎翫魚鳥，雜挲芷蘭。狂士愜同流之趣，達人作齊物之觀。聊乘化以歸盡，寄遣心於宵漫。

> 濃豔極矣，而段落清新。其秀在骨，斯爲六朝嗣音。

九月團臍十月尖賦 以野菊開時酒正濃爲韻

馮頤昌　華亭縣學增生

小籥潮平，老饕吟寫。蟹市寒塘，鷗盟秋社。動食指於饞翁，繪物情於《埤雅》。月分九十，經霜而體具輪囷；臍別團尖，入饌而味殊山野。

昔坡公宦海身羈，塵寰跧伏。茶煎團餅以情間，雪咏尖義而句逐。於時介族評量，食單往復。歸心未遂，且持左手之螯；笑口常開，還插滿頭之菊。

有如水漫雀入，天空雁來。屆茱萸之節候，搜笭箵之羹材。周紺曆而膏溢，廓青匡而狀魁。當筵之杯影初承，璚酥快啗；衡璧之缸花對映，銅殼爭開。

至若橘柚煙滋，芒輪稻遲。一圭獨抱，雙劍交持。俟虹蛻以藏彩，逐蜻蜒而截漸。君以爲雄，是側側爬沙之候；我求其牝，正纖纖挂月之時。

斷而取之，嘗其旨否。憑月分以品題，詎雷同夫美醜。團惟溪沫而珠跳，尖或觸蕭而玉剖。時值築塲納稼，話殘一度西風；色兼斫雪含黃，消得半瓶濁酒。

是宜款賓僚，佐觴政，雜雄雌，閒歌詠。涎未餐而已垂，舌雖夾而奚病。第觀其蔘瘦枝扶，橙肥香迸。瓊輪團貼，然稞火而脂流；玉筍尖差，糁薑芽而味正。

笠澤吳淞，秋懷幾重。一詩欲換，二頃安從。腥風怪雨以常聽，釣叟罶郎其未逢。未免全腔愛爾，半甲憐儂。那如珧柱石華，聞名已久；比似花豬竹䖳，結想尤濃。

　　細膩熨貼，吐屬風流。

九月團臍十月尖賦 以野菊開時酒正濃爲韻

吳啟鶚　華亭縣學附生

客有賞菊筵排，飛花筆灑。小夢鱸鄉，清吟鷗社。尌蟻綠而情豪，擘蠏黃而興寫。團紅一殼，凝碧麝以酥流；尖白雙螯，嚼銀霜而膏瀉。恰愛秋光兩度，催飯稻於西風；爲添酒興連番，傲乞花之東野。

方其執穗朝魁，銜芒負腹。早秋而蟬蛻猶黏，殘暑則蚌胎未蓄。未幾而捕蠏人來，鳴榔聲逐。上密簎以爬沙，舞腥風而折竹。無不團綻銀膏，尖含紫肉。話到持螯持酒，分兩手之拈花；雅宜秋淺秋深，供同人之就菊。

蠏市紅堆，秋筵盛開。茰囊九日，橘酒千杯。籠團臍之郭索，佐清饌於鹽梅。最宜叠肖荷錢,堅凝金殼;絶似浮來菱鏡,圓結珠胎。唾白流涎,點點而波心暈起;含黃斫雪,團團而月影移來。

既團臍之午擘,更尖腹之争持。霜濃膏厚,市冷腥滋。長夜之風情不減,小春之清味尤奇。觸十指之尖尖,敲金有韻;彎雙眉之曲曲,斫玉爲肌。昨宵月黑天寒,拳丁買得;今夜燈紅酒暖,銀甲挑時。

莫不攜籠含情,擎杯悦口。雪甕香醲,霜臍味厚。評肥瘦於筵前,品團尖於座右。黃中綻剔,團團而腹怡成筐;白入肥撑,尖細而芒應刺手。大好銀盤風味,九月十月之天;連催玉局詩情,三杯兩杯之酒。

所以坡老豪吟,彩毫飛詠。賦嗜蠏於老饕,續思鱸之談柄。指揮争吏部之狂,拇戰奪監州之令。紅剖鸚鵡之嘴,碎觸霜花;白凝蝶蛄之胎,圓分月鏡。調以吳鹽蜀豉,作羹而手自纖纖;揀將殼大螯肥,擁劍而行還正正。

擘蠏惺忪,歡容醉容。漁莊秋老,蝦渚霜封。曉起而午橋争買,晨炊而卯飲堪供。較量團月尖風,菊天興重;消受銀脂玉液,柑酒情濃。最憐公子無腸,十二種圖形入畫;不負將軍此腹,兩三樽塊壘澆胸。

　　賦物善手。

九月團臍十月尖賦 以野菊開時酒正濃爲韻

吳啟誠　華亭縣童生

水冷鱸江,燈寒漁社。蠏户霜封,鷗鄉雨灑。籠郭索於溪頭,品團尖於月下。揀得螯肥殼大,菊花新酒之天;催將豆雨魚風,楓葉寒江之野。

　　猶憶夫八月潮添，一燈舍築。執穗香肥，輸芒信速。雖解甲之紛披，尚含胎之未熟。蟬欲蛻而猶衣，蚌有珠而在腹。持螯客到，空搓兩手之橙；送酒人來，未插滿頭之菊。

　　無何而雁天秋老，蟹市風催。溪霜飽後，嶺霧腥纏。出籪而爬沙就縛，攜筐而博帶爭堆。丁沽價好，亥市人回。算來飯稻羹魚，紫菰米熟；選出團紅尖白，黃菊樽開。

　　維團臍之美味，當九月之寒時。玉含膏而濺液，珠孕腹而流脂。半殼團圞，圓凝月魄；一匡團結，冷暈冰肌。笑前番丁港擎來，荷錢影叠；快此際辛盤捧出，菊餅香滋。

　　若乃月轉冬初，節過秋九。選得尖臍，持來左手。小春之清味良佳，長夜之風情彌厚。拳丁碎擘，胎蟆蛑以分將；腹甲斜披，觜鸚鵡而割後。一蟄觸指頭之血，斫玉流膏；雙螯黏舌上之霜，含黃點酒。

　　乃知二白兼收，雙紅並詠。蓴葉香浮，橙薑雪映。登盤添宋嫂之羹，乞郡愛蘇公之令。一詩換得味占江鄉，兩種攜來監分酒正。饜醉侯之大嚼，非徒魚酒風清；供饞守之高擎，不負蟹天秋盛。

　　客有問漁溪之鄉味，懷蟹舍之秋容。饌鳴薑而待切，羹調豉而偏釀。題饁詩就，采橘筵供。雌黃滿口，大白澆胸。相思張翰蒓鱸，頓覺扁舟風好；記取吳江螃蟹，不知寒夜霜濃。

　　風韻清疎。

六家註《選》賦 以六經而外此傳書爲韻　並序

葉　蘭

　　總集有選，肇始昭明。唐初江都李氏善，與許淹、公孫羅並承曹憲爲文選學，轉相教授。而李註獨行，方雅清勁。舊書品其飭躬，敷析淵洽。新書稱其撰述，有初註、覆註、三註、四註。羅羣玉之總總，該百氏之云云。非祗騁博，爲藝林山淵；兼善析疑，資通儒考鏡也。顯慶三年，始進定本；開元六載，益以五臣。呂延濟輩，檮昧寡學，迥非善倫。李匡乂《資暇録》，辨寒鼈與芳蓮；丘光庭《兼明書》，訂雲窓與藻梲。以至蘇氏《志林》所抨擊，洪氏《隨筆》所糾繩，確有所指，誠非苛論。

竊謂善註，定宜單行。其閒若桓譚、譚拾之殊，張釋、釋卿之誤。厭次無縣，《漢志》偶疎；思晦非騫，《梁典》或謬。丁亥、丁未，辨日辰之差；中郎、侍郎，證官制之異。獨能釽摴紕繆，稽覈豪芒。畧舉數端，要可隅反。

然自李唐而降，六家竝稱，註引羣籍，自極浩博。計經類自傳訓以至小學、緯候、圖讖，凡二百十六種。史類自正史以至別傳、譜牒、地理、術藝，凡三百九十五種。子類自諸子以至兵書、道經、釋論，凡一百六十九種。集類四十八種，詩一百五十四家，賦二百八家，頌、箴、銘、贊六十八家，碑三十三家，誄、哀詞、連珠五十家，詔、表、牋、啟三十八家，書八十九家，弔祭文六家，序及雜文一百六家，舊註二十九家。其即入選之文互引者不與焉。末學燕陋，莫窮津涯，聊拾咫聞，衍爲斯賦，其詞曰：

伊選學之崇深，實文人之膏馥。始姬秦以紹言，迄齊梁而標軸。體則雜乎雅騷，理則靳於精熟。蓺林彙而詞飆興，學刃攢而文鋒蠹。然而物博辭繁，情含義蓄。苟昧旨於諗符，輒見譏於書簏。則有解澈毫芒，源探星宿。緝秘典之綱維，翼遺聞於簡牘。綜覽者獨慧瑩珠，繼成者羣流亂瀆。故條其目厥逾千，而列其家是爲六。

昔昭明之宏達，開選樓而式型。歷文囿以窮奧，泛詞林而扇馨。總騷賦以樹之的，斟詩頌以抶其肩。以及詔策、樂府，表書、雜銘。時更七代，數邁千齡。莫不鳩聚湮佚，廬搜杳冥。緗縹積西崑之府，琳瑯輝東壁之星。斯固極大觀於宙合，而俾資元覽於精靈。特是非梯崿以陟千仞，無筏崿以濟八溟。孰則如郭象之註《莊》，裴駰之註《史》，而使茲選之卓躒，足以比附乎六經。

有李唐崇賢館直學士李善者，清勁標節，深潛搆思，勉十舍以心策，乘三餘而手披。爰承舊註廿九家之後，遂析新編六十卷於斯。用進宸鑒，特邀寵施。其中韻證妃豨之誤，形稽帝虎之疑，辨策邵不可爲營郜，知史岑不得頌和熹。牛子爲從而後譌其字，鴻飛何篡而慕易其詞。竝皆據典刊謬，識趨絕歧。信特鑑之昭若，笑眾盲其已而。

洎五臣之踵興，樹一幟而説會。謂李註之繁蕪，逞己私而洗汰。非不喉衿羣籍以搜羅，萌柢百家而沾句。導涓以測海之深，撮壤以絜山之大。於是伏流潛穎別其微，脩除艫舟指其昧。斐妃音晰於依稀，建逮體差於摹繪。是即念茲而釋茲，未免意害而辭害。然而一得可取於芻蕘，無譏非等於曹郐。故雖校內録事而絶，相懸而究，爲治《選》家所不能外。

第觀其所註引書之博也：禮樂制度宗諸經，治亂廢興證諸史。子擷老莊管列之精，集傾秦漢魏晉之髓。重以百二十國之寶書，七十二家之秘旨。貝葉參釋迦之文，謨觴譯上帝之紀。旁及卜筮，降而擊技。郳侯三萬軸所不能該，攸之八千章所不能擬。本本元元，鑿鑿齒齒。可因委以尋其端，欲知歸而覩所指。故集《選》之識既獨冠乎古今，而註《選》之功亦無分乎彼此。

然試後先互勘，優絀斯宣，一則網提而領挈，一則文拘而義牽。使非李註之渺慮鉤剔，銳心審研，誰復知九選以一月爲一日，永始以四年爲三年。觢昧之曲，左思複其字；葛天之歌，張揖錯其篇。若五臣則解踣三殤之妄，説沿宗衮之偏。爲偶舉夫大辂，豈未知其孰賢？則是註之臻乎美善也，要在不矜肐見，獨得真詮。譬繫簒以眾縷，猶貫繩於散錢。能典斯貴，惟精乃傳。

迄今《選》註之行也,衆目同賞,六臣竝譽。便汲古之檢閱,作饋貧之菽荳。一自秘牒漸佚,遺文就墟。隻字珍於鏐鈑,單詞重於瓊琚。厥後握槧懷鉛之輩,手讎心校之餘,或集評以觀其備,或雜摘以課其虛,胥奉兹《選》爲圭臬,而本斯註爲權輿。惟部分而種別,乃秩如而瞭如。士有柔日經而剛日史,古人稽而今人居。寸管在握,長言自舒。竊於昭明所薈萃之集,獨愜江都所鈎弋之書。

宏博之詞,凌厲之筆,其佳處所謂句句欲活矣。

六家注《選》賦 以六經而外此傳書爲韻

吳啟鶚

今使繙蝌蚪之編蒲,披琅環之簡竹。曹氏千倉,鄴侯萬軸。而不加箋註之精詳,未別選家之名目。將訛沿亥豕,史書亦覺傳疑;解誤蟭螟,《爾雅》奚稱熟讀。而況夫梁苑文高,選樓學宿。非參諸子之評,曷發先賢之覆。此廿九家之舊註,蕪詞刪文字之千;而三十卷之新編,寶翰集儒臣之六。

懿夫昭明太子之集《文選》也,青宮侍讀,元圃垂型,講藝肅成之館,招賢博望之庭。舉凡鄒枚摘藻,班馬霏馨,張楊騁博,紀謝揚靈。無不投李賀之錦囊,籠來紗碧;乞劉生之藜火,選出鉛青。如此高才,定與曹劉而入室;有誰大筆,能同孔賈之疏經。

維唐時有六家者,李善固崇賢學士,劉良亦都水名師,呂延濟常山望重,李周翰石隱風遺,更張銑之學博,兼呂向之才奇,彙成六學,濟美一時。精箋説於七百三十六家,匠心獨運;博鈔胥於五百二十八牘,巨眼全窺。雖十二月錦帶之書,未免雕鐫細甚;而六十冊蟲魚之註,允稱著作褘而。

故其註《選》也，訓詁精研，音聲刻繪。括汗簡而搜羅，削卮言而陶汰。例以曹昭續史，藻奪詞林，比之鄭氏説經，草題書帶。如六籍之并包，如六書之聚會。如搜奇於六嶺之巔，如采獵於六川之大。不數許燕手筆，贊脩居六藝之先；須知曹李文章，箋疏在六經而外。

而論者以爲義鮮折衷，詞難盡美。彼五子之管窺，非大家之宗旨。邱光庭則議其粗疎，蘇子瞻則黜其華侈。惟善也，書簏傳名，葛天表紀。古文苑出於佛寺，咸驚吐鳳清才；未見書讀自石渠，不屑雕蟲小技。師曹憲之註《廣雅》，徧摘春葩；笑向秀之註《南華》，獨遺《秋水》。所以考其學則据典而引經，較其才則絀彼而伸此。

而不知儒林璧合，藝苑珠聯。一除糟粕，各妙言詮。即李家之專本，亦眾註之都全。包羅秋實春華，胸裁成竹；撫拾山經水紀，手握如椽。訂《漢志》之紕繆，糾《梁典》之拘牽。新註引歐陽之史，古註存劉薛之篇。頓教後進名家，備采六臣之手録；從此大文華國，同承六代之心傳。

士有胸羅史籍，目富經奩。才充六館，學足三餘。孫綽之論文不謬，張華之《博物》非虛。訂三十七類之編，書登天禄；參百廿七人之註，字校石渠。於以揄揚聖化，黼黻宸居。鸞章日焕，鳳誥雲舒。方期甲館羅英，上膺金馬玉堂之選；豈止酉山考典，博采鴻都虎觀之書。

故實詳明，詞意相輔，故佳。

葫蘆中《漢書》賦 以相傳是班固真本爲韻

葉　蘭

蘭台舊從，瓠史新藏。擔來筇杖，秘出巾箱。遺稿而一壺特貯，前聞而三輔能詳。學士南朝，快覩琳琅之笈；僧伽北渡，濃熏蒼蔔之香。其中大有奇觀，試潛心以檢取；此外悉皆贋本，憑慧眼以端相。

原夫孟堅之作《漢書》也，才學識三長並擅，書表志隻字無愆。媲龍門之精贍，侍虎觀而承宣。綜其言者八十萬，紀其事者二百年。嗤他幾輩觚操，腹枵乃爾；任我一官匏繫，項強依然。合付詞臣，弄石渠而是掌；誰貽衲子，偕梵莢而同傳。

一笑拈花，半肩行李。問長物以何存，指大瓢其在此。豈必淨瓶踢倒，翻窠臼而全空；偶教苦葉吟將，涉煙波而戾止。那知五石之身，竟孕一朝之史。寓陽秋於皮裹，於意云何；參文字於簡中，我聞如是。

蕭守清閒，宣城綏頌。昔承漢學，今叩禪關。羨伊細嚼寒梅，讀皺黃面；借我頻傾濁酒，醉看青山。訝蒸鴨其偏誤，甯還鷗以自慳。也曾奉敕西清，幸典瑤華之籍；卻遜撰文東觀，忝居玉筍之班。

遂乃拜手求觀，解腰乞付。卓一錫以相遺，恍千金兮是賂。但見紙紋粟凝，墨彩雲護。點畫則春蛇秋蚓，隸篆都非；文辭則亥豕辛羊，舛譌可悟。不信收存，有器物惟賴乎瓠堅；須知同異，能區見足融夫膠固。

得窺閟録，合具前因。祇授一囊之簡，如傳千載之薪。依樣休描，呰窳總歸於濩落；宿根獨秉，校讎差藉以菑新。茲則以鴻都之鉅製，畀之鷲嶺之高人。固宜視作殊琛，更爲轉呈於王範；非似帶來長柄，徒煩垂問於道真矣。

從此永寶詞林，常緘蓺苑。蟲文侔汲冢之奇，蠹屑異羽陵之損。莫賤浮江之質，朽腐空憐；用盛掛角之書，傳流自遠。士有懷古彥而欽承，誦遺編而往反。竊願光依日月，驪珠探頷下之珍；何須印押葫蘆，鴻寶購枕中之本。

　　珠圓玉潤，點染風華。

葫蘆中《漢書》賦 以相傳是班固真本爲韻

宋以寅　華亭縣童生

蘭臺典冊,蓬觀文章。塊然一物,兼此三長。剖大瓠以囊括,搜古簡而珍藏。忽逢南渡遊僧,納芥等壺公之幻;瞥覯西京鉅制,披蒲兼瓠史之良。五千言貝葉同參,字字抵雲書琅笈;百一卷芸編秘授,行行如玉質金相。

爰稽漢史,著自孟堅。上自高皇帝以後,下訖孺子嬰之前。條貫乎八十萬字,兼綜乎二百餘年。纂脩三輔之圖,包舉星辰日月;組織兩都之賦,搜羅城郭山川。抱談經虎觀之才,經筵席奪;具作史龍門之筆,史館薪傳。

有北僧兮甚奇,齎葫蘆以戻止。貯班固之遺編,向蕭琛而點指。謂是書得佛法之護持,待儒生以傳視。捧出匏尊之座,斑斕多蟲篆鳥文;拾來祇樹之園,譌謬異魯魚亥豕。幾歷壺中歲月,覷斯文之在茲;但知皮裏春秋,等我聞於如是。

獨是鴻裁炳燿,蠹簡燐煸。秉麟經之褒貶,遵馬史以增刪。固宜藏之故府,傳之名山。碧簡瑤籤,秘籍則枕中羅列;縹囊緗帙,奇編而架上回環。供抄錄於詞臣,校閱照金蓮之炬;備記聞於名士,揣摩盡玉筍之班。

胡爲乎流落空門,深藏甘瓠。與一瓶一鉢而提攜,並三菽三乘而覺悟。冥心則探索靡窮,大腹則包容無數。豈程明道丹書,探得佛臍之白鼠研鑽;如張茂先綠字,搜來仙洞之黃龍守護。身證蓮花之界,令史才高;心遊楮樹之林,浮屠學固。

爾乃心香始爇,手筆常珍。管窺前哲,簡授上人。異就餐而爛蒸適口,供下酒而朗誦凝神。恰在簡中,陸内史之柄長依舊;超乎象外，曹大家之墨妙如新。儘看倒篋傾囊，長老之鬚眉入古；如見剝蕉抽繭，文人之面目皆真。

士也北地流連，東都往返。燕山空有殘碑，鴻寶已成廢苑。撫斷簡之蚪蝌，賞奇文之蜒蜿。縱覽墨林書府，牛棟常充；卻嫌野史稗官，魚珠相混。身繫匏瓜一葉，未盡雞園鷲嶺之奇觀；手摩梨棗千年，試探鳳閣鸞臺之秘本。

鏤金刻玉，窠白一空。

張茂先畫地成圖賦 以漢建章宮千門萬户爲韻

馮晉昌　松江府拔貢生

鳳闕神營，鴻模手按。白地平章，黃圖綜貫。落成尚俟夫良辰，擘畫先資乎勝算。左爲指而右爲揮，厚其牆而高其閈。門户創萬千之制，作賦推班；樓臺恢十二之基，築宮憶漢。

漢武帝本初之元年，厭柏梁而禳災，度禁苑而布憲。將相宅其陰陽，爰絜方於乾巽。於時三選人充，四陲材獻。然而地形必悉其廣輪，圖象庶符其尺寸。可解畫宮於堵，憑掌握以裁量；相期成室於工，準周陁而剏建。

惟晉張茂先素稱博物，雅號通方。本領司空之職，洵爲掌土之良。溯締造之伊始，爰謀惟之特詳。有作監古，厥功載襄。法氏象亢，王者之位斯赫；層階疊陛，天子之尊用章。

爾乃目成了了，指畫匆匆。不假繪圖於筆，儼如度地以弓。既中定乎紫極，復上規乎碧穹。四至自周於遼廓，九重彌覺其崇隆。宏我漢京，壯其觀於七十二牖；尚茲意匠，拓其址於三十六宮。

其中星房璧合，月床珠連。殿則回環景福，臺則遠接通天。翠映未央之柳，紅扶太液之蓮。觚棱棲爵以瑩若，複道眠虹而窈然。

祇看藻飾隨心，界出井罳劃一；絕似華嚴彈指，現來樓閣盈千。

榱桷雲屯，巍巍帝閣。犬牙錯壤，鴻爪留痕。地可匹東都之勝，圖如呈西母之尊。署建章而名古，翊炎運而風惇。擬開閶闔於九天，龍光玉闕；試運經綸於一笏，雉影金門。

是蓋成竹胸藏，懸河口論。才誇制作之精，巧豈班倕之遜。非聚米而山可為，非借箸而謀無恧。銘甀則延壽堪徵，鑄瓦則長生是願。畫到餘沙，歷亂渾疑碁布星羅；成將傑構，飛騰不數櫨千栱萬。

方其土木程功，橋山乞祐。主崇輪奐之華，臣列宮牆之譜。然而勞民傷財刺於時，峻宇雕牆戒於古。乍停長樂之鼓鐘，旋愴茂陵之煙雨。孰若我聖朝圖成一統，羣歌夏屋於編氓；地畫九州，共集春臺於比戶。

　　細切本題，不泛填建章浮藻，斯為體認獨真。

張茂先畫地成圖賦 以漢建章宮千門萬戶為韻

宋以寅

稽華闕於西京，訪故宮於東觀。但見彤廷青瑣，無非敗址頹垣；白草黃沙，那有崇臺閒館。外則三槐九棘，殿陛荒蕪；內則萬戶千門，掖庭繚亂。誰復考詭制之參差，寫殊形之炤爛。匠心運出，片時而如鳥如翬；信手拈來，尺土則美輪美奐。不借畫工筆墨，鋪一幅之煙霞；自成帝子樓臺，爍九天之雲漢。

昔張茂先強記博聞，名言高論，口若河懸，筆如泉噴。寫《博物志》於側理之紙，天地奇觀；見歷代史於瑯嬛之山，圖書夙願。凡夫壯麗之規模，固已傳聞於文獻。武帝乃思宮室之制，仰企前朝；問棟梁之才，俯求成憲。謂夫未央、長樂，並宜春、宣室而經營；太乙、甘泉，共扶荔、披香而創建。

至若建章之作也：前桂殿，後椒房。宮門通達，閣道脩長。廿餘丈鳳闕東峙，數十里虎圈西張。其北則太液池，中有蓬萊、方丈、瀛洲之巋尉；其南則神明臺，下有玉堂、璧門、大鳥之輝煌。然而銅駝荆棘，金獸風霜，塵埋鴛瓦，火燼虹梁。披圖籍不遇其盛，玫圖記莫得而詳。誰則對揚龍顔，繪炎劉之制度；潤色鴻業，擴大漢之文章。

而茂先乃風生腕下，雪亮胸中。指揮如意，顧盼自雄。隨地而成雙闕，繪圖而拓數弓。如畫荻而毫端揮灑，如畫沙而爪印玲瓏。豈藉丹青之善，非關翰墨之工。妙手紛披，按陂池而交屬；精心結撰，起樓閣於憑空。依然繡甸分開，周回乎四百餘里；瞥爾香泥劃破，連絡乎三十六宮。

成形在地，賦質自天。毫釐不爽，繩墨無忒。則見周廬延亘，複道盤旋。端闈洞啟，飛閣鉤連。縱橫輦路，經緯華泉。井幹之樓，帶棼楣而彩奪；承光之殿，迷檻檻而輝聯。超絶乎清涼温室，卓躒乎神仙長年。爭看步武之閒，如列欄干十二；恍覩門牆之内，可容佳麗三千。

覽斯圖也，鮮不陋周秦之苑囿，嗤蜀魏之林園。阿房之殿安在，銅雀之臺何存。而乃撥開白壤，繪出丹闈。《廣輿記》所不能載，《封禪書》所未盡論。逢才人之多識，衍帝制而常尊。如羅鴻寶於枕中，披尋秘籍；似數螺紋於指上，詳悉纖痕。異中郎將帳下談兵，畫地括六韜之畧；擬武鄉侯江邊叠石，成圖開八陣之門。

天子乃四顧遲疑，片言獎勸。謂卿固獨擅聰明，實殊愚鈍。縱使歌臺舞榭，棟折榱崩；別寢離宮，煙荒草蔓。而章程不漏以絲毫，規矩不遺乎分寸。右平左墄，足徵成竹胸羅；縷析條分，洵屬如椽筆健。不讓神傳阿堵，愷之之絶成三；迥超賦獻明堂，白也之言試萬。

是蓋才邁當今，學精稽古。空中忽現，抵蜃樓海市之觀；名下無虛，登天禄石渠之府。迄今盼漢家之陵闕，青草白楊；訪晉代之衣冠，紅塵黃土。年年秋月春花，日日晨鐘暮鼓。追鄭僑之先路，豪筆何人；問漢武之故居，荒臺無主。欽仰帝京，廓宏天宇。衛九重之禁地，煙雲開紫闕丹樓；懸百幅之畫圖，日月麗赤城朱户。

壁壘一新，光芒萬丈，濡此椽筆，宏我漢京。

沈家令聽舊曲賦 以梨園子弟白髮新爲韻

葉　蘭

遂脆兮笙淒舞隊，初進兮歌雲乍低。張御筵兮泛瑤爵，侍宸坐兮敞璇題。臣推元老之尊，班崇赤棘；曲按青娥之律，板拍紅梨。何以解憂，往事而樽前閒説；不堪回首，舊銜而席上重提。

昔休文之仕齊也，東宮擅寵，中禁宣言。獨典縹青之籍，儷游竹素之園。八詠詩傳，嬪御共呼爲才子；四聲譜撰，宗藩溉其靈源。迨乎運啟天監，情忘永元。正如換羽移宮，曲彈別調，卻又攀龍附鳳，身受殊恩。

特建鴻猷，重賡燕喜。歷官邀保傅之榮，賜宴誌明良之美。謂君臣同德，矢音宜協於絲桐；謂禪授一家，改命不煩乎弓矢。於時詔伎師，款卿士。溜珠喉，搊玉指。響高入破聽數聲，如念家山；人定當塲唱一曲，似安公子。

斯曲也，昔奏青宮，今聞丹陛。恍舊侶之忽逢，訝前腔之徐遞。莫是離鴻去雁，拍傳車子之兒；得無裂玉縈煙，歌授韓娥之弟。帝乃命師至前，與客爲禮。問識座人誰某，試聯此日之清歡；爲言家令殷勤，曾入當年之朱邸。

休文於是，但有涕零，更無辭白。芒在背而莫除，事拊心而孰責。忍憶圖書，談論竟辜殿下之恩；悔誇才智，縱橫竟草懷中之冊。

211

乞天之憫已遲，伏地之羞何益。喚出先朝官秩，夢醒沈沈；咽來即席歌聲，神傷脈脈。

遂使主亦悲生，客皆言竭。急觴緩酌以俱停，豪竹哀絲而並歇。未要重思尾段，再尋劫後之灰；只憐太瘦腰支，并禿鏡中之髮。浮雲之富貴堪嗟，逝水之光陰旋忽。笑爾懷情不盡，侯諡隱而偏宜；賴他聽曲知愁，令屬家而難没。

韻繞梁塵，淚痕滿巾。名慚國老，齒冷宮嬪。方期鸑瑵吹嬌，漫展玲瓏之舌；不信螭坳遇舊，如譏傀儡之身。緬故寵而心惄，話前程而恨新。縱教宅立東田，矚望而得延餘息；疇爲傳繙南史，品題而或祖斯人。

隸事精詳，含情淒婉。唐人詩云"綠窗明月在，青史古人空"，其用意正同也。

沈家令聽舊曲賦 以梨園子弟白髮新爲韻

錢景昌　華亭縣童生

一番振觸，半闋淒迷。音流翠管，悵絶銀箏。今吾不是故吾，霜催鶴鬢；相逢似曾相識，雪印鴻泥。零落舊人，翻出前朝之白紵；荒涼故苑，空餘滿樹之紅梨。

昔沈休文之在齊也，儲宮奉職，少海承恩。家令之頭銜特晉，文惠之笑語加温。亦嘗叨陪瑶席，共侍金尊。張紫檀兮擊鳳，聆綠撥兮彈鷗。方期韻譜，和聲追隨東觀；不道讖成，行水望斷西園。

爾乃讌啟深宮，樂傳清徵。昔爲齊苑之才人，今作梁園之學士。風飄仙瑁，簇一隊之笙簫；月照華筵，艷兩行之羅綺。度到春風一曲，絶憐垂手之人；冷將秋夢十年，誰識重瞳之子。

時則有妓師者，名擅教坊，呼傳殿陛。認熟客於坐中，奏前腔

於屏底。紅顏無恙，那禁重唱鸞歌；玉貌依然，猶記相遭鳳邸。恍
睹大孃劍器，傳技何人；如聞商婦琵琶，從軍有弟。

半晌沈沈，兩情脈脈。復調座上之琴箏，已換少時之裙屐。豈
是重來李妹，惜別當年；莫非前度沈郎，又逢今夕。萍蹤聚散，忽驚
水賸山殘；菊部飄零，依舊風清月白。

昔之玉盞流雲，銀燈引月。佐談論於青宮，被恩榮於丹闕。固
已百感縈心，千愁刺骨。而況情更觸以悲歡，聲復傳夫激越。得不
舊圍頓減，寬革帶於瘦腰；老淚頻揮，傷墮顛之華髮。

於是歌停三疊，酒罷一巡。公方掩泣，帝亦傷神。可憐名士美
人，同留遺恨；卻憶神仙永壽，已了前因。所以話記六朝，寫情懷於
戀舊；豈獨聲高八詠，寄感慨兮如新。

隸事詳明，措詞婉約。

錢武肅王銀龍簡賦 以遍投于名山洞府爲韻

葉　蘭

客有泝洞庭，過薛澱，泛鳥篷，翦素練。尋古簡於前朝，得爛銀
之一片。但覺沫腥漬涎，光鑠流電。此日魚罾曳出，不殊瓊玖之
珍；當年龍藏投來，曾潔蘋蘩之薦。統一十四州而作鎮，澤沛宏深；
書百八十字以矢忱，福求普遍。

昔武肅王以開門之節度，建列國之旗旄。視玉帛如咳唾，重仁
義若山邱。世兆金戈，拜詔而得專弓矢；勳銘石碣，表忠而特賜田
疇。當寶正改元之三載，欲祈天永命於千秋。嘗蒙錫祉延釐，像入
雲台而謹繪；且效秉珪植璧，冊從水府以潛投。

爰製簡焉，非六瑞以作器，儗三品以鑄符。高計五寸六分準，重
約四百八十銖。鍊銀質之精良，汰礫披沙以出礦；狀龍形之夭矯，

213

上雲下水以同摹。用署官階於素版，俾伸醮謝於清都。本爲具區，國王勑原受彼；今號大道，弟子心則皈于。

其詞以爲率土歸誠，市同量衡。時康道泰，俗阜民盈。大惠不私，既賴元恩之孚佑；長樂無極，尚期蒼昊之財成。所乞壽齡遐遠，眼目光明。子孫繁盛，家國隆平。有龍則靈，敬祝乘雲以將命；惟簡能達，敢辭秉筆以簽名。

遂乃梯航並用，巖壑分頒。始自東皋之里，迄乎西瀆之灣。玉虹起而癡霧歇，銀鬣奮而奔濤還。遞從鷲嶺獅厓，煙霾永閟；擲向鮫宮蜃窟，麟角誰攀。唯願谷神感其然諾，河伯破其吝慳。春陌花開，長絢錦衣城郭；秋潮雪涌，毋撓鐵券河山。

於時烏燄高騰，蝗羣徧豜。爍金爓玉以如熏，匝野漫霄以交鬨。祇憑一簡相貽，恍引雙龍遠控。布油雲而施膏雨，遽欣沾句之淋漓；盪毒螫而靜拼飛，不藉驅除之倥偬。是蓋志能格幽，靈乃顯衆。鸞音倘接，在笠湖縹緲之峯；驛傳匪遙，指林屋邃深之洞。

迄今考是簡者，辨規制之短長，證紀年之舛迕。方供珍玩於文人，竊恨銷鎔於儈父。銀華盡蝕，燭宵之光燄何存；龍蛻如遺，繞牒之形模莫覿。然溯王運之寖昌，念婆留之英武。賸得十行端楷，陸離金石之編；搨將一紙傳觀，肆映圖書之府。

鎔鑄一片，寶光燭天。

錢武肅王銀龍簡賦 以遍投于名山洞府爲韻

袁璵　奉賢縣優貢生

天下兵馬都元帥吳越國王，武建犀幢，肅臨虎殿，雲雨龍行，文章豹變。仙支而籛祖遙承，華緒而鄅公世衍。領三千之珠甲，光爓星辰；擁十二之牙旗，風迴組練。曾記券榮賜鐵，縣國祚而齡長；又教簡爛鎔銀，迓天麻而禱遍。

方其元戎奏績，黃閣鳴騶。供湯沐者一萬户，資保障者十四州。幾經赤兔，致師驍勇爭看杷首；特選皁鵰，負弩英威能撼潮頭。而欲永固金城於疆宇，遞傳玉牒於箕裘。則必作冊以告神明，用冀百靈之佑；將幣而通誠愫，儼如一刺之投。

而斯簡也，文則龍護，質則銀塗。視方版以同式，召良工而合模。制長五寸六分有餘，并厚薄重輕而可計；文鑴一百七十九字，攷爵名歲月以非誣。第見噓氣雲繞，射眸雪鋪，目爪深出，精芒燦敷。定□越玉五重，薦瑞而詞陳歷歷；想見惟金三品，輸琛而來自于于。

所願寰海鏡清，方隅砥平，鴟懷淳化，鴻絶嗸聲。無傷旱潦而災眚，無警烽煙而戰爭。春開陌上之花，歸承富貴；官衣城中之錦，世席簪纓。蓋以龍也者，下澤上天而不測；而簡也者，達忱布肔而能明。大吉昌宜，侯王長生長樂；師尚父兼，吳越書地書名。

或沈水窟，或寘雲關。簡封巖岫以陰翳，龍躍波濤而往還。不隨金爵終霾，物委蓬蒿之下；時有玉虹朝亘，氣凌霄漢之間。非鐵聚六州以鑄錯，非形圖九鼎以像姦。王德殊懋，天恩允頒。此所以俎豆千秋，不墜錢家之宗祀；東南半壁，能分趙氏之河山。

顧或謂寶正三年之作是簡也，豕無没蹏之占，蝗有食心之痛。炎歊則灼土能焦，菫羽則漫天無空。王乃製簡分投，呼神上控。竟割乖龍之耳，霖雨沾施；并袪遺臈之蹤，江潮葬送。然而醮辭不及夫區區，臆説卒同於瞢瞢。但祝錦袍玉帶，常安黃屋之居；何殊寶笈琅函，深閟白雲之洞。

客有得簡於龜山之陽，與太湖之滸者，即古物以摩挲，緬前王之神武。十行之款識偏齊，七秩之星霜可數。瞥覩銀花爭銜，不留苔蘚之斑；尚疑龍性難馴，欲逐蛟螭而舞。藉摹兔穎於文人，惜鍜驪珠於漁父。剩有蜕餘鱗甲，同珍於壽石祥金；何當遠及梯航，徧訪夫林坰泉府。

考据明晢，光燄鑠人。

元祐黨籍碑賦 以姓名留冠黨人碑爲韻　并序

葉　蘭

元祐黨籍碑，徽宗朝有二本。崇甯元年九月，御書刻石，置端禮門，凡百有二十人，以文彥博爲首者，此初本也。三年六月，重定一籍，凡三百九人，以司馬光爲首。御書刊置文德殿門東壁，又命蔡京書大碑，頒之天下，令皆刻石，此第二本也。五年正月，以星變故，去朝堂石刻，并詔外府州縣，一體除毀，於是原刻無有存者。今世所傳，乃南宋人所翻蔡書三百九人之本，一在静江府，有饒祖堯跋，一在融州，有沈暐跋。張綱《華陽集》有紹興閒進劄子云云。黨籍人姓名，見於碑刻者有二，初本所定，除王珪不合在籍外，皆屬名德之臣。再刻時，蔡京復將異己者附麗添入，人數遂多。中惟上官均、岑象求、江公望、范柔中、孫諤、鄧考甫等六人，名德亦顯，餘悉無行可述。然非此碑，何由傳其姓氏哉！若夫章惇、李清臣、曾布、張商英、賈易、楊畏之流，奸惡反覆，京雖陷之，後世卒不以在籍而寬其罪，此又視乎其人，而不容僥倖以取名也。爰撮大畧，衍爲賦曰：

伊忠直之被誣，慨僉壬之秉政。既舛謬其是非，遂顛倒夫邪正。逢君者引爲股肱，異己者納諸窨穽。坐鉤党以窮屠，任編籍以詬病。且曰陛下明信賞刑，英武仁聖，遵制揚功，發號施令。用懲二心之臣，俾作萬世之儆。方將恣爬羅，密探偵；綜存亡，快兼併。爰鑱石以樹之碑，爲大書特書而著其姓。

方道君皇帝之初嗣位也，黑白流氣，元黃載争。國事違恤，天災屢攖。徒藉口於紹述，因傾心於老成。有播惡者，實惟蔡京。始夤緣以入相，旋讒諂以蔽明。踵章惇而大肆其毒，較安石而更戾其情。謂非污衊夫眾正，何以震懾乎諸卿。遂乃賢哲徧逮，妄庸雜抨。統不類而同類，雖無名而亦名。

其間涑水居執政之首，眉山為待制之尤。餘官則秦黃前列，內侍則梁陳繼收。百二十人者，初榜之門闌；三百九人者，後頒諸驛郵。將使遺臭千載，馳聲九州。歿毀圖像，生移瘴陬。投著作於灰燼，辱子孫於纍囚。亦有性實姦慝，身如贅疣。非其黨之所附，即為籍之所仇。然則斯碑之立也，未始不謂彰善癉惡，窮源泝流。幸羅網之能盡，洶衣冠之不留。

於是勒貞珉，運柔翰。別任分行，同條共貫。蔡題則老幹槎枒，御筆則天章煥爛。但期禁錮之深嚴，甯惜彝常之紊亂。曷不書中興頌而盛德侔唐，曷不書燕山銘而巍功邁漢。忍致九原增故相之悲，四徵愴孤臣之竄。沸羹且誚乎蝍蟧，定甲不如乎鶂鳴。第觀夫碣崎嵯峨，詞工讕謾。奉國璽而龍蟠，置殿垣而鼇冠。

何來石工，流涕俯仰，謂餘人即未知，而首惡則實枉。勿鐫小人之名，庶免君子之罔。亦可見直道不泯於人心，公論自昭於天壤。胡迺事極矯誣，談無影響。以欺天下不可欺，以迂後世不可迂。翻令得隸於籍為錚錚，不入斯碑為怏怏。是蓋相軋適足以相成，示罰不殊乎示賞。故無論於文臣、武臣、內臣，亦奚分於洛黨、蜀黨、朔黨。

太白橫陳，光侵紫宸。晝彌宇宙，宵降絲綸。詔除元祐之黨，敘復編管之臣。迅雷疾雨以知警，大石麤沙而共磷。并告遐邇，咸知凜遵。自非天怒之一震，安望眾冤之盡伸。是宜齋邀皇慮，濯磨聖神。輔遜忠正，令布寬仁。奈何指揮縱放其旋里，防限仍嚴於搢紳。又奚取乎！避殿三宿，減餐十旬。其難語於誼辟，在未清夫僉人。

迄今摩挲古籍，景仰前儀。片石壯河山之色，千秋存忠義之規。或譜姓名以考其實，或紀本末以序其時。若宵小之竊附，究通人所見嗤。因思夫黨禍之興也，前則北部爭抵，後則東林競訾。合今古而同慨，信賢奸之異宜。然即恣意謠諑，顯書剜剔。金入鑪鞴而不鑠，玉陷汙泥而不緇。則凡世之惡直而醜正者，盍亦借鑒於此碑。

以疎宕之筆，行駢偶之辭。議論飆發，實爲一時無兩。

元祐黨籍碑賦 以姓名留冠黨人碑爲韻

姚之烜　松江府學附生

宋有逢君惡臣蔡京者，竊位希榮，惡直醜正。手握鈞衡，心深陷穽。因異己而擠排，任僉壬爲邏逅。漫謂君勤紹述，獨行孝弟之仁；恣言臣盡回邪，宜下芟除之令。遍逮而坐人鈎黨，意實妨賢；大書而伐石樹碑，罪先著姓。

昔徽宗嗣統之五年，邊塵擾攘，古制紛更。加寵遇於新進，棄典刑於老成。政繼熙甯顯謨閣，功臣繪像；黨搜元祐端禮門，惡籍簽名。於時《易》筮顛鼎，《詩》吟沸羹。忍教賢否混淆，觸佞難憑豸角；從此陰陽舛迕，示機預兆鶪聲。

其籍則執政首書溫潞，待制先列蘇劉。次以餘官綜其類，末以內臣別其儔。蓄道德而能文章，即是亡身之具；植氣節而談經濟，無非獲咎之由。亦有志行無取，妄庸倖收。方期戮死施生，一朝跡滅；那信深棌顯剮，萬古芳留。

想京之奉勅謹書也，以爲獄固金城，罪成鐵案。三百人盡入網羅，一再刻大標門觀。威稜炙手，與黨者竊比仇讎；指摘從心，在籍者誰能逃竄。遂乃雞距霜飛，龜蚨碣冠。胡不書中興之頌，勤一旅而銘勳；胡不書皇極之圖，侍九重而揮翰。

有安民焉，爲石工長，赴召而爰命鐫鏤，覽籍而殊增悒怏。謂小人不識，立碑之意何居；而君子奚辜，署黨之魁太枉。縱被役而不敢辭，乞除名而免於罔。事由污衊，上中下其實同科；禍起語言，洛蜀朔早分三黨。

然而欲穢其行，適榮其身。白以涅而色逾瑩，堅以磨而質不磷。迨乎太白芒捎，畫犯紫薇之座；乃爾飛黄勒下，宵傳絳幀之人。於是黨寬厲禁，碑仆貞珉。怳同薦福遭雷，天驚石破；共快沈寃得雪，滯拔幽振。

是宜輔求俊乂，人屏陰私。遵無黨無偏之道，奉不緣不競之規。胡爲避殿減餐，既詔直言以諍諫；旋使奇花怪石，復營圉獄以驅馳。迄今駢收古籍，鷹集遺碑。搨來殘墨猶香，片紙而河山並壽；想見孤忠未泯，大名而宇宙同垂。

　　蒼涼激越，足使忠烈增光，奸諛失色。

李謩擫笛傍宮牆賦 以此曲祇應天上有爲韻

葉　蘭

連昌宮截玉裝椽，鏤瓊綴阰。叢桃竹於牆頭，沸笙簫於苑裏。時則四海塵清，九天歌起。催得萬花齊放，羯鼓君王；按來一曲長生，霓裳妃子。有善笛少年，係蟠根之仙李。屬垣有耳，竊聞而隱約如斯；畫柱成腔，默記而聰明若此。

方元宗之幸莅上陽也，鞠部音翻，椒房寵屬。律換羽而移宮，韻繚煙而裂玉。非涼州大徧之遺，非樂府清商之續。未命念奴絃索，拂指成聲；不教賀老琵琶，定堝入局。然禁在掖而雖深，響遏雲而難束。此地紅牆隔漢九重，嚴魚鑰之扃；有人紫笛裁筠三疊，演鶯吟之曲。

地通咫尺,梁亘參差。脆管臨風而揚抑,崇墉拱闕以嶢崎。李生於是象板遙聽,虹欄款支。初插譜以分闋,旋揣聲而合詞。其牆只傍螭頭,影瞰御溝之水;此笛非刓鶴骨,煙含嶰谷之枝。不同李白清吟,被酒之詩較可;若使張紅暗記,盈箱之豆何祇。

爾乃纖歌密遞,法曲遙承。但藉流音於翠竹,何須寫韻於青綾。和長樂之疎鐘,銅龍滴瀝;望未央之前殿,金爵枒棱。於時月影將滿,霜華漸凝。歇嘹唳之三弄,翳罘罳之幾層。一字無訛,串圓珠而熟既;千門欲曉,韜橫玉而歸應。

元夕燈懸,金籠彩鮮。春宵十五,寶炬三千。值宸遊之潛出,忽爽籟以爭傳。怪他賣酒樓高,何處得聞秘樂;與我翻香令叶,此中未識真詮。命捕吹者,詰所自焉。爲言閒步牆隅,適雲陛徵歌之會;偶爾和聲笛孔,是津橋玩月之天。

斯蓋運正昇平,人皆休暢。君無事而製佳章,士有心而衍清唱。九成膠葛,巍巍帝室之尊;百堵規繩,奕奕皇居之障。惜乎徒解嬉娛,不專制創。牆蔽惡而惡孽偏滋,笛滌邪而邪臣未放。此日嬌喉破的,漏洩宮中;他時苦雨淋鈴,淒涼道上。

試爲溯軼事於明皇,讀新詞於元九。五十載瘡痏誰憐,六百言箴規孔厚。豈好樂以召殃,實溺聲以致咎。徒令壞簀封塵,頹垣積皁。弔斜陽於一笛,何限傷心;攢荒草於六宮,那堪回首。所幸位乘靈武,賡揚之韻重聞;佇看駕返長安,鞏固之基尚有。

警動清新,頗極節奏之妙。

李謩擫笛傍宮牆賦 以此曲祇應天上有爲韻

朱鎔　松江府學廩生

長慶才人，連昌故址。摘妙句於宮詞，溯舊聞於國史。則有笛孔飛聲，牆陰屬耳。吾王好樂，從鞠部以翻來；有客知音，倚津橋而記此。

斯宮也，露檻雕瓊，霜階琢玉。桃叢輦路之紅，竹繞掖垣之綠。其中唱鵾鵠，舞鸐鵁。歌吹繁，管絃促。時值上陽景麗，羯鼓催花；節逢元夕春酣，鸞簫度曲。

有少年李，是笛家師。能爲裂石之韻，曾得含煙之枝。於時躡月過闕，聆音誓詞。隔將雲陛九層，思進御以何自；溫到霓裳三叠，笑偷聲而亦祇。

分刌相承，赤欄悄憑。牆高似堞，月冷於冰。譜橫竹以同串，節中宮而不陵。何期素口遥吟，按腔已合；倘使紅牙再拍，省誤還應。

俄而宸躬晏出，秘樂忽宣。訝此曲製從禁籞，問何人吹入柯椽。但覺聲聲玉裂，字字珠圓。響遏行雲，兔魄澄輝之夜；歸懷疑竇，鳳城欲曙之天。

捕詰所由，竊聞非誑。玉樓天半以徵歌，鈿笛宵深而叶唱。斯蓋技進於神，獲嘉其創。縱插紅牆於銀漢，周防常慎宮中；奈揚清籟於珠喉，消息早傳天上。

所惜御道空存，苑闑已朽。煙塵嗟魏闕之生，麋鹿等蘇臺之走。徒剩牧笛吟風，巖牆覆牖。六百字長言永歎，陳規誠而如聞；廿五郎漫舞緩歌，慨繁華其何有！

敘事簡淨，矩矱唐賢。

221

李謩擫笛傍宮牆賦 以此曲祇應天上有爲韻

宋以寅

玉笛腔飛，銀牆影倚。水咽吟龍，城高列雉。偷樂府之遺音，奪教坊之絕技。踏遍三更明月，步步生心；吹來一縷清風，聲聲入耳。刻羽引商，含宮嚼徵。歌臺舞榭，深沈而問夜何其；裂石穿雲，躑躅而有人於此。

翳昔天寶盛隆，連昌眺矚。瑤席坐花，銀燈燃燭。李龜年觱栗悠揚，張野狐箜篌斷續。箏彈金縷紅文，磬擊藍田綠玉。聽到紫雲舊拍，縹緲欲仙；傳來青瑣名流，清超拔俗。不數陽春白雪，君王調羯鼓之聲；者番義髻黃裙，妃子奏霓裳之曲。

爰有李謩者，少年豪邁，雅好橫吹，音節入古，才名出奇。使其揚音紫府，擊節丹墀，落梅花之朵朵，折楊柳之枝枝。壓倒諸公，場屋休推賀老；推敲《三弄》，舟車勝有桓伊。驚聞帝子雲璈，不圖至是；彈作仙人水調，以異亦祇。

而乃玉階迢遞，珠戶嶙嶒。金石清越，管絃沸騰。南內之鈴聲箇箇，西清之扇影層層。問誰七寶樓臺，得其門而入；覬此五雲殿闕，不可階而升。長空籟發，小立神凝。朝陽聽鳳凰之鳴，幾回能得；仙樂入鷓鴣之譜，三復原應。

風月娟娟，清歌應絃。朱唇呼吸，翠竹纏綿。人異湘靈，鼓瑟之形容宛在；地非吳市，吹簫之態度依然。催一百六日之韶光，春聲鼎沸；逐二十五郎之吹管，豔曲珠聯。聲切切兮如怨，韻珊珊兮欲仙。流水鏘地，疎星暗天。

既而絕調飛揚，新聲跌宕。傍酒樓兮淺斟，擫湘管而高唱。絕勝音傳梨院，吹紫玉於華清；迥非曲按荔枝，拍紅牙於步障。京師聞以流傳，天子召而諮訪。那得廣陵《三叠》，猶傳《琴操》於人閒；誰知《何滿》一聲，曾肆笙歌於橋上。

無何疥壁粉凋，畫欄朱朽。漁陽則振地鼓鼙，劍閣則終宵刁斗。春風桃李之中，秋雨梧桐之後。樓頭鸚鵡，問何人吹笛而來；壕下狐貍，任深夜循牆而走。微之乃致慨亂離，追思安卓。想見長安游俠，獨步一時；更無小部音聲，揚風九有。

桓伊撫箏賦 以坐無桓伊能撫箏爲韻

葉　蘭

桓野王審樂名流，匡時良佐。幹武才優，參軍功大。慨慷而慣解人紛，撝抑而不攖物挫。昔步青溪弄笛，身踞胡牀；今趨丹陛調箏，歌陳御坐。聲諧義甲，容俯仰而可觀；衷協同寅，計讒諛而已破。

思夫謝安石之被搆也，相殊昏瞀，埒更貪汙。臨以醋嬉之主，輔以險詖之徒。奈他舌巧如簧，競造飛言以見巇；任爾心堅似石，孰爲剖臆以明誣。於斯時也，孤掌鳴欲，獨絃儮無。進魏闕之箴規，莫通左右；緬虞廷之戛擊，空跂都俞。

既而入朝瞻覯，賜讌盤桓。帝命攦笛於中禁，安亦侍筵於上欄。伊乃橫竹徐歇，撚絲請彈。謂笛借脣吹，未便矢音以見志；而箏將手語，庶憑合唱以承歡。如教奏技輸忱，拂指試移玉柱；更乞召奴串韻，和聲佇達金鑾。

帝善其詞，詔優許之。推絃抑抑，放撥遲遲。錯疑環佩珊珊來，響度天風之際；詎類刀槍突出，機藏軍帳之時。甯自詡其撝軋，聊代宣夫鬱伊。有懷而惟是能舒，寫愁入譜；此曲而不嫌相溷，寄怨哦詩。

其詩以為，君權獨攬，臣任難勝。蘭荃芳而蕭艾妬，忠信篤而謗疑興。鴻飛瞻之，子之容儀欽赤烏；鷗毀閔我，公之瘁功掩金縢。自古而流言莫戢，及今而避患誰能。秋雁分行，恍裂一聲之帛；夏蟲待殄，不辭十指之冰。

格君之非，莫予敢侮。羣邪憚其激昂，元老藉以安撫。無能為役，笑戴逵之碎琴；不平則鳴，邁禰衡之撾鼓。則是箏也，足使謠諑全消，恚愁悉吐。令陛下亦知有媿，聲刺耳以若芒；識使君於此不凡，涕沾衿而如雨。

是蓋詩能竦聽，樂足移情。祇餘技之是擅，已眾流之盡傾。豈无背飾鼉皮，而仿形於东宛；豈無爪裁鹿角，而馳響於西京。然不過如濫齊竽以竊祿，挾趙瑟以希榮。彼徒好樂而無關乎風義者，又烏足語於斯箏。

音節蒼凉，情文悱惻，有才若此，終當不至沈淪也。

桓伊撫箏賦 以坐無桓伊能撫箏為韻

姚之烜

桓叔夏識律名彰，善交譽播。幹材超東晉之英，武畧冠西藩之佐。嘗入覲夫天顏，爰侍餐於御坐。帝命試吹玉笛，曲奏伊涼；臣言請軋銀箏，詩憑唱和。

於時有謝安石者，望重遭忌，功高被誣。值庸相之淫酗，任奸僚之蔪屠。伊則欲施妙技，用儆貪夫。時乃發聲，詎錚錚而響細；得所藉手，甯粥粥而能無。

原夫箏之為製也，破瑟器以分半，視筑身而較寬。昔紀蒙恬所造，今推郝素能彈。足以訴幽憤，寄悲歡，柱撥雁，絲摧鸞。擲趙女之樓中，語私切切；鼓溫侯之帳裏，氣尚桓桓。

而在伊之撫此也，絃由己撮，笛召奴吹。將讒計之沮彼，豈曼音之溺伊。但聽爪角愁送，指頭恨移。水咽雲寒，莫馨長離之韻；情深語激，還歌寫怨之詩。

詩義堪徵，德脩謗興。猜嫌易搆，忠信難憑。膚碩而空瞻繡袞，風雷而孰啟金縢。鳴瓦釜而毀黃鐘，非臣所欲；斥僉壬而安元輔，惟爾之能。

四座言忘，一人掌撫。安於是而涕零，帝亦爲之首俯。使君於此不凡，羣小莫予敢侮。從信音能感物，堪平在物之爭；且資詩以格君，何慮逢君之怒。

則勿謂一藝成名，無關重輕。方醜類之交煽，已禍機之漸萌。藉非此滌盪邪穢，復何以維持老成。故忍辱佯狂，吾無取禰衡之撾鼓；而解紛排難，時或多桓伊之撫箏。

層次清晰，格韻高超。

對竹思鶴賦 以之子清宵具賞音爲韻

葉　蘭

錢文僖竹符守洛，棠蔭留伊。印牀牘簡，鈴閣香披。開望益之三徑，把消閒之一卮。倚檻而龍孫晤對，在陰而鶴子相思。此君宜明月清風，心乎愛矣；是處有蒼苔白石，手欲招之。

想其作詩寄李和文公也，謂地近淇園，館同竹里。影交榆柳以偏森，社結篔簹而可擬。時纖粉之黏衣，或濃青之鋪几。其中非無嬌鳥縣蠻，幽禽翔跂。閒窠列町，每因夏雪以傳聲；側頂聽棋，孰伴對枰而落子。

是宜集丹霄之舊侶，訂綠水之新盟。小步而常依石磴，相看而恍住瑤京。穿繡簜以無礙，拂鈿竽而不驚。糧惟飼茯，扉只編荊。

鶴本能仙,締仙緣而大好;竹原不俗,醫俗慮而常清。

奈何對此蕭蕭羽衣寂寥竹,曾我種鶴倩誰調。天寒翠袖以愁薄,路隔青田以怨遥。徒使娟態無儷,細香自飄。任教昕夕徘徊,空報平安之信;未免夢魂惘悵,難排風雨之宵。

那不縈思,於焉寄慕。迷離縞袂之蹤,延企白雲之路。羽林之馭如停,閬苑之書欲附。迎眸縱愛夫青青,解意還需乎素素。敢望貫纏鶴背,癡作談資;但邀泉煮竹中,預安茶具。

所願啄篁盤桓,棲筠來往。翅雙雙兮舞砌還,聲一一兮衝霄上。聳朱頂以昂藏,憩碧陰而曠朗。伊妙品之能兼,淘名流之有兩。可惜所思不見,莫分鶴俸之廉;轉嫌相對無憀,有負竹林之賞。

斯蓋不羈俗宦,獨浣沖襟。即遣簿書之餘晷,亦存山水之遐心。竹可敵夫千戶,鶴期配乎一琴。雅趣傳昔,芳徽緬今。風流合繼維摩,閒看何須問主;眷屬倘聯和靖,相偕定是知音。

吐屬清新,局度安雅。

對竹思鶴賦 以之子清宵具賞音爲韻

姚之烜

述遺聞於宋稗,傳雅致於文僖。縮虎符而守洛,揮象管而哦詩。時也庭有竹繞,班無鶴隨。相對忘言,將擬入林而逸矣;所思不見,有誰乘月以控之。

睄彼龍孫,陪須鶴子。猗猗稱綠水之賢,矯矯備丹山之使。品則雙清,合之兩美。何可無君一日,左右皆宜;那堪去我千年,雲霄莫跂。

而乃一碧煙橫,霜枝露莖。靜看卻俗,悄對移情。但少鶴聲之遥和,轉憐鳳尾之徒成。石徑常閒,未試胎仙之步;瑶琴獨撫,遑誇隱吏之清。

　　未免留連翠篠，延佇丹霄。天寒袖薄而愁倚，嶺遠雲深而漫招。遂使實肥練棄，粉蝕筠消。捎風而對揖，嬋娟徘徊永晝；警露而思聞，嘹唳惆悵中宵。

　　即愜虛衷，尚孤野趣。罝客�而誠佳，訪仙蹤而孰遇。期兩好之必兼，惜二難之未具。竹林有約，縱邀青眼之垂；鶴俸空餘，彌切素心之慕。

　　於是繞苔階，策笻杖，適煙咨，輇霞想。拊縹節兮殊脩，慨縞衣其焉往。那不慇憶蹁躚，神遊惝恍。愛此地竹中結屋，恰稱幽居；問何人鶴背吹笙，別饒清賞。

　　想其身閒判牘，句贈同岑。三島而盼殘雪羽，一亭而坐冷秋陰。鶴夢無著，竹叢自森。君暫對於座閒，他日定看龍化；我所思兮天末，爾時合聽鸞音。

　　風清不雜，體約不蕪。

對竹思鶴賦 <small>以之子清宵具賞音爲韻</small>

張朝搢　婁縣學附生

　　竹陰密密，鶴駕遲遲。涼夜飛仙之夢，深蹊留客之詩。都是琅玕，恰稱坐中之佳士；不聞嘹唳，寄他雲外之相思。喜頻年曲徑常迷，此君安否；問今夕好音可有，其子和之。

　　昔錢文僖典郡情閒，絃詩化美。遺蹤而西洛曾留，攬景而南窗慣倚。人似雞羣獨立，壯志雲高；聲催鳳尾連番，小庭風起。竹何可少，擬同晉代之王郎；鶴不嫌孤，卻伴江邊之蘇子。

　　蓋以竹之宜有鶴也，瓊枝雨灑，玉翼霜明。偶戛金商之韻，恰攪碧落之聲。竿頭之玉屑霏時，誰揩翠管；煙外之珠吭引處，定似鸞笙。不是林逋鶴子，同居山好；庶幾阮籍竹林，有此風清。

而乃仙羽迢遥，令人意消。華亭月冷，嶰谷風飄。並無瘴暑侵來，好鳥冀成朋友；想是雄飛遠去，昂頭已在雲霄。此時蠹簡曾翻，惜非閬苑；只有龍孫無恙，相對深宵。

對景舒懷，思元作賦。空静對兮園林，寄遥思於煙樹。問鶴壽不知幾歲，悵望丹邱；唱竹枝且過三更，坐吟白露。是誰跨去，緑卿之寂寞經時；倘或騎歸，雪氅之丰姿素具。

如許清陰，不勝遐想。畫欄第報夫平安，健翮未凌乎蒼莽。閒排棋局，趁他窗外新涼；倘唳松風，不作人間凡響。誓不咒渭川之筍，千个交横；竊欲吹緱嶺之笙，十分相賞。

果其載飛且止，有鳴在陰。小結叢林之伴，藉舒廉吏之心。比鶴俸以同清，韻事獨傳之子；抵竹樓之選勝，高風説到如今。猶想見其納涼仄迳，翔步芳潯。算胸中竹本生成，惟君有節；問亭外鶴猶放否，載好其音。

　　風雅宜人，亦一賦才也。

對竹思鶴賦 以之子清宵具賞音爲韻

袁脩桓　奉賢縣童生

伊水林泉之地，秋宵風露之時。竚庭前兮静對，瞻雲表兮遐思。聲來瑟瑟，夢到遲遲。愛他一樣清幽，其風肆好；感我三生契合，何日忘之。

昔錢文僖公之守洛也，膺竹使之分頒，奉鶴書以沓止。遠希召杜遺徽，近匹歐梅芳軌。其人則亦吏亦儒，此地則半山半水。幸俗塵之無涴，深林祇許招賢；算官俸之堪支，餘粒還宜飼子。

惟竹也，直幹叢生。惟鶴也，仙胎養成。既吟風之有韻，何警露之無聲。但見娟娟媚水，羃羃遮晴。最憐作態猗猗，如君瀟灑；怎奈在陰寂寂，益我淒清。

相對無聊，徘徊永朝。佇陪青士，翹跂丹霄。寄所思兮渺何許，久相望兮杳難招。幾番掃徑頻勞，留客而宜延仙侶；此際橫琴空待，有情而誰遣良宵。

那不策杖閒行，撫松且住。神游瑤島之間，目極霜皋之路。期羽客兮不來，繞幽篁而獨步。只恨地非嶺嶠，虛月夜而難邀；倘能種乞華亭，賞風標之獨具。

所願仙驥爲儔，簝龍應響。竹有鶴而馴依，鶴藉竹以調養。盡人間第一之流，有世外出羣之想。雅合品詩入坐，左右偕宜；何來泛舸爲家，琴書共賞。

是以佳篇詠昔，軼事傳今。同推高格，藉滌沖襟。賞雪則別饒佳趣，踏莎則共暢閒吟。希鶴駕於飛仙，偏覽洛中勝景；羨竹溪之逸士，曾聯幕下知音。

　　賦能輔題，故爲擅場。

遼東帽賦 以一日科頭三晨晏起爲韻

葉　蘭

管幼安奇服志陵，沖襟趣溢。黃老娛心，元虛究術。有隱君子之風，卻中大夫之秩。當冠履之倒顛，避烽煙而遯佚。竟使家辭海北，指驛路以盈千；因教帽著遼東，想儀容之整一。

原夫遼東之爲地也，俗等蠻夷，民尤剽疾。汲井者射鮒紛爭，暴田者縱牛奔軼。幼安乃因山爲廬，鑿坏作室。明禮讓以杜囂陵，飭威儀而敦篤實。慨幾處黃巾抹額，正妖氛肆扇之秋；任今番皁帽籠頭，是潛化旁流之日。

斯帽也，元纁共色，緇布分梭。端正而形昭嶽嶽，方平而髮掩幡幡。既異高冠之岌，亦殊側弁之俄。足以戒渾脫，儆偏頗，臨俎豆，莅絃歌。名以地傳，歷趙北燕南而並式；物因人重，與進賢翼善而同科。

黟跡遐陬，裁纏自由。三加首重，六藝心游。守清儉以匡俗，正觀瞻而勸脩。恰稱袴襦之樸雅，翻嗤帩屐之風流。閉門而老圃營生，金揮鴉觜；戴笠而故人罷揖，席割龍頭。

豈不以斯時也，王綱已頓，炎運將湋。被髮左衽以羣竄，毀冕裂冠而罔堪。卑幘則梁家自改，幅巾則漢制誰諳。幸邊隅之可託，尊首服以何慙。坐榻曾穿，難冀天心之混一；居夷匪陋，早知國勢之分三。

遂令殊方率教，絕裔還淳。帽猶冒而丕冒能遍，遼言遙而殷遙共遵。即此圍憑帛，妥疊謝綃新。尹姞之遺型可溯，漢官之舊典無湮。易搭耳之蒙茸，風行僻壤；矯膩顔之便適，寒禦蕭晨。

是蓋盛飾所以致恭，正容所以戢謾。學既能爲衆人師，情自不以異域渙。藉表金聲玉色之徵，甯同卉服草衣之玩。斯人固魏晉所稀，其品實曹劉之冠。若論小冠，子夏猶所傺之非倫；料知折角，林宗訝相逢之何晏。

厥後險渡歸舟，閉門息軌。履波濤而不驚，寄吟詠而自喜。殊恩屢迓以蒲輪，初服退脩於梓里。迄今緬遼海之羈棲，憶帽檐之風旨。藏光匿景，卅七年居利盤桓；立懦廉頑，千百載聞知興起。

不脫不粘，如初搨《黃庭》，到恰好處。

遼東帽賦 以一日科頭三晨晏起爲韻

姚之烜

昔管幼安學任人師，行爲世述。守節自高，厲俗無匹。避兵而遠蹈窮荒，製服而竊儕隱逸。遼瀕海表，首途爲計程干；帽統身章，心結因欽儀一。

夫其初至遼東也，習尚澆漓，人多狂猾。既塗炭夫衣冠，復弁髦夫法律。於是澤椎魯以詩書，戢干戈以琴瑟。穆穆示身容之肅，度式邊隅；峩峩瞻首服之尊，化成旬日。

其帽則帛惟卑摺，纓不朱拖。貫九德之純懿，應二儀之中和。袴襦稱其古樸，紈綺謝其紛羅。翼善同裁，合準方平之樣；進賢倘著，宜登孝秀之科。

可以矯斜插，可以賦遠游。非危腦之能儗，甯膩顏之與儔。當夫屏跡退裔，藏光遠邮。冷眼看人，底用錦衣被體；多情戀我，何嫌敗絮蒙頭。

而況當日者，中外傾蕩，冕裳毀潳。赤伏之符已替，黃巾之亂難哉。杜偏盲小冠表異，華獨坐整袂空談。免胄拋戈，孰克背城而借一；分疆劃界，忍看畤鼎以成三。

則何如廣袖圓巾，優游海濱。元虛契道，黃老全真。易搭耳之殊俗，爲無懷之逸民。清媿蟬綾，累啖粥藜㽼之日；譽慚龍尾，憶揮鋤菜圃之晨。

德足移頑，服堪儆玩。消汲井之鬭爭，息暴田之欺謾。宜乎皇甫謐以貞正傳高，公孫康以威儀見憚。帽簷不側，魏晉人遜此風標；遼境無塵，卅七載歌其清晏。

迨乎遄歸里閈，徵賜杖几。處草茅若終身，棄軒冕如敝屣。又何論傅貂羨榮，聚鷸崇侈。幾輩高山仰止，尋荒徼而偕來；有人正氣歌成，拜前綏而奮起。

　　詞致高邁，局度渾成。

遼東帽賦 以一日科頭三晨晏起爲韻

林瀚　婁縣童生

雀弁辭榮，鴻儀協吉。長物宜人，朗吟抱膝。登高未落，兼須著屐一雙；入世休彈，不礙無衣六七。繡嶺山製自相傳，連雲峪地堪共悉。礪得冰霜之操，途經遼海幾千；不趨冠冕之場，人是儒林第一。

昔管幼安行著端方，品徵超軼。獨高野服之風，肯習逢時之術。只安白袷，風塵中有此清閒；拋卻烏紗，宇宙間最宜衡泌。避世得初衣之遂，更有何人；舉頭歌側弁之俄，自從今日。

有帽焉，光分紅槿，紋異青螺。非韋貌而緣以珠翠，非縠帽而飾以絲羅。曾經滄海羈身，別成冠帶；只恐頭巾浼我，且住煙蘿。更有藜牀，合坐蕭閒之客；可稱草服，不登選舉之科。

風雨經秋，遼東薄遊。南冠維縶，北海句留。花也常簪，滯我燕臺之跡；竹誰抱笏，笑他翠幘者流。異鄉愁短鬢之凋，不勝搔首；故里憶同袍之侶，時一回頭。

已而並攜草屩，載返茅庵。波掀隻艦，飆疾寒潭。回思舊事茫茫，問心未愧；對此峨冠岌岌，抵掌聊談。袖帶風清，此後宮開畝一；銜嗤冰冷，有人班列槐三。

彼夫太傅緩帶，諸葛綸巾。縑帛示將軍之度，褐裘稱公子之身。豈不誇繡袞之奇勳，共宣黼黻；未若此布衣之介節，自適沈淪。算來並世英賢，此事推君弁冕；想來一時領袖，當年樂我昏晨。

故雖微物製自遐荒，而高賢獨雄顧盼。亦足見其服謝奢華，情忘仕宦。不妨脫帽，興來可見王公；差喜裹頭，閒處自吟槃澗。記得江臨鴨綠，偶移豹舄而來；曾經府抵龍黃，那羨羔裘之晏。

文山於是驤首芳徽，緬懷之子。戍邊之節同欽，擊賊之笏是擬。乾坤正氣，還鄉也乞黃冠；韋布高風，服物永光青史。過管公之墩下，有誰拾彼遺聞；讀魏志而心長，令我蕭然驚起。

偃儻不羣，有指揮如意之妙。

遼東帽賦 以一日科頭三晨晏起爲韻

江金鼇　婁縣童生

穩坐藜牀，貧居窟室。知幾而與世長辭，避地而杜門罕出。勵冰雪之貞修，仰邱園之偉質。譽望在顧廚以外，人是無雙；孤高著漢魏之時，君應第一。

昔管幼安之居遼東也，圖史恒隨，煙霞自暖。依公孫而禮意還隆，友邴子而交情彌密。於焉屏囂塵，樂遺逸，人爵捐，時艱悉。棲遲幸庇，欣被德之從風；黨錮貽殃，悼羣陰之蔽日。

爾乃皁帽恒著，單衣緩拖。望鄉關而鬱結，念王室而悲多。徘徊草莽，惆悵關河。笑驥足之終淹，阿誰能識；鄙龍頭之躁進，羞與同科。

帽影清幽，邈焉寡儔。寒薊樹之晨色，響遼河之濁流。講詩書而儀飭，習俎豆而容脩。卅七年麥飯藜羹，聊棲塞外；二三子絮巾布袴，詎夢刀頭。

是蓋有感於三方未定，百戰猶酣。王粲而辭家豈免，荀彧而仰藥奚堪。撾鼓則解衣銜憤，批鱗則攖禍貽慚。世路猶險，皇風詎覃。遙知裙屐才多，子詡建安之七；其奈衣冠道喪，君非吐哺之三。

所以銖視軒冕，心甘隱淪。曳裾遂志，拄杖全真。帽緌飄而態殊岸幘，帽簷側而形疑墊巾。心豈帝魏，人希避秦。緬異地而依依，深山窮谷；高余冠之岌岌，雨夕風晨。

觀其側弁常俄，垂紳未慣。抗明詔而逾堅，卻安車而似慢。青州克返其蓬廬，紫禁常辭夫薄宦。程喜之丹章代訴，聲稱共羨煌煌；田疇之清節同敦，言笑彌欽晏晏。

邈矣風徽，爵然泥滓。裂冕無譏，彈冠實恥。蹤高獨行之名，事核當塗之史。海表芳留，布衣品企。好爵辭大夫之秩，最懷當日廉隅；清操標正氣之歌，殊令後人興起。

　　能為幼安曲折寫真，而吐辭雋雅，亦復大可賞玩。

赤壁圖賦 以得意江山在眼中為韻

仇治泰　婁縣拔貢生

一瞥烽煙，千秋翰墨。老樹谽谺，危峯崱屴。廢壘而鴉陣欲翻，澂江而鷗波如拭。撇開蒼翠，曾經兵火消磨；寫入丹青，不為風霜剝蝕。終古詩人憑弔，鏡中之風月如斯；至今畫本描摹，筆底之江山安得。

不見夫赤壁乎！丹崖穿天，赭石拔地。周都督之一炬曾燒，蘇長公之扁舟獨至。為問英風霸業，片石勾留；劇憐明月清宵，長江位置。是誰皴染，真傳山水之神；不辨蒼茫，大有雲林之意。

是圖也，丹摹疊嶂，紅染飛瀧。日色慘變，江流怒撞。試看紙上生風，未必軍師能借；卻為江東增色，不教大帝生降。憶勝蹟於千年，可憐焦土；收全圖於尺幅，不盡長江。

對斯圖也，但見故壘斜圮，危峯亂環。橫江露涇而逾白，絕壁霞烘而欲殷。差可與宗子臥遊，澄懷觀道；惜不令曹瞞披覽，俯首憨顏。今何在哉，此壁不歸孫氏；後有作者，斯圖重付遺山。

於是以俊逸之才，寫疏狂之態。清賞而畫石欲飛，高吟而唾壺頓碎。墨痕漬煙，山色融黛。笑刼灰之盡冷，風流孰抗後先；悲戰血之未乾，塵世幾經興廢。霜毫繪就，兩軍之壁壘猶存；錦字吟成，一世之英雄安在。

客有展一幅之生綃，摹數行之殘簡。讀書而閒撥琴絃，咏詩而醉傾酒琖。莫不謂妙手紛披，精心結撰。潑墨之山數點，此時無玉帳牙旗；吹簫之路一條，何處聽銅琶鐵板。賸有數行詩句，真如星宿羅胸；別無尺素畫圖，差等煙雲過眼。

迄今壁破遠去，紙鑽全空。則有小泊黃泥之坂，同遊白髮之翁。尚餘烈焰之灰，昏雲壓黑；獨立孤峯之頂，峭石頳紅。收粉本於兩間，任我昂頭天外；盡煙光於一覽，問誰洗眼雲中。

　　筆力峭拔，氣象崢嶸。是銅琶鐵板高唱大江東去者。

赤壁圖賦 以得意江山在眼中爲韻

沈蓮　婁縣學附生

大筆淋漓，危峯翕赧。斜騰餤紅，橫捲煙黑。正懷古而沈吟，忽舒纔而悚息。賦詩橫槊，臨江而刼火驚飛；擲簡搖毫，摹古而雄心傳得。

猶憶周郎之困曹瞞也，成算先操，奇功足誌。黃蓋之言是庸，火攻之計偏秘。狂飆吼處，烈餤爭投；急浪翻來，飛熛忽熾。遂令千尋剩旁，變作酡顏；是誰一幀恢奇，寫其大意。

傳神第一，妙手無雙。幻風濤於絹素，增氣餤於麾幢。耳後生風，欲助炎炎之勢；毫端出火，驚挑餤餤之缸。是雖曲突徙薪，那不焦頭爛額；若復按圖作記，知須陸海潘江。

徒觀其淘來濁浪，赭盡屠顏。激電上下，砰霆往還。爛乎旌旂之騰沸也，赫乎鎧甲之朱殷也。煜煜乎祝融之陰助其勢也，颯颯乎封姨之隱怒其頑也。連檣則徧插珊瑚，疑枯荻之摧野燒也；巨艦則齊嵌火齊，宛洪鑪之啟博山也。

繪者神來，觀者容改。何翰墨之通靈，豈丹黃之綻彩。彼似阿房一炬，焦土憐秦；此如即墨千牛，雄風表海。大江東去，唱豪曲而差同；古壘西邊，披生綃而宛在。

則有遺山詩老，泚筆題圖，不自知其老淚之潸潸也。指故宮之禾黍，非無大戟長槍；觸舊恨於山河，空復銅琶鐵板。亭成野史，寂寥而年少笑人；錄就南冠，顒領之禿翁在眼。

而況是圖也，經營慘淡，意態豪雄。恥掛姓名於畫史，偏增磊塊於臨風。墨瘁紙勞，者番根觸；羸顛劉蹶，幾度愁攻。一時慷慨襟期，遽湧現於雲賤之外；千古風流人物，恍晤歌於水月之中。

　　用意沈鬱，抒詞豪宕，故非凡品。

卷下
雜文

補唐莊宗平蜀頌 有序

金　相

　　夫殷有鬼方之伐，秦有蠶叢之誅。棧道焚而漢興，陰平綖而晉大。故德莫勤於安國，勳莫配於立極。皇唐受命，南面出治。西土不恭，皇帝闡符握珍，發號施令，於是魏王繼炎。侍中郭崇韜進曰：臣聞天啟聖以俟時，聖感時而赫怒。陛下臣服萬姓，子來四方。僞蜀主王衍，深負皇恩，禁市中夏，殊乖事大之義，宜興伐罪之師。天子乃召司馬，飭虎賁，簡車徒，列器械，金鼓百萬，旌旗千里，陣於東郊。推轂而命將，曰：蕞爾叛主，敢迷天紀。亂我綱紀，黷我威靈。於戲聖人神武，不殺爲先，王者佳兵，弔民是急。咨爾將帥，各率貔虎，以翦鯨鯢。是時士氣奮中黃，兵勢動太白，西出散關，東邐成都。視中行之馬首，樂伯不東；揚考叔之蝥弧，鄭師逐北。降張魯於城中，坐劉禪於帳下。勢如破竹，速甚摧枯。日纔七旬，威震六合。帝乃開天牢，受朝賀。黃龍負璽，元女侍坐。以大賞議勤勞，以成功告宗廟。於是益州耆老，蜀中士庶，展虎拜，效嵩呼。華戎踴躍，喜氣磅礴。神謀不得窺其奧，天道不能後其時。武功之盛，近世以來未能概見也。於時宰臣聚而言曰：主上以大勇戡亂，至德感人。鴻功駿烈，光照萬古。勒銘於劍閣之山，分符以卭州之竹。遴揚馬之儁彥，受丹青之物貢。敢稱說聖德，揚扢神功，拜手稽首而獻頌曰：

洪惟我皇，神武洸洸。外綏八蠻，日靖四方。孰抗皇威，蠢茲蜀主。盜閻外兵，據劍南土。維皇德度，兼容并包。書馳尺一，往徵八朝。孽豎披猖，棄同即異。井蛙自尊，敢撐螳臂。皇怒用赫，爰勤六師。犯政亂行，杜之滅之。咄彼羣凶，倒戈迎謁。銜璧輿櫬，爾力其竭。既纂鳳歷，復擴鴻圖。受降築城，俾宣聖謨。利興獘除，邇悅遐服。於萬斯年，受天百祿。

序文頗爲古茂，頌未稱。以葉蘭作易之。

蔣帝廟碑

葉　蘭

蓋聞碧雞呴夜，流星輝陳寶之祠；元鳥降祥，吉日致高禖之祀。雍營蕭春秋之饗，杜主隆儀；臨淄負大小之虵，景陽食報。類以靈應，得邑明禋。況乎殺賊有功，報國之心自赤；福民無咎，異人之骨偏青。如漢季之蔣帝者乎！惟帝混跡英雄，眈情酒色，佻達初疑無賴，精忠實具至誠。官不辭卑，甘殉秣陵之尉；狀誰能寫，先爲土地之神。當赤烏之立國，乘白馬以來賓。秘奇跡於鍾山，傳靈響於巫祝。胡乃不立季孟之後，幾同左慈之焚。至使夭厲相尋，災祲迭遘。螟食心而苗槁，虻入耳而人傷。□生符目，空呼石印爲三郎；刱靳封章，孰奉鐵書而九錫。行回祿者，數十處勢逼南宮；侯中州者，又一時恩邀西苑。既而庇中朝之玉壘，屹內史之金城。獻羔之賽祀未虔，飛虎之鱢然殊甚。荒林日落，已聞谷嘯之聲；斷徑風腥，急喚神靈之助。乃能紅斾先驅，黑衣前導。早殺山中白額，奚必煩兵；休誇鄴下黃鬚，無能爲役。宜其燒豬飫味，作倡樂而飾五工；噉鱠隨心，流芳香而聞數里。當夫吳興蠕動，靈秀鷗張。森入夜之欃槍，忽流地雁；操在空之弓矢，直射天狼。所當必破，曾摧北固之堅；相戒無侵，不縱西山之暴。所以兩晉而還，聿彰封號；六朝之際，更潔馨香。虔奉已徧國中，祈禱或迎宮內。非帝威嚴赫奕，其能若是哉！用新瓴甋，煥茲革烏之華；盍敘功勳，壽此麗牲之石。

敘事詳贍，措詞端麗。

蔣帝廟碑

顧光第　婁縣學附生

繄昔元冥業世，臺駘傳汾水之神；青牡專祠，武夷並嶧山之祀。清秋巫峽，留遺蹟於黃陵；梧野白雲，降靈妃於洛浦。類皆特聞神異，聿奠馨香。是故垣墉既峻，犧尊肅其明禋；俎豆初陳，蚪馭隆其肸蠁。凡以虔申灌獻，敬迓靈祇。不獨巨靈效異於華山，李冰稱神於蜀郡也。況乎福及下民，勳同上帝。援禦災捍患之文，德其盛矣；視崇德報功之典，禮亦宜之。

惟神諸姬苗裔，季漢偉人。家居吳下，曶存豪俠之風；吏隱秣陵，自比神仙之尉。於時青骨之言未驗，黃巾之警已深。黠鼠跳梁，定欲深探窟穴；蒼蠅醜扇，忽傳擊破頭顱。斯固生而効忠，歿當祭社者矣。

迨至孫吳，屢傳靈異。朱書判竹，將興趙氏之宗；鐵騎趨風，曾救蕭猷之厄。祝融示警，疫癘降災。議者以為鬼有所歸，乃不為厲。回風返火，亦藉乎明威；人和年豐，早孚乎興誦。遂乃晉侯封，立廟祀。山因易姓，改洞天福地之觀；人竟成神，比金馬碧雞之祭。

晉宋以降，事蹟尤奇。暨乎蕭齊，始加帝號。車馬羽儀之盛，上擬王公；宮楹殿桷之華，下昭黎庶。自是以來，載在祀典。南唐著莊武之封，北宋賜惠烈之額。享祀不忒，樂利永垂。奏秦淮之簫鼓，足代神絃；擷句曲之蕨薇，堪當明酌。人心克協，祭法允符。而説者謂神之出處，載籍久遺，崇厥規儀，疑於附會。不知赭山湘女，尚托帝子之名；渤海歸墟，猶重陽侯之祀。豈得謂王表之説水旱，事出無徵；比干之得策符，言尤鮮據也哉。

茲者瓴甓猶新，蘋蘩不匱。椒漿特設，薦五色之雲軿；黍稷常馨，舞六朝之紫蓋。用勒貞石，俾垂無窮。迺作銘曰：

鍾山之陽，大江之湄。厥有神焉，是憑是依。莫不敬恭，維桑與梓。山高水長，神其莅止。奕奕寢殿，丸丸柏松。巫歌覡舞，伐鼓考鐘。昔聞清溪，有小姑廟。爲神女弟，羣趨載禱。神之來兮，鏘珮鳴璆。神之去兮，羽幢拂箐。案圖索經，英風如在。刻之文辭，示千萬載。

揚厲稱題，詞議俱美。

儗沈初明通天臺表

陳慶章　華亭縣學附生

臣聞三軍衅甲，登觀雲書物之臺；萬象由庚，進封岱勒成之頌。伏惟陛下求德肆夏，煦仁登春。運紹卯金，瑞符丁玉。麗中天之景運，崇日觀而銘勳；定徼外之山河，望霞城而置酒。樂乎不亦猗歟休哉！迨夫刼墮紅羊，歌懷赤雁。銅駝荆棘，非復當年；玉馬飄零，休談往事。溯象弭鳥章之服，曾戢珊戈；想龍驤虎視之雄，空圖畫閣。屬在縲囚，曷禁隕涕。田園歸隱，東渡有津；軒冕何榮，西笑無意。謹懷先哲，敢效私情。明德不彰，至誠焉格。黃金之築，徒歎燕王；銅雀之成，空思魏武。翹企風雲，不任悽眷。

古色古香，愛不忍釋。

儗鮑明遠大雷岸書

楊彝瑞　婁縣童生

往者梁鴻出關，《五噫》是作。楊朱歧路，誰居有歎。彼安肥遯，猶切於懷。況乎當秋而出，冒雨征途者耶！判袂之後，杖策子然。既辭倫好，又違歡樂。崎嶇曲徑，跋涉山川。雞鳴上道，馬首行邁。奔波互見，艱難層出。進退維谷，行路良難。自從今日，乃抵大雷。蒼黃駐足，心猶遙遙。舉目誰親，何以遣日。若夫桂林移種，蘭芷荒寒。托根未陳，受澤何厚。宜其按轡長吁，登程動念者矣。

此本奧區，聊資觀覽。東則長林豐草，十里平原。鳥聲上下，蟲吟淒咽。草餘碧色，柳裊青輝。俯仰身世，茫茫誰遣。西則江流溯洄，巨浪驚波。豚魚拜風，蛟龍噓月。天吳神怪，不怒而威。其南峻崖插天，危巒立壁。老樹古藤，綠不見日。虎豹猿狖，出沒來去。岑寂落寞，不聞人聲。其北清流演衍，衆水滙合。菰蒲送青，萑葦吐白。鳧鷖集，翡翠遊。漁子所聚，大舟前橫。景色蕭閒，此焉爲最。而吾身疲行役，情切瀏覽。於是顧影神州，見物眷世。激情風烈，憤起雲興。雄心難歇，壯志奮飛。虎嘯六宇，龍睇四極。思躡雲衢，橫飛天外。斯其奇願，何日忘之。汝也才媲左芬，幽閒閨域。筆墨寫心，足以永日。毋念伯氏，有傷懷抱。白雲在天，蒼波無極。

深秀在骨，無一懦詞。

儗謝元暉辭隋王箋

葉　蘭

　　故吏文學謝朓，昧死上言：伏承嘉命，以朓補中軍新安王記室參軍。被召之下，誠惶誠恐。朓聞負蒼天者，必假摶風之翰；致遠道者，須俟決驟之駕。是以纖塊之阜，助嶽爲難；末涓之流，納溟滋媿。以朓蓬衡藐品，樗散陋姿。身無羽毛，學如肬贅。猥蒙甄錄，曾被侍從。幸際天漢，若履春冰。銜感蘊誠，寸衷如結。重以温語常接，殊恩叠頒。形判纓蘿，分忘霄壤。鄉遠思返，夢闌欲歸。青山有廬，白雲在樹。復荷顯擢，載乘藩邸。是則九霄鸞鳳，念鳩鷃之無枝；千丈楩柟，俾荆蒿之得地。銘心鑴肌，舌杳莫申。固宜策駑勉馳，振頹知奮。奈何犬馬之齒，計算雖微；蒲柳之質，望秋欲萎。倘藉威蔭，未渠朽退。則陰厓小草，終思向日之榮；涸轍窮鱗，甯忘赴水之樂。臨穎悚息，無任主臣。台厖尊嚴，未敢伏陛。瑣懷睊睊，寤寐永之。

　　頗有雋永之致。

儗謝元暉辭隋王箋

宋以寅

　　故吏文學謝朓，死罪死罪，伏承尚書召，除朓爲新安王中軍記室參軍。朓聞犬馬之微，每捐埃而効力；葵藿之細，亦向日而傾心。何則休養隆恩，披肝圖報；照臨盛德，撫臆輸誠。況逌清塵幸託，末秩叨榮。狗不喪家，鳥知擇木。如朓譾陋，樗櫟庸材，承日月光明，山海藏納。葑菲上採，芻蕘下詢。故莘野輟耕，梁園侍宴。披襟巫峽，揚袂廣陵。花月游從，樽罍寵眄。彈冠叩關，倒屣迎賓。焰爛休光，沐浴厚澤。負笈擔簦，馬甘戀棧；銘心刻骨，雀顧銜環。不謂未竭駑胎，王良改駕；來朝滄海，河伯望洋。僕僕青驄，迢迢朱戶。京都伊邇，邸舍淒涼。帝子不歸，征夫自遠。歡會有盡，感歎無窮。會當玉輅遥臨，迓旌旗於前道；金門入覲，承冠帶之餘輝。如其紈扇無捐，敝帚不棄。雖復如雁北向，猶望逐烏南飛。臨別拜辭，涕泗交溢，不任螻蟻之誠。

　　臨歧話別，情見乎辭。

桃花夫人廟碑

葉　蘭

　　春秋魯莊公十有四年，蔡哀侯爲莘故，因繩息嬀。楚文王惑蔡言，遂滅息國。夫其甥生近戚，致違姻婭之言；兵脅強鄰，竟殄君公之祀。鄧夫人邧爲執去，紀叔姬魯不贖還。既歎漂流，旋遭摧折。天乎太酷，人也奚辜。方楚辱息侯使守門，欲納其妻以薦寢。於斯時也，鵠猶未寡，已分寵樹之枝；燕不成雙，偏寄仇家之壘。縱古雄之近在，恍隔重城；幸荒辟之出遊，猝謀一面。亟賦《大車》之句，堅申同穴之盟。嬀遂自戕，侯亦並殞。桃僵執代，骨埋黃土以猶香；花落無言，影散紅霞而漸滅。是則匪石之操，可標煒管於風詩；如松之貞，足播芳徽於信史者矣。

　　所以楚文王亦嘉其亮節，葬禮卒視乎諸侯。而漢劉向特闡其幽光，紀傳用詳於列女。垂之奕禩，確乎可徵。而乃左氏浮夸，先滋異議。謂拔心草苦，仍留不死之身；銜石禽冤，屢奏將雛之曲。比賈妻之不語，詎肯如皋；激楚子以復讎，竟教覆蔡。後致令尹之

蠹,重愴未亡之人。豈不白黑參差,荃茅變易也哉!嗟乎!辱佳人
於野草,誰諒靡他;豔春色於夭桃,空憐薄命。不知禮嚴崇祀,斷無
濫竊之條;而事貴抉微,宜破尋常之見。既隆廟食,合誌銘辭。爰
闓讜言,用砅介石。新龜趺於斷甓,藉妥幽靈;譜鸞操於孤絃,甯調
啞樂。有賁其實,如瞻之子之顏;何恤靡家,不玷無瑕之玉。庶幾
陳女巫之歌舞,來降雲容;從帝子之珮環,去遊湘水。以奠貞魄,永
祝長春。

　　不主故說,別饒哀豔,其風格絕似玉溪。

儗郭令公辭太尉疏

葉　蘭

　　臣以譾劣,素乏行能。累蒙國恩,擢冠朝列。今復晉秩太尉,
充使朔方。奉命凌兢,拊躬悚惕。伏念太尉職雄三公,任重兩輔。
藐茲薄德,副實爲難。臣自被日月之重光,綜文武之二柄,出專節
鉞,八司鼎衡。人下之分,於斯爲極。苟昧知止之義,必貽滿盈之
憂。重以外冠蕃戎,内訌蠚賊。除惡未盡,負疚滋深。又況俗尚多
浮,官方少飭。帝資自厚,臣功實微。觸奲之職,未獲盡於同朝;爛
羊之謠,豈宜聞於聖代。臣忝居羣吏之長,當樹百寮之型。非敢假
讓鳴高,竊欲以身率下。伏願陛下愍臣愚誠,察臣微志,撤回新命,
使服常官。庶戢臣下貪榮之心,兼杜將來冒進之習。倘得妖氛悉
滌,大慝胥殲,中外一家,安全四境。臣當歸權政府,息影鄉廬,詠
歌太平,沐浴清化。餘齒得盡,出自聖慈。無任怖懼,衒恩之至。
謹奉疏以聞。

　　措詞得體。

儗郭令公辭太尉疏

宋以寅

伏聞太尉幽贊神明，綱維王室。不勝重任，是用殷憂。前臣泣血懇辭，披肝上訴。屢承鳳詔，未鑑蟻誠。竊以仕宦之途，銳進足以壞風俗；功名之路，滿盈足以敗身家。況臣累蒙國恩，猥厠朝列。以臣寡劣，常凜官箴。自薄海蒙塵，中原板蕩。臺省以便宜選職，將帥以功業進封。離亂以來，奔競成俗。邀厚賞而貪天功，據高位而妨賢路。目擊此獘，夙夜戰兢。尤而效之，罪尤甚焉。臣起自武夫，備員闡外。稍知先民禮讓，君子撝謙。敢以及身之榮，遂作後世之俑。今念置身樞要，忝位功勳。調和之責難辭，節制之權是寄。人臣之遇，於斯爲盛。本當叩閽，伏乞歸山。特因殘孽未除，妖氛不息。陛下嘗膽臥薪之日，老臣練兵禦侮之秋。付殘命於鴻毛，誓捐軀於馬革。願提一旅，殲厥渠魁。倘得仗天威，逆臣授首，社稷之謀已定，王侯之位何求。臣將退老商山，投閒衡岳。乞停新命，俯允私衷。不勝感泣，勤懇之至。

圭臬唐賢，氣息入古。

儗柳子厚《乞巧文》

雷葆廉　華亭縣學附生

守拙生既昏兀坐，見有設祀者，竹垂采綏，庭列露筵。剖蓏薦果，淪芳剝鮮。低鬟拜跪，微通詞焉。怪而問之曰：若何禱也？女隸進曰：今者七夕，天帝之孫嬪於河鼓。祈而得巧，可被拙魯，從此開聰闢明，組織縫紝，靡不稱心焉。以是禱之。生乃慨然歎曰：久矣，子之固也。獨行踽踽，與世相迕，非無巧故耶！於是具冠帶，稽首而祝，曰：下土臣側聞天孫被服帝躬，經緯文章，雲霞麗穹，燭照乎萬方。今茲令辰，往覯靈匹。霧縠既脂，霞輈將出。臣愚待睨，願有所謁。臣有痼疾，藥不能醫。惝怳自失，茫洋無知。冰雪之虐，眾裘我絺。炎署之爍，眾袒我衣。衝冒荊棘，僵仆顑頷。足蹈陷穽，身抵木石。進不能盈，退不能抑。沈默荒涼，卒不自克。升華陟要，乘堅策肥。巧夫處之，玉階委蛇。臣厠其閒，不嗤則疑。富權子母，貴行苞苴。巧夫當之，計較錙銖。臣拙於謀，見謫妻孥。高門懸簿，日往趨趄。巧夫遇之，健步風趨。臣方愧汗，敬謝不如。匍匐學步，筋力日喪。坦途未昧，逸駕奚望。萬物熙熙，各得安全。藐茲臣身，賦命何偏。忍飢著書，兀兀窮年。維彼郢曲，千人屬和。瓦釜雷鳴，欽爲《韶濩》。臣也何心，獨守故步。燕石維寶，鄭璞自護。進之當途，不顧而唾。填憂若榮，積畏如刺。坎壈纏身，塊獨遺世。世之百巧，天孫是施。獨嗇於臣，無乃不宜。願矜臣愚，易臣鈍骨。規以方心，納以圓舌。巧笑便言，投閒輒合。公卿士夫，望風爭迎。昂首伸眉，揚於王庭。無思無營，疢疾不生。祝畢延跂，假寐以俟。顧見玉女，持節而致命曰：聞汝所祝，意良勤汝。豈不聞拙乃德鄰，至人以之自藏，庸夫以之葆真。況汝所求，乃非所欲。志先定矣，又何多瀆。汝自寶其燕石與鄭璞，我雖有巧，其敢以爲荊之玉耶！生乃悚然心悟，肅然意改。遂守吾拙，終已不悔。

　　藻績中仍有警語，是不失故步者。

《霍光傳》書後

唐模　婁縣學廩生

霍光承武帝詔，輔少主，政由己出，四海晏然。其於昌邑，既立而復廢之，宣帝由是中興，功誠偉矣。且小心謹慎，出入宮禁二十餘年，未嘗有過。史乃議其不學無術，後人頗有不謂然者。然光誠非剛強粗鹵無深沈氣識者可比，特於妻子之間，爲所牽引，以成大罪。使平時稍有學術，何竟至是哉！蘇子瞻論光，云才不足而氣節有餘，終不若史言之爲當也。

真如漢廷老吏。

《唐憲宗本紀》書後

宋以寅

余觀元和之初，彗見星隕，山崩水溢。邊寇豪橫，方鎮僭叛。宗廟社稷，危若累卵。而憲宗慨然發憤，掃除舊政，默定大計。數年之間，強藩悍將，先後殄滅。斯亦可謂中興之美矣。迨晚節政衰，欲迎佛骨以延其生，又何惑乎！夫佛法之亂天下久矣。以憲宗剛明果斷，猶不免陷溺其中，而況不及憲宗者哉！

持論深切。

儗《新唐書・食貨志》論

宋以寅

古之征賦有三，布縷、粟米、力役。孟子曰：君子用其一，緩其二，蓋必度上下，均遠近，權出入，使有餘者損之，不足者補之，而後其法可用於一時，即可施於後世也。唐制用租調庸法，頗爲近古。太宗時尚書左丞戴胄請置義倉，歲凶以給民。又洛州等地置長平倉。於是籌策萬全，終高祖太宗之世，國用無不足者。

然一法立，一弊生。雖立法之初，未嘗不預防其敝，而其後治亂反覆，役費浮靡。官吏侵漁，雖列代皆然，而唐爲甚。開元以後紀綱漸壞。宮中賞賚，動費百萬。方鎮搆亂，飛芻挽粟，日不暇給。因而帑藏日空。天子急於理財，宰臣酷於聚歛，刺史長吏承風希旨，而民物之耗敝，有不可勝言矣。

其閒作弊之漸，自宇文融獻策，括籍外羨田，而天下始擾。楊國忠納錢度僧尼道士，鄭叔清率貸商賈，第五琦稅鹽麻銅冶，韋都賓陳京請借富商錢，陳少游增稅錢，趙贊請稅竹木茶漆，又請稅間架除陌，而天下益繁苦。韋皋有日進，李兼有月進，杜亞、劉贊等以羨餘入貢，裴肅鬻薪炭案紙爲進奉，嚴綬傾軍府爲進奉，庫藏日充，而天下之脂膏日竭其甚也。楊炎變兩稅，禍延數世，毒流百姓。以至榷鹽、榷茶、榷酒，及青苗錢、地頭錢、助軍錢、儓櫃納質錢，新法雜出，而租調庸之法蕩然無存，而唐祚亦因之而滅。

顧當世非無撥亂反正之人，救敝扶衰之論，如陸贄疏請革害，齊抗請更稅，楊於陵論貨錢之弊。用其言非不足延唐家數十年之命，而終以擯黜，遂至亡國。悲夫！百乘之家不畜聚歛之臣，今唐以四海之地而卒用此，使天下一敗而莫可挽，蓋可爲後世鑒云。

愛其筆力馳驟，特錄此篇，以爲少年讀書者勸。

《漢書·武紀》内長文攷

楊秉杷　婁縣學廩生

元朔三年三月詔有曰，内長文，所以見愛也。張晏、晉灼註長上聲，顔師古宗之，謂有文德者親内而崇長之。茅鹿門曰：内音納，長音掌，謂收取淳厚君子以聽訟也。然改字未允。惟宋無名氏《南窗紀談》云：内長文，當作而肆赦，蓋文之訛也。則與上文刑罰防姦語屬開闔，字易而旨不易，宜從。且《漢書》之文，無害男子始傅，訾算扶服，或假借，或傳疑，與此相似者不少，在讀者博考而善悟爾。

後數語精當。

《困學紀聞》跋

楊秉杷

王伯厚《困學紀聞》，引經史子集五百四十有六種，考訂評論，皆由心得，有益於學者甚多。書中閒或沿誤，業經近人辨正。又有《大戴記·公冠篇》誤作"公符篇"。且承程可久之誤，合漢兩嚴助爲一人。承劉知幾之誤，以魏常山王遵曾孫輝撰《科録》爲濟陰王輝業是已。然小小罅漏，要不害其宏旨。厥後沿其例而爲之者，蓋不一家。惟顧氏《日知録》爲能與之頡頏，餘皆不逮也。

議論平允。

詩

讀《後漢書·黨錮傳》

葉　蘭

王道一風俗，處士敢橫議。　位卑而言高，甚非保身智。
漢綱漸不振，從政斗筲器。　上既忝纓紱，下乃風節義。
或操人倫鑒，或負澄清志。　龍門日以高，進御幸執轡。
俊顧與及廚，位置互同異。　黨議自此興，錮禁孰能避。
株連逮五族，科罪任文致。　傳列卅五人，而皆善士類。
豈不慕明哲，性激法無忌。　蔚宗揭本塗，著論示微意。
誰歟足模楷，吾生願附驥。

豈不二語中肯。

前　題

胡承豫

道盛致謗興，名高遭物忤。　古來忠貞士，每爲羣小妬。
漢季任閹宦，賢人屹不附。　矯枉過其正，聲華羨遠布。
三君冠俊傑，品題及廚顧。　仙侶欽同舟，楷模奉鉅步。
同朝卅五人，盟心膠漆固。　遂令海內儒，翕然趨若鶩。
靈帝聽讒閒，下詔捕黨錮。　紛紛繫縲絏，貲者懸金募。
元氣靳已盡，豺狼始當路。　反咎炎祚傾，爲伸氣節誤。
青萍剛易折，太璞琢已露。　叔世事標榜，殊非善保護。
不見陳仲弓，和光釋彼怒。

責備賢者，能見其大。

前　題

徐師邈　華亭縣學附生

賢豪惜氣類，本無黨可名。　纖兒善指目，乃以一網傾。
季漢頹天綱，閹豎紛縱橫。　七侯既誅殛，五侯復驕盈。
梟鸞有異性，蘭艾無同莖。　佼佼陳太尉，抗直當世驚。
巖巖李校尉，聞望萬眾爭。　孔壬惡正士，貝錦蒼蠅聲。
機事稍不密，奇禍駭驟攖。　羅織計前定，排擊邪謀生。
吁嗟二百人，禁錮良不平。　後賢或遺議，把卷傷吾情。
知幾豈不貴，自守宜硜硜。　珍此屬世資，庶得士氣貞。
不見寒岩松，風雪彌崢嶸。

　　頗見氣骨。

讀《漢書·儒林傳》

馮頤昌

秦坑墮灰刧，斯文遂缺佚。　卯金應天運，更化尚儒術。
緜蕝禮樂宗，車書四海一。　琴策消戈矛，鞿鞅事佔畢。
嗣興重經學，師法有統帥。　歲舉甲乙科，石差百千秩。
雍雍盛冠服，彬彬劑文質。　傳列廿七人，醇化自洋溢。
洎乎勸官祿，偽俗自此出。　宣尼紹周文，六經志纂述。
游夏莫能贊，素王獨載筆。　道統傳子輿，異端力攻嫉。
儒者識先王，趨向貴專一。　咄哉千餘人，坊表可無失。

　　辭氣雅正。

讀《宋書‧謝靈運傳》

陳慶章

康樂本逸才，當時泂無比。惜哉名流習，賈禍卒以此。
斗石較才華，奇論差可喜。成佛與生天，自負何其美。
若論山水緣，生平尤豪侈。如何慧心人，偏昧見機旨。
空餘詩筆雋，千古足雄視。後來繼起者，但許元暉耳。
展卷三歎息，未免惜佳士。矯首白雲天，何處尋屐齒。

筆意亦清。

儗韓昌黎《薦士》詩 用原韻

葉 蘭

六經多儛文，佶屈貌周誥。學人稽豪芒，精識貴獨到。
言詩縱小技，風雅古人號。厥本豫章探，其原冥渤導。
河梁發元唱，蘇李抗幽操。鄴中盛英俊，體實詎虧耗。
無窮出清新，有象抉深奧。大作鏗夔鳴，餘子等鴉噪。
六朝漸踳駮，虛聲或純盜。釽抈有大雅，軌轍儗高蹈。
逮惟我聖唐，雄才競震暴。文光燭日月，盛氣塞隅陬。
仍復凖規榘，非祗逞桀驁。癖痂不同嗜，土炭各所好。
譬猶不羈人，性情任兀奡。吾友孟東野，吏隱辱塗潦。
半菽莫療飢，一飯矢冥報。偫伏向詡姝，嬾踞稬康竈。
行端言必經，心正眸不眊。人皆事奔競，茲用戒決躁。
守拙遇常屯，知非歲幾髦。亦謂竊廩禄，餘生荷丕冒。
溧陽尉沈滯，旁午吏恢慅。臣心水相似，尹庭勿輕造。
風頹翼難振，日遠翳甯燾。交遊日以疎，俯仰切自悼。

梗泛浮生浮，塵緇縞衣縞。　倚詩真無肥，折簡走相告。
少曾逐雲龍，晚始脫席帽。　長安看花回，一官蹔姻嫪。
幸隸吾公宇，敢冀下士芼。　司盟執槃敦，附庸視邾郜。
但能禮爲羅，何殊錫之珝。　感恩拜前驁，樂用執左纛。
望推屋烏愛，不佞日申禱。　拾鍼契磁類，翼卵呴雌菢。
貸潤灌涸轍，達泉利轉漕。　爾時交臂失，他日覿面懊。
凌霄盼鶚薦，引嗖抵牛犗。　臨風一傾愫，佇答藉慰勞。

韻險而無窘步，醉亦相稱。

詠南瓜 限十四願韻

葉　蘭

織女星主瓜，其類可殫論。　紀方別屬南，徵名或稱飯。
頗宜野人植，不入甸師獻。　撒子灰盛筐，擁根土培堰。
五出敷黃花，一畦繞翠蔓。　顆纔抱莖結，水時挈瓶溉。
觚稜樣如削，斑駁色不褪。　性原麝香惡，大甯繭甕遜。
落實儲羹材，剖瓢佐食憲。　啖多胃少膩，氣塞鼻難噴。
嘗聞歲荒歉，賴此飽窮困。　慎勿菅蒯棄，而致飢餒怨。
豈無蒲鴿青，祇取色柔嫩。　豈無御蟬香，長僅三五寸。
但供一嚼甘，未便兩餐勸。　朱門饜粱肉，白日醉沈頓。
不知微物珍，空笑老饕健。　我儕薄滋味，遯世信無悶。
閉門菜可種，得志業須建。　砦窳倘見收，風塵肯終恩。

吐屬典雅。

前　題

袁　瓚

甸師屬周官，果蓏以時獻。　此瓜乃殊類，南人藉充飯。
蕃沙乞巨種，蘺樿糾長蔓。　産視虎掌肥，剛荷鴉觜健。
花黃爛夕照，葉翠蔽斜堰。　如拳實初結，似注水長潆。
入秋漸輪囷，隔稜自衍曼。　垂垂瓦溝臥，纍纍棘叢恩。
華元腹彭亨，瞿曇面委頓。　踏田老農忙，守畦稚子愿。
狀色誠殊奇，意味詎差遜。　金颸颯然來，蠟蒂日將褪。
中秋互偷餉，徵觃愜所願。　圓瓠剖作半，方七切成寸。
合配花豬腒，稍異蒲鴿嫩。　落實不厭多，加餐自堪勸。
遠售利倍蓗，裝載恣負販。　爲齏曝乾烈，儲棧救飢困。
熟亦黃稗如，美豈桂髓論。　生性惟惡香，近植不嫌溷。
屑糜招團欒，糗餅説繾綣。　腐儒藜莧腹，腥羶謝食憲。
咄哉豪奢流，下箸費逾萬。　世無輶飢人，飽此吾無怨。

體物獨工，結語尤可味。

儗東坡《獨樂園》詩 用原韻

葉　蘭

俾民登春臺，重望係天下。　大厦一木支，治安計朝野。
但思拯飢溺，遑暇理杯斝。　乃歙補天手，築園避炎夏。
時風扇威赫，觸熱笑儒雅。　先生獨樂斿，跧伏隱里社。
洛陽盛冠蓋，寂寂此何者。　意誠德乃尊，行高賞自寡。
清脩訓兒孫，家學勵弓冶。　練實供飢鵷，錦韉被駑馬。
名實既相舛，虛聲不如舍。　斯園邁平泉，圖繪羨丹赭。

樂豈不與人，息機且聾啞。

時有佳語。

前　題

姚之烜

脫簪謝朝端，築屋就松下。　海內羣知名，志豈戀郊野。
既難効忠謇，聊復治尊罍。　結園署獨樂，高風緬虞夏。
鑑古垂千秋，飲醇酌三雅。　冠蓋自成里，篔簹或名社。
平生胞與懷，且付悠悠者。　樂飢世詎忘，獨善德甯寡。
美玉甘投汙，良金恥躍冶。　大道久乖舛，安用識塗馬。
枘鑿殊方員，熊魚慎取舍。　得地足頤養，赫如詠渥赭。
莫問天下事，此口已同啞。

清雋。

前　題

沈　蓮

洛陽多名園，金碧燦高下。　問誰與眾殊，築室愛疎野。
傍山復依水，洗爵而奠罍。　酒國有長春，樂天忘炎夏。
脩竹綠庭戶，沈沈倍閒雅。　佳日集朋舊，彷彿香山社。
笑口時一開，心契忘機者。　先生之所樂，於世蓋亦寡。
六州錯久鑄，蒼赤仰大冶。　孰得而孰失，慷慨塞翁馬。
齊竽方濫吹，點瑟且姑舍。　道旁手加額，願覯碩人赭。
此樂幸同之，笑言定啞啞。

氣骨蒼秀。

會稽太守行

許　威

丈夫自立貴不羣，區區富貴何足云。
奈何數受婦人詬，置身畢竟宜青雲。
會稽太守二千石，歸來衣錦生顏色。
想當懷綬紿諸司，尚認曩時舊相識。
酣嬉醉飽情都忘，肘閒印露黃金黃。
掾曹大駴走相告，朱翁乃是今黃堂。
今黃堂，拜相迓，高車乘，駟馬駕，露冕行春布淳化。
微時故劍總可求，報汝功惟實官舍。
怨則償怨恩酬恩，嗚呼富貴須及身。
五十功名尚非晚，一肩忍憶擔樵薪。

語自暢達。

前　題

錢景昌

會稽太守家苦貧，行吟讀書常負薪。
自言五十當富貴，去去不顧妻生嗔。
上書詣闕稱上意，夕猶負擔朝垂紳。
豈知得志謀報復，微時恩怨徒分明。
一朝坐法免官死，可憐衣錦如浮塵。
吁嗟乎翁子無功名，翁子功名婦激成。
翁子不如無功名，負薪猶得全其身。

簡潔有古意，論亦允。

清明上河圖

劉清淳　松江府學附生

初過寒食一百六，汴宮回首蘼蕪綠。

有人和淚寫丹青，不減《東京夢華錄》。

眼見昇平值亂離，每逢佳節便長思。

卻從半壁偷安日，追憶九朝全盛時。

鳳閣龍樓深窈窕，琉璃一帶清波繞。

戚里繁英紫陌春，御溝細柳紅牆曉。

上河舊俗競豪華，軟繡街頭小鈿車，

煖煙榆火家家燭，香雨梨雲處處花。

恍從人海偷身立，笑指梯航一時集。

外臣西北貢琛來，大吏東南押綱入。

天上人間此玉京，貴游時愛出郊行。

錦韉小駐流觴地，彩幟齊開射柳棚。

披圖乙乙都神似，餘力猶能及山水。

兔毫縮地纔三丈，馬足趨程應百里。

誰與作者太史張，結搆妙處窮豪芒。

即今真本已難得，幾經兵燹愁風霜。

規橅此卷獨稱最，五百餘年傳海內。

能使權門竭力求，匹夫懷璧能無愾。

廢興陳跡總模糊，可憐名筆終不渝。

臨安宮殿渺何許，只賸萬松金闕圖。

　　大似金元人筆意，絕非帖括中所有。吟詠再三，激賞不已。

儗吳梅村《永和宮詞》

葉　蘭

隋隄柳縮春絲綠，七寶香車畫橋曲。
列仗呼驪騎若雲，簽名進御人如玉。
承恩初入上陽宮，展拜天家禮數工。
鏡鳳移奩窺夜月，山螺簇黛倚春風。
瑤光毓秀偏聰慧，心是芳蘭質香蕙。
彩筆纔書玉筋文，繡鍼還刺金仙偈。
勤政君王屏燕歌，宵衣屢問夜如何。
常憂邊塞勞蒼兕，暇昵宮闈戀翠娥。
禮妃沈默寡言笑，寵深獨被君王召。
夜值時陪蠟炬乾，晨興每待雞籌報。
為念天家數減餐，親調羹臛捧金盤。
似聞瀛國前宵夢，恰得中宮舉箸歡。
但厭高閎意不適，低房別構塗金碧。
曲閣深安翡翠牀，亞欄平貼琉璃槅。
寵極憨生詎自知，象生遍插好花枝。
可憐宮婢爭妍日，正是官家拂意時。
況經隙啟朝元節，偶仆中宮帝心惄。
既賜貂裀解宿嫌，肯教鳳輦循前轍。
等閒一度月三圓，冷抱秋衾思悄然。
淚搵玉顏空寂寞，愁牽絲緒枉纏綿。
有金難買《長門賦》，詞唱《回波》屢成誤。
祇傷妾命似輕塵，敢把君恩比朝露。
外戚何堪更佚遊，六街玳轂駛如流。

258

熏天勢燄嗔丞相，炙手威稜繫督郵。
脂田粉碓供湯沐，金埒銅鋪競脩築。
只道椒房藉寵專，誰知草檄收權速。
自分餘生實啟祥，那思陪從入昭陽。
當筵賜果虛成憶，隔院聞歌獨斷腸。
景和門外羣花媚，聽説宸游往娛戲。
忽承中使詔同看，喜極翻教淚先墜。
卻理修娥朝至尊，至尊含笑與溫存。
爲言此會重相見，宜謝中宮促召恩。
從此猜疑兩消釋，貴妃肅奉宵褕職。
徵蘭燕姞自多男，振羽螽斯頌蕃息。
菩薩俄聞現九蓮，金枝玉葉菱連年。
看花門冷秋憔悴，思子臺高泣涕漣。
洛陽鉦鼓喧天地，白日黃埃走魑魅。
吮血争磨猰貐牙，揮戈孰斷蚩尤臂。
墋黷烽煙馽掖庭，玉妃淹殢病初經。
喘絲欲斷和愁緒，漏滴將殘帶雨聽。
香桃骨瘦支衾嬾，化蝶魂隨彩雲散。
惆悵秋墳葬玉衣，淒涼香冢埋金盌。
妖氛一瞬逼天閶，倉卒官家趨急裝。
丹鳳闕邊叢戰壘，白狼河口失浮梁。
十萬羽林齊解甲，可憐馬上纖腰怯。
故宮望斷杳難歸，翻幸先亡瘞松翣。
何處遺宮問永和，傷心殘址蔓荒蘿。
興亡一代悲青史，詩就如吟薤露歌。

哀感頑艷，可以步趨婁東。

漳河疑塚歌

袁　璥

鸕鷀陂偃漳河湧，極目平原眺煙壟。

七十二堆青草荒，人説阿瞞此疑塚。

阿瞞少日一世雄，陵轢西蜀摧江東。

吁嗟長算不可乞，誰揚末命思居終。

玉龍金鳳千秋閉，七尺纍纍此中瘞。

如何橫槊對東風，暮年想作喬家壻。

生存華屋亡山邱，疑塚之作夫何求。

料恐輿人議發墓，一棺不蓋彌天羞。

高臺蠱蠱飛銅雀，碧瓦參差半零落。

嬪御閒支賣履錢，伎人謹守分香約。

老奸計此亦可憐，置帷設糒空纏綿。

只愁未指翳身地，何處西陵望墓田。

招不得老夫魂，全不得少子愛，

護不得穿壙崩，救不得朽骨碎。

漳河之水緑如黛，不洗阿瞞萬年穢。

語妙處，較前人盡發疑塚七十二云云，殆於勝之。

儗韓昌黎《山石》詩 用原韻

葉　蘭

涼月淡白星影微，山蹊峭折螢火飛。

闇尋古寺闖入戶，老僧兀坐癯不肥。

起延客眾道遊覽，佛幢香爐鐘盍稀。

爾時足繭各疲茶，乞餐香積療夜飢。

翳莎蟋蟀警幽夢，撲窗蝙蝠衝煙扉。

平明覓路出重巘，露華糝徑疑雨霏。

岩花澗樹不知數，閒以紫翠紛四圍。

豈無畸人臥深谷，女蘿作帶雲霞衣。

何當戢景遂初服，擺脫不受塵俗羈。

天風浪浪盪胸臆，我將一嘯空山歸。

幽情豪語，亦頗稱題。

傚韓昌黎《鄭羣贈簟》

馮晉昌

夜夢清涼臥玉闕，碧雲平碾琅玕滑。

足垢不韈乘天風，吾欲因之踏明月。

朝來客贈蘄州簟，夢境猶擬現恍惚。

定觀精製詫絕奇，迹削芒消泯凹凸。

篋穿金縷雙文嵌，縠皺銀漪五花捽。

寒曹得此迂太過，喜極翻驚事咄咄。

今年入夏憚暑蒸，火繖炎官肆咆勃。

宵來兀自不成寐，薦草沾膚汗漬髮。

瞥覩此簟心已涼，未臥先教凜飢骨。

有時爽籟聞瀟湘，無處么蹤匿螳蝎。

何以報之青瓊瑤，斯惠應鐫方寸碣。

但祝金丸早西墜，舊夢重尋白蟾窟。

蕭爽。

黃梅雨 七古

朱 鎔

天陰陰，雲沈沈，一雨三日成甘霖。
熏風催暖入炎夏，枝頭梅綻團黃金。
黃金不換三農力，雨足秧田翠如織。
襏襫平堆犢舍旁，桔槹仰臥狁欄側。
迎梅來盪空隱隱，聞輕雷，送梅去。
知了一聲散濃霧，醞釀天心雜雨晴。
燠寒時氣殊朝暮，已交芒種分秧忙，熟梅從盼熟稼黃。
使君敦耕五馬出，有雨隨車老農逸。
知是他年調鼎材，徧灑濃膏頌洋溢。

風物如畫。

送　春

葉　蘭

彈指韶光去若馳，惜春人悵倚欄遲。
可堪細雨消香夜，正值疎鐘動曉時。
油壁西鄰追短陌，畫船南浦盪流澌。
何方得挽東君住，儗把歸驂繫柳絲。

乍愛生紅鬭艷妝，漸看新綠滿林塘。
離歌欲唱鶯簧澀，別緒難裁燕翦忙。
無賴心情偏中酒，不多時節況斜陽。
生憎一碧煎帬水，漾得春愁爾許長。

情致纏綿。

前　題

宋以寅

花落荼蘼草作茵，勞勞亭外餞殘春。
紅桃綠柳臨歧路，白帢青衫送別人。
燕翦拋來裁祖帳，蝶衣碎處助征塵。
東郊憶昔迎歸後，轉眼匆匆渡遠津。

留春不住送春行，腸斷黃鸝三兩聲。
隔岸青山無限恨，橫江綠水不勝情。
飛花空向離亭落，芳草還從別路生。
寄語東君盡杯酒，明年人在浦南迎。

韻語似薩天錫。

南漢宮詞

葉　蘭

占爻鳴鳳定非凡，嗣襲王封拜玉函。
不是埋香窺石版，篆文誰識隱台巖。

寶圭仙洞鬱林州，靈應徵蘭吉讖酬。
迎得玉宸道君長，內人稽拜盡低頭。

玉堂珠殿構千椽，新鑄乾亨重寶錢。
持作奩資嫁清遠，宜男長壽祝連綿。

雲華御室記猶存，九蛻靈丹獻至尊。
一自金書還石壁，藤交蘿蔓不堪捫。

蕉林成幄綠雲肥，翠蓋曾經駐六飛。
賜得扇仙名最雅，至今人說李蟾妃。

瓊仙明慧賽瓊芝，進秩才人擅寵時。
巾幗也教參政事，侍中幾箇是鬚眉。

宮築天華界兩山，大夫從此號蕭閒。
內家要設紅雲宴，走馬頻催獻荔還。

仙帋寶帳樊胡子，檀板金槽尚玉樓。
阿監候窗遲報曉，果然天子最風流。

掠鬟約髩鬪盤鴉，雅淡梳妝却茜紗。
可惜秋田悲瘞玉，更無人愛素馨花。

瓊花玉樹貢諸方，儘把繁華侈五羊。
十里藥洲香不斷，薰風催放小南強。

蓋海承劉事果真，皈心龍竺悟前因。
白天雨至宮娃散，祇賸金剛不壞身。

累世雄圖付急湍，離宮斷礎漬苔瘢。
誰憐此日降王長，自結珠龍七寶鞍。

蘊藉近古，不獨以摭拾見長。

前　題

宋以寅

日月昭陽殿裏通，五雲樓閣篆煙籠。
可憐天子風流甚，新拜瓊仙女侍中。

靈幃徵曲管絃清，帝子華年最解情。
阿監候窗天未曉，紅妝簇擁墨縑行。

博山爐熱水沈香，金井梧桐萬户涼。
珍重後庭開茉莉，此花原是小南強。

常得翠華游幸樂，緑蕉林下坐花筵。
醉來笑向蟾妃問，何事漫書扇子仙。

野草生庭獸觸門，狐鳴鬼哭月黃昏。
寺人争導樊胡子，霞帔花冠朝至尊。

千人供饌暢游觀，巧製珠龍九五鞍。
一朵紅雲新賜宴，青蛾傳賞荔枝丹。

獸環魚鑰鎖春臺，上苑東風拂袖開。
三十六宫人語寂，一聲喧笑鬭花來。

金沙洞府儘歡娛，不失蕭閒作大夫。
未識素馨諸女伴，承恩還似媚豬無。

佳處自見才調。

前　題

朱傳經　華亭縣學附生

閹人已作內三公，巾幗還傳女侍中。
機務不須親自決，浪將冠帶付顔紅。

樊胡子襲紫霞裾，聽説災祥總是虚。
異日洛陽終受縛，還將誑語信當初。

園中買燕要黃金，花禁新鮮樂事尋。
折得小南強一瓣，紅雲醉宴夜沈沈。

底須萬里貢梯航，自大真堪作夜郎。
殿柱南薰香氣透，安豐平頂滿班行。

大夫自號作蕭閒，絕慧波斯一女鬟。
魚托椰壺方製罷，三千人又採珠還。

蘇氏園亭愛綠天，一朝題墨起雲煙。
蟾妃同把秋光賞，留得花名扇子仙。

亦雅淨。

消夏詞

錢景昌

碧紗銀燭影沈沈，小坐招涼喜夜深。
明月不來風乍到，兩三螢火過牆陰。

幽雋。

前　題

丁伯肅　婁縣童生

結箇茆庵夜守瓜，脩檐都被豆棚遮。
朝來報道籬門外，茉莉新開昨夜花。

能寫田園風景。

簇蠶詞

葉 蘭

纔停桑翦綠陰清，已過三眠繭欲成。
願讓儂房作蠶室，不愁無地縛山棚。

苫席蒿梢紮架齊，相催烤火日初西。
只期天氣長晴暖，怕聽禽呼滑滑泥。

先時菀蓏奠椒漿，無鼠無蠅祝禱忙。
莫置橫梁搭長簇，還防墮損馬頭孃。

軟箔平鋪似鏡開，堆筐預盼雪皚皚。
不辭繅具安排急，車出須乘小滿來。

花滿鄰牆煮繭時，朝來翠釜送香遲。
小姑未要忙梳裹，理罷蠶絲理鬢絲。

新絲已賣足青蚨，半納桑貲半了逋。
歷鹿無聲殘漏斷，竃稜閒煞小狸奴。

剩緒重抽劇苦辛，織縑織素夜侵晨。
如何被縠披綃女，花樣猶嫌未斬新。

兒女誰家鬭紫緋，平生未識九張機。
可憐儂過新蠶市，仍浣當年舊嫁衣。

思如抽繭。

前　題

姚之烜

熟蠶天氣喜初晴，桑陌人稀午蔭清。
賴是林禽催上簇，紫山看火喚聲聲。

無蠅無鼠更無雷，但祝承筐雪滿堆。
還恐團成似蓬葆，開奩忙刷鬢雲來。

記聘貍奴伴曲籠，而今結得繭同功。
須防生客忘拘忌，門首重粘帖子紅。

長椽搭架削筊枝，鹽糝籠蒸又一時。
莫把蠶絲輕斷絕，可憐寸寸是心絲。

張機貫筬理庚庚，多少工夫織始成。
底是春風金屋裏，著纊嫌重縠嫌輕。

已過蠶市撿裙襦，單複能無尺素需。
生怕打門徵稅急，賣絲先爲納官租。

語亦有醖釀。

采菱詞

袁　瓉

細雨吹香入水窗，朱絲素腕木蘭艭。
綠雲涼壓鴛鴦夢，翡翠飛來又一雙。

牽萍帶荇掬銀渦，沙角青青不厭多。

268

翠葉亂翻風露冷，猶聞隔浦采蓮歌。

衫紅鬢綠共徘徊，皺縠清漪淬鏡臺。
一笑撩波擎不定，累人真箇折腰來。

薜茞同簪唱竹枝，侵晨忙到夕陽時。
紅帬裹鴨雙丫髻，認得鄰家小女兒。

雙鉤頓玉瘦纖纖，七出花明翠一奩。
絕似箇儂簾畔立，綠羅窣地露紅尖。

一繩斜界水微渾，隔得連莖有斷痕。
怪底天涯人未返，惱他何事喚浮根。

肉白苞青色並誇，殷勤漉水復淘沙。
磁盤揀剝殊甘脆，更比冰桃雪藕嘉。

泬溪畫槳總回舟，眉黛波光一色秋。
歸坐梧桐陰底月，涼蛩無語豆花愁。

清婉。